Pédagogie pratique

CE2

Réussir en grammaire

Françoise Bellanger
Aurélie Raoul-Bellanger

Mise à jour 2021

RETZ
editions-retz.com

Complément à la méthode, le cahier de l'élève (96 pages tout en couleur) contient tous les textes et exercices de ce guide ainsi que des petits bilans d'auto-évaluation et deux planches d'autocollants pour manipuler les étiquettes mots et les figurines.

Cet ouvrage suit l'orthographe recommandée par les rectifications de 1990 et les programmes scolaires.
Voir le site
http://www.orthographe-recommandee.info et son miniguide d'information.

Direction éditoriale : Céline Lorcher
Édition : Anne-Sophie Tilly
Illustrations : Sophie Rohrbach et Émilie Graebling
Photographies : DR
Création de la maquette : Nicolas Piroux
Mise en page : STDI
Corrections : Florence Richard
Réalisation du site : Studit
Conception et réalisation de la couverture : Nicolas Piroux
Photo de couverture et des émoticônes : © iStock

ISBN : 978-2-7256-4102-7
Dépôt légal : janvier 2021

N° de projet : 10295879
Achevé d'imprimer en France
en juillet 2023 - N° 202308.0226
sur les presses de l'imprimerie Chirat

Ce livre est imprimé sur du papier issu de forêts gérées durablement.

Sommaire

Présentation générale

Progression des séquences 4

Introduction 6

21 séquences de grammaire et de conjugaison

1. Les types de phrases et les signes de ponctuation 20
2. Les groupes dans la phrase 34
3. Les formes de phrases : formes négative et exclamative 43
4. Le verbe et le groupe du verbe 56
5. La fonction sujet du verbe 68
6. Conjuguer un verbe 80
7. Conjuguer les verbes du 1er groupe au présent 92
8. Le nom et le groupe du nom 102
9. Les déterminants 114
10. Conjuguer les verbes *être, avoir, aller, prendre, venir* au présent 125
11. Conjuguer les verbes *pouvoir, vouloir, dire, faire, voir* au présent 139
12. L'adjectif (qualificatif) 154
13. Les accords dans le groupe du nom 164
14. Les compléments 175
15. Conjuguer les verbes *être, avoir, aller* et les verbes du 1er groupe à l'imparfait 185
16. Conjuguer les verbes *dire, faire, venir, vouloir, voir, prendre* et *pouvoir* à l'imparfait 198
17. Des mots invariables 210
18. Conjuguer les verbes *être, avoir* et les verbes du 1er groupe au futur 222
19. Conjuguer les verbes *aller, dire, faire, voir, venir, vouloir, prendre* et *pouvoir* au futur 234
20. Conjuguer les verbes *être, avoir* et les verbes du 1er groupe au passé composé 245
21. Synthèse : fonctions des groupes de mots et classes de mots 260

Bibliographie 269

Présentation des ressources numériques 270

Progression des séquences

La progression proposée est établie selon une difficulté croissante des notions et en alternant les apprentissages de grammaire et de conjugaison.

L'ordre de certaines séquences pourra être modifié. Cependant, nous conseillons de ne démarrer l'étude systématique de la conjugaison qu'après avoir revu les notions de verbe et de sujet du verbe.

12 séquences de grammaire

9 séquences de conjugaison

1	Les types de phrases et les signes de ponctuation	Connaitre le nom et le rôle des différents signes de ponctuation. Connaitre les trois types de phrases.
2	Les groupes dans la phrase	Identifier les groupes indispensables, déplaçables et / ou supprimables.
3	Les formes de phrases : formes négative et exclamative	Reconnaitre les formes négative et exclamative. Savoir effectuer des transformations.
4	Le verbe et le groupe du verbe	Savoir repérer le verbe dans une phrase. Savoir trouver son infinitif. Identifier le groupe du verbe.
5	La fonction sujet du verbe	Identifier le sujet du verbe. Accorder le sujet et le verbe.
6	Conjuguer un verbe	Définir les notions de temps : passé, présent, futur. Connaitre les pronoms personnels. Comprendre que la forme du verbe varie selon le temps et le pronom employé.
7	Conjuguer les verbes du 1er groupe au présent	Savoir conjuguer oralement et mémoriser les terminaisons des verbes en « er » au présent.
8	Le nom et le groupe du nom	Identifier la nature des mots qui composent le groupe nominal de base (déterminant + nom).
9	Les déterminants	Comprendre le rôle du déterminant dans le groupe nominal. Identifier les déterminants. Identifier les articles définis et indéfinis.
10	Conjuguer les verbes *être, avoir, aller, prendre, venir* au présent	Savoir conjuguer oralement et mémoriser les terminaisons de ces verbes au présent.

Progression des séquences

11	Conjuguer les verbes *pouvoir*, *vouloir*, *dire*, *faire*, *voir* au présent	Savoir conjuguer oralement et mémoriser les terminaisons de ces verbes au présent.
12	L'adjectif (qualificatif)	Identifier la nature et le rôle de l'adjectif qualificatif. Découvrir implicitement la substitution d'un complément de nom par l'adjectif qualificatif.
13	Les accords dans le groupe du nom	Connaitre et appliquer la règle d'accord en genre et en nombre (déterminant / nom / adjectif).
14	Les compléments	Découvrir les notions de complément du verbe et de complément de phrase.
15	Conjuguer les verbes *être*, *avoir*, *aller* et les verbes du 1er groupe à l'imparfait	Savoir conjuguer oralement et mémoriser les terminaisons de ces verbes à l'imparfait.
16	Conjuguer les verbes *dire*, *faire*, *venir*, *vouloir*, *voir*, *prendre* et *pouvoir* à l'imparfait	Savoir conjuguer oralement et mémoriser les terminaisons de ces verbes à l'imparfait.
17	Des mots invariables	Repérer des mots invariables qui modifient le sens d'un verbe dans une phrase. Connaitre le rôle de connecteurs temporels de certains mots invariables.
18	Conjuguer les verbes *être*, *avoir* et les verbes du 1er groupe au futur	Savoir conjuguer oralement et mémoriser les terminaisons de ces verbes au futur.
19	Conjuguer les verbes *aller*, *dire*, *faire*, *voir*, *venir*, *vouloir*, *prendre* et *pouvoir* au futur	Savoir conjuguer oralement et mémoriser les terminaisons de ces verbes au futur.
20	Conjuguer les verbes *être*, *avoir* et les verbes du 1er groupe au passé composé	Connaitre le participe passé des verbes *être* et *avoir*. Savoir conjuguer ces auxiliaires au passé composé. Savoir conjuguer les verbes du 1er groupe au passé composé.
21	Synthèse : fonctions des groupes de mots et classes de mots	Savoir identifier les groupes fonctionnels dans une phrase. Connaitre le rôle des groupes fonctionnels dans la phrase. Différencier les principales classes de mots.

Introduction

Ce guide pratique, conforme aux programmes 2016 et aux ajustements de juillet 2018 et 2020, propose une **démarche pédagogique** active permettant un apprentissage structuré de la grammaire. Il se situe dans la continuité de l'ouvrage *Réussir son entrée en grammaire au CE1*, mais pourra néanmoins être adopté quelle que soit la méthode utilisée en CE1.

Démarche générale

L'ensemble des notions à étudier est réparti en 21 séquences : 12 séquences de grammaire et 9 séquences de conjugaison.

➥ **Extrait des programmes 2016, ajustements 2018 : volet 3, les enseignements – Français**

L'étude de la langue est une dimension essentielle de l'enseignement du français. Elle conditionne l'aptitude à s'exprimer à l'écrit et à l'oral, la réussite dans toutes les disciplines, l'insertion sociale. Elle doit être l'objet d'un enseignement spécifique, rigoureux et explicite.

Une approche progressive, fondée sur l'observation et la manipulation des énoncés et des formes, leur classement et leur transformation, conduit à une première structuration de connaissances qui seront consolidées au cycle suivant ; mises en œuvre dans des séances spécifiques et dans de nombreux exercices d'entrainement, ces connaissances sont également exploitées – vérifiées, consolidées, automatisées – en situation d'expression orale ou écrite et de lecture.

Déroulement d'une séquence de grammaire

Construction des savoirs

Séance 1 : Lecture et compréhension du texte, approche intuitive de la notion.

Séance 2 : Réactivation des connaissances de CE1 ou découverte de la nouvelle notion.

Séance 3 : Construction de la notion, structuration des connaissances, élaboration d'un mémo et / ou d'une carte mentale.

Lors des séances, la construction des savoirs se fait de manière active par des mises en scène, des recherches collectives ou des manipulations en binôme.

Ces activités de recherche sont généralement ponctuées d'un temps d'appropriation individuelle.

Consolidation et réinvestissement

Séance 4 : Entrainement et mémorisation.

Séance 5 : Entrainement, transfert et réinvestissement dans un court projet d'écriture.

Séance 1 | Lecture et compréhension du texte Approche intuitive de la notion

➥ Extrait des programmes 2016, ajustements 2018 : volet 3, les enseignements – Français – Étude de la langue (grammaire, orthographe, lexique)

Les objectifs essentiels de l'étude de la langue au cycle 2 sont liés à la lecture et à l'écriture. Les connaissances acquises permettent de traiter des problèmes de compréhension et des problèmes orthographiques. Dès le cycle 2, l'enseignement de la langue est mené de manière structurée et progressive : la leçon de grammaire et de vocabulaire (découverte par l'élève d'une notion grammaticale ou d'un mot, de son sens, éventuellement de son histoire) doit être pratiquée dans le cadre de séances régulières qui leur sont spécifiquement consacrées. Les élèves y apprennent progressivement à pratiquer des observations et à se repérer dans la phrase.

La première séance débute toujours par la lecture d'un texte court. Chaque élève dispose d'une reproduction individuelle du texte. Si la classe est équipée d'un vidéoprojecteur, on pourra projeter le texte pour un meilleur suivi collectif. Les élèves sont, tout d'abord, invités à lire le texte individuellement en silence. Puis ils procèdent à des lectures à voix haute : par exemple une lecture poursuite (changement de lecteur à chaque phrase) en vue de consolider la notion de phrase, ou une lecture dialoguée (un lecteur différent pour chaque interlocuteur et un narrateur) pour consolider le rôle de la ponctuation.

Pour s'assurer que les élèves ont compris la situation, identifié les personnages, l'enseignant propose ensuite quelques questions de compréhension simples.

Cette phase est ensuite suivie d'observations qui permettent une approche intuitive du fait de langue qui va être étudié dans les séances suivantes.

Séance 2 | Réactivation des connaissances de CE1 ou découverte de la nouvelle notion

➥ Extrait des programmes 2016, ajustements 2018 : volet 3, les enseignements – Français – Étude de la langue (grammaire, orthographe, lexique)

L'étude de la langue s'appuie sur l'observation et la manipulation d'énoncés oraux et écrits issus de corpus soigneusement constitués. C'est à partir de ces activités qu'il convient de structurer les apprentissages et de formuler des règles.

L'enseignant propose une activité de recherche qui s'appuie sur le texte découvert en séance 1 et quelques phrases extraites du texte.

La séance débute le plus souvent par une « mise en scène » : manipulations des groupes dans la phrase de manière active et visuelle. Ces manipulations (déplacement / substitution / suppression) seront facilitées par l'utilisation de pochettes qui pourront être fixées au tableau ou tenues par des enfants (voir descriptif de l'outil dans la rubrique « matériel »).

• Les groupes fonctionnels (syntaxiques) de la phrase sont symbolisés par des pochettes en papier cartonné indépendantes les unes des autres, de trois couleurs différentes :

– bleu pour le groupe sujet du verbe ;

– rouge pour le groupe verbal (verbe + complément d'objet) ;

– vert pour le complément (de phrase) supprimable et / ou déplaçable (complément circonstanciel de lieu, temps, manière, etc.)

Les terminologies « complément d'objet » et « complément circonstanciel » ne seront pas exigées en CE2.

• La nature des mots, dans la continuité du CE1, est toujours représentée par les figurines.

Lors de ces activités de recherche, on veillera à favoriser les échanges au sein du groupe classe et à solliciter un maximum d'élèves.

À l'issue de cette séance, les élèves, aidés de l'enseignant, font une première synthèse orale des notions essentielles découvertes. Cette synthèse ne reprend que ce qui vient d'être mis en évidence sans encore formaliser les savoirs sous forme de mémo.

Cette phase de mise en scène, orale et collective, est généralement ponctuée d'un temps d'appropriation individuelle écrit.

Séance 3 | Approfondissement de la notion et élaboration d'un mémo

➥ Extrait des programmes 2016, ajustements 2018 : volet 3, les enseignements – Français – Étude de la langue (grammaire, orthographe, lexique)

L'étude de la langue s'appuie sur l'observation et la manipulation d'énoncés oraux et écrits issus de corpus soigneusement constitués. C'est à partir de ces activités qu'il convient de structurer les apprentissages et de formuler des règles.

Cette séance approfondit la construction des connaissances. Elle débute par un rapide rappel (5 à 10 minutes maximum) des notions découvertes lors de la séance précédente : utilisation des traces écrites réalisées lors de la séance 2.

Ensuite, l'enseignant place les élèves en situation de recherche privilégiant la manipulation, le plus souvent en binôme.

Les élèves apprennent à trier les mots dans différentes catégories (classes), ils comprennent et font fonctionner les accords (associations de mots) et s'exercent aux différentes manipulations dans la phrase (substitution, déplacement, ajout, suppression...).

Chaque temps de recherche est suivi d'une validation collective au tableau. L'enseignant veille à faire justifier le choix des binômes et passe rapidement sur les propositions consensuelles pour se concentrer sur les difficultés, erreurs ou désaccords qu'il a observés pendant le temps de recherche.

À la fin de cette séance, l'enseignant, par un questionnement oral, guide les élèves dans l'élaboration d'un mémo et / ou d'une carte mentale.

Les mémos et cartes mentales présentés sont donnés à titre d'exemple : il est important que les élèves les formulent avec leurs propres mots et que la rédaction en soit très simple.

Les signes de ponctuation

Les signes de ponctuation se placent :

- à la fin d'une phrase :
  - Le point ordinaire [.]
  - Le point d'interrogation [?] termine des phrases qui posent des questions.
  - Le point d'exclamation [!] termine des phrases qui expriment la surprise, la peur, l'énervement ou qui donnent un ordre.
  - Les points de suspension [...] terminent des phrases qui ne sont pas achevées, qui restent en suspens.
- à l'intérieur d'une phrase :
  - La virgule [,] sépare des groupes de mots.
  - Le tiret [–] et les guillemets [« »] sont utilisés quand on fait parler quelqu'un.

1. Mémo

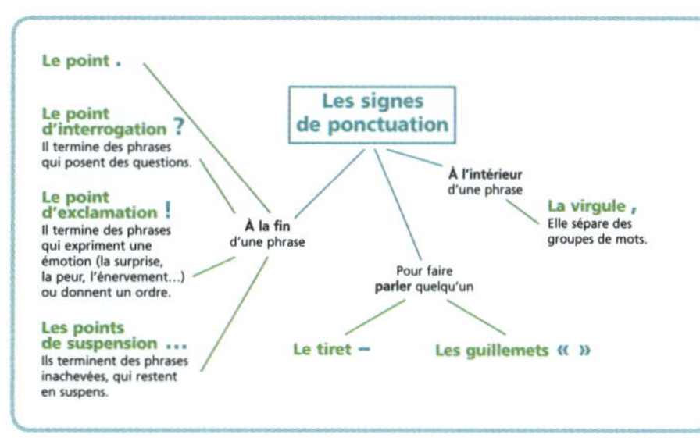

1. Carte mentale

Séance 4 | Entrainement et consolidation

➥ Extrait des programmes 2016, ajustements 2018 : volet 3, les enseignements – Français – Étude de la langue (grammaire, orthographe, lexique)

Les connaissances se consolident dans des exercices réguliers et répétés et des situations de lecture et d'écriture.

Cette séance commence toujours par un rappel rapide des notions contenues dans le mémo (questionnement oral de l'enseignant puis relecture à voix haute n'excédant pas 5 minutes par un ou deux élèves).

Les élèves effectuent ensuite une série d'exercices ciblés pour s'entrainer et renforcer leurs acquis (Les 21 Fiches élèves).

Pour chaque notion, 6 ou 7 exercices d'application à réaliser de manière individuelle sont proposés. Les compétences de chaque exercice sont détaillées, l'enseignant peut ainsi mieux se repérer et éventuellement n'en sélectionner que quelques-uns pour mieux différencier sa pédagogie. Un corrigé est disponible pour chaque fiche à destination des élèves si l'enseignant choisit de les faire travailler en autonomie (Les 21 Fiches élèves corrigées).

Certains exercices pourront être réalisés ou repris oralement et collectivement dans le cadre d'activités rituelles.

Séance 5 | Entrainement, transfert et réinvestissement dans un court projet d'écriture

➥ Extrait des programmes 2016, ajustements 2018 : volet 3, les enseignements – Français – Étude de la langue (grammaire, orthographe, lexique)

Les connaissances se consolident dans des exercices réguliers et répétés et des situations de lecture et d'écriture.

La phase d'entrainement se termine par une petite production d'écrit, très simple, permettant aux enfants de réinvestir leurs connaissances.

Chaque élève s'essaie à écrire sur son cahier de brouillon ; l'enseignant circule pour apporter une aide individualisée et corrige individuellement les productions.

Les élèves recopient au propre puis, lors d'un temps d'échange, ils lisent leur production au reste de la classe.

Remarque : bien évidemment, le transfert n'est pas toujours immédiat et il faudra consolider les connaissances en proposant des activités rituelles tout au long de l'année et s'assurer du bon réinvestissement des notions dans des contextes différents.

Déroulement d'une séquence de conjugaison

Chaque séquence est composée de 5 séances (parfois, lorsque le nombre de verbes à étudier est plus important, une séance supplémentaire a été ajoutée après la séance 2 portant à 6 le nombre total de séances).

Construction des savoirs
Séance 1 : Lecture et compréhension du texte. Approche orale de l'utilisation des pronoms personnels et de la conjugaison des verbes.

Séance 2 : Réactivation des connaissances de CE1, construction d'une nouvelle notion, familiarisation avec la conjugaison de nouveaux verbes.

Dans un premier temps, les élèves relèvent, dans le texte, les formes verbales des verbes étudiés et les recopient dans un tableau de conjugaison.

Dans une seconde étape, ils doivent compléter le tableau avec les formes verbales manquantes en s'appuyant sur celles déjà rencontrées qui présentent des analogies et des régularités (par exemple, si le texte contient la forme « nous parlons », les enfants peuvent en déduire « nous chantons » et « nous regardons »).

L'élaboration des tableaux de conjugaison permet de mettre en évidence les régularités de certaines terminaisons.

Séance 3 : Approfondissement et systématisation (zoom sur les difficultés, systématisation et synthèse).

Consolidation et réinvestissement
Séances 4 et 5 : Entrainement, mémorisation, et réinvestissement dans un court projet d'écriture.

Mêmes modalités que dans les séances de grammaire.

Fiches d'exercices et leurs corrigés disponibles dans les ressources numériques.

Conseils et pistes pédagogiques

Programmation

Dans le cadre des 10 heures hebdomadaires de français (soit 2 heures par jour) et conformément aux recommandations des programmes (des séances courtes et fréquentes souvent préférables à une séance longue hebdomadaire), nous recommandons d'échelonner les 21 séquences, à raison de 4 ou 5 séquences par période.

Choix pédagogiques

Prenant en compte les ajustements aux programmes 2016 parus en 2018, les choix pédagogiques suivants ont été faits :

• En grammaire

– Concernant la classe des articles définis et indéfinis : afin de sensibiliser les élèves à cette grande classe qui regroupe « les petits mots qui accompagnent le nom » (articles, adjectifs possessifs, adjectifs démonstratifs, adjectifs numéraux), la terminologie « déterminant » est conservée (elle est utilisée dans les repères annuels de progression). Les termes « articles définis » et « indéfinis » sont introduits en tant que sous-groupes. Les autres groupes de déterminants sont rencontrés et manipulés sans les nommer.

– Les adjectifs qualificatifs : les adjectifs qualificatifs sont utilisés de manière implicite, sans être nommés, en CE1, dans l'étude du groupe nominal, mais la terminologie « adjectif qualificatif » est nommée et mémorisée au CE2.

L'utilisation du seul terme « adjectif » ne prête pas à confusion puisque seul l'adjectif qualificatif est étudié au cycle 2. Cependant, il est conseillé de présenter le terme « qualificatif » au CE2 pour préparer et sensibiliser les élèves à la découverte ultérieure de l'adjectif numéral, de l'adjectif démonstratif, de l'adjectif possessif... qui appartiennent à la classe des déterminants.

– Les formes de phrases : conformément aux nouvelles instructions, l'exclamation est traitée en tant que forme, au même titre que la forme négative ; elle n'est plus considérée comme un type de phrase (les trois types de phrases sont donc : phrase déclarative, impérative et interrogative). Pour clarifier la terminologie, on évoquera directement le type de phrase, et on ajoutera « à la forme négative et/ou exclamative » le cas échéant. Par exemple, la phrase « Viens jouer avec moi ! » est une phrase impérative à la forme exclamative. Les rares phrases interrogatives à la forme exclamative, par exemple « Veux-tu sortir d'ici ! », sont des questions ponctuées d'un point d'exclamation et ne sont pas abordées en CE2 mais laissées pour approfondissement en cycle 3.

– Les groupes fonctionnels : les terminologies « complément d'objet direct », « complément d'objet indirect », « complément circonstanciel » ne sont pas utilisées au cycle 2.

Pour les élèves de CE1, la phrase est composée de 2 groupes : le groupe du sujet du verbe (encadré bleu) et le groupe du verbe (encadré rouge).

CE1

Pour les élèves de CE2, nous adoptons les terminologies « compléments du verbe » (non déplaçables) pour le COD et le COI, et « compléments (de phrase) déplaçables ou supprimables » pour les compléments circonstanciels.

CE2

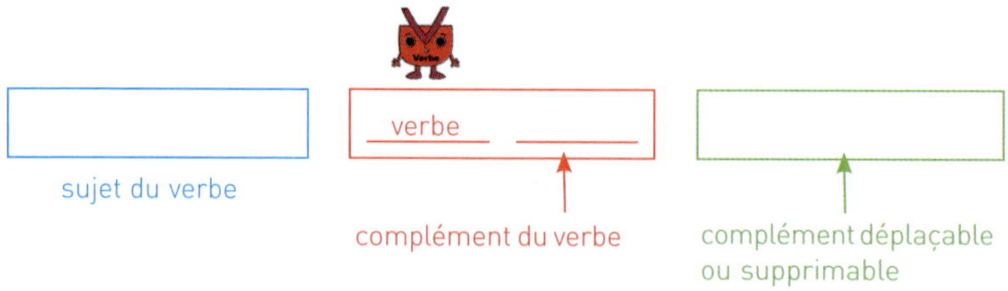

Remarque : de manière générale, veiller à utiliser les termes grammaticaux exacts et précis. Cependant, afin d'en éclairer le sens, doubler leur usage en utilisant une expression plus simple et plus imagée. Par exemple, parler « des compagnons du nom » en référence au déterminant et à l'adjectif qualificatif ; utiliser l'expression « se mettre d'accord » pour éclairer le sens du terme « s'accorder ».

– Il est essentiel de distinguer la « nature » et la « fonction ». Cependant, ces termes n'apparaissent pas de manière explicite dans les programmes. Ils seront expliqués dans un premier temps par « Comment ça s'appelle ? » et « À quoi ça sert ? ».

→ Concernant la classe d'un mot (sa nature) ; on peut donner aux élèves l'image d'une boite dans laquelle on range tous les mots qui appartiennent à la même classe (qui ont la même nature). On pourra à cet effet ranger les étiquettes des mots dans des boites étiquetées portant la classe et la figurine. Par exemple : Déterminants / Verbes, etc.

Il est important de rappeler que les figurines symbolisent la **nature** des mots.

→ Concernant la fonction, on abordera le mot situé dans son groupe fonctionnel :

– Groupe sujet du verbe / groupe du verbe (ou verbal) ;

– Groupe complément du verbe

– Groupe complément (de phrase) déplaçable ou supprimable

– **Avertissement !** Réaliser une figurine supplémentaire pour illustrer une fonction (ex. : sujet du verbe) serait un non-sens puisque cela contribuerait à renforcer la confusion entre nature et fonction dans l'esprit des élèves.

→ Concernant la terminologie « groupe nominal », il est essentiel que l'élève comprenne que le « groupe nominal » n'est pas une fonction au même titre que le « groupe sujet du verbe » ou « complément du verbe ». Un même groupe nominal peut avoir différentes fonctions :

Exemples : « *Le chauffeur conduit l'autocar*. » (Groupe complément du verbe)

« *L'autocar* démarre. » (Groupe sujet du verbe)

Pour certains enfants, la terminologie « groupe du nom » sera plus explicite que « groupe nominal ».

Par ailleurs, il est important d'utiliser des intitulés de fonction grammaticale dans leur intégralité afin d'éviter des confusions et des fausses représentations.

Exemple : « sujet du verbe » et non pas seulement « sujet ».

• En conjugaison

Les conjugaisons étudiées au CE1 sont revues et mémorisées :

– la conjugaison au présent des verbes du 1er groupe, des verbes *être* et *avoir*, ainsi que *faire, dire, aller*.

– la conjugaison au futur et à l'imparfait des verbes du 1er groupe et des verbes *être* et *avoir*.

Parmi la liste des temps et des verbes à étudier au cours du cycle 2, sont proposées pour le CE2 :

– la conjugaison au présent des verbes *voir, venir, vouloir, pouvoir, prendre*.

– la conjugaison à l'imparfait et au futur des verbes *aller, dire, faire, venir, voir, vouloir, prendre, pouvoir*.

– la conjugaison au passé composé des verbes *être* et *avoir* et des verbes du 1er groupe.

NB : Les programmations et les progressions peuvent évoluer en fonction du niveau des élèves et des concertations avec les collègues du même cycle.

Conseils matériels

Les étiquettes collectives

Pour faciliter la manipulation des grandes étiquettes collectives, nous recommandons de les photocopier sur une feuille cartonnée. Pour pouvoir les réutiliser facilement, les conserver dans des pochettes (par exemple de grandes pochettes transparentes zippées utilisées pour les produits congelés, veiller à ce que les étiquettes restent visibles entièrement quand elles sont glissées dans les pochettes) ou dans des boites à chaussures sur lesquelles on aura collé les différentes figurines de la nature des mots. Chaque boite représente une classe de mots.

Les figurines

Les figurines sont proposées en trois formats :

– les colliers-figurines (utilisés dans les mises en scène du CE1) qui, en début d'année, dans la continuité du CE1, ou avec certains élèves en difficulté – RASED notamment – pourront être utilisés ;

– les figurines collectives à afficher au tableau ou à coller avec un adhésif repositionnable au-dessus de chacun des mots placés dans les pochettes de couleur ;

– les figurines miniatures pour un usage individuel.

Afin de différencier davantage les figurines illustrant la nature des mots, elles sont proposées en version colorisée. Cependant, l'enseignant peut utiliser la version en noir et blanc pour les colorier selon son choix (pour assurer par exemple une harmonisation avec ses collègues).

Les pochettes de couleur

Pour faciliter le repérage, l'affichage des groupes fonctionnels et la manipulation de ces groupes au sein de la phrase (déplacement, permutation ou suppression des groupes), nous proposons un outil facilement réalisable composé de pochettes en papier cartonné de couleur.

Ces pochettes permettent d'y glisser les étiquettes collectives et de visualiser distinctement la nature (figurines collées et repositionnables) et la fonction des mots ou des groupes de mots (couleur différente pour chaque fonction).

Confection des pochettes :

Matériel nécessaire

- 2 feuilles cartonnées de couleur bleue L = 70 cm, l = 50 cm
- 2 feuilles cartonnées de couleur rouge L = 70 cm, l = 50 cm
- 2 feuilles cartonnées de couleur verte L = 70 cm, l = 50 cm
- Rouleau adhésif

Réalisation des pochettes pour la grammaire

- Découper dans chaque feuille cartonnée un morceau de 60 cm × 30 cm.
- Plier sur la longueur pour faire un rabat d'environ 6 cm de hauteur. (Conseil : avant de plier, marquer le pli en traçant le trait avec une pointe de stylo usé.)

- Scotcher aux deux extrémités pour maintenir le rabat qui viendra accueillir les étiquettes collectives.
- Confectionner de la même manière une pochette bleue, une pochette rouge et deux pochettes vertes.
- Confectionner dans les chutes les deux bandes étiquettes de 70 cm × 5 cm sur lesquelles on écrira la fonction du groupe (GROUPE SUJET du VERBE) et (GROUPE du VERBE). Elles seront fixées avec des trombones sur le rabat au moment de l'étude de la fonction et de l'introduction de la terminologie.

Réalisation des pochettes pour la conjugaison

Pochettes bleues :

- Découper 6 morceaux de 28 cm × 13 cm.
- Plier sur la hauteur pour faire un rabat de 6 cm.
- Scotcher aux deux extrémités pour maintenir le rabat qui viendra accueillir les étiquettes collectives (pronoms personnels).
- Coller bout à bout (verticalement) les six pochettes en les faisant se chevaucher sur une hauteur d'environ 5 cm.

- Pochettes rouges :
- Découper 6 morceaux de 28 cm × 25 cm.
- Procéder de la même manière que précédemment.

Affichages

- Veillez à ce que les affichages restent toujours propres, en bon état et bien lisibles pour tous les élèves. Les utiliser fréquemment en tant que ressources pour un rappel, une activité rituelle, etc.
- Les cartes mentales proposées pourront être utilisées en affichage collectif et / ou en mémo individuel, conservées dans des pochettes transparentes.
- Pour les verbes conjugués, écrire le radical du verbe en noir et la terminaison en couleur.
- Des recherches sur la mémoire montrent l'importance de la disposition spatiale de l'objet à mémoriser. Ainsi, privilégier des affichages organisés de manière pertinente dans la classe. Par exemple, présenter les affiches du temps présent face aux élèves, les tableaux du passé sur le mur de gauche et ceux du futur sur le mur de droite.
- Concernant le matériel à photocopier pour le travail en binôme, nous conseillons d'agrandir en A3 pour garantir une meilleure lisibilité, une aisance dans l'écriture, faciliter le découpage et la manipulation.
- Concernant les étiquettes collectives à glisser dans les pochettes, nous conseillons de les agrandir et éventuellement de les coller sur une petite fiche bristol (partie supérieure) afin qu'elles ne soient pas masquées par le rabat des pochettes.
- Pour les longues phrases à usage d'affichage collectif, on pourra soit agrandir les différents tronçons et les coller pour reconstituer la phrase ou bien recopier manuellement la phrase sur une bande de papier (type papier rouleau pour caisse enregistreuse).

Exemple :

Le train

Activités ritualisées

En conjugaison

De manière générale, en étude de la langue et particulièrement en conjugaison, les séquences de découverte ne suffisent pas à l'entière mémorisation. C'est pourquoi nous proposons une courte activité pouvant être utilisée en rituel journalier. Les étiquettes verbes utilisées sont accumulées au fur et à mesure des séquences et permettent donc la révision des notions de conjugaison précédentes.

Objectif : Mémoriser la conjugaison des verbes aux différents temps étudiés.

Organisation : Travail collectif.

Matériel : 2 boites contenant :

- Étiquettes des pronoms personnels : Étiquettes pronoms personnels collectives

  je | j' | tu | il | elle | on | nous | vous | ils | elles | ils / elles | il / elle / on

- Étiquettes de verbes déjà étudiés, à l'infinitif : Activités ritualisées

Déroulement :

• Placer dans l'une des boites l'ensemble des pronoms personnels sujets et dans l'autre des verbes à l'infinitif étudiés.

• Faire sortir les ardoises.

• Faire rappeler le temps de conjugaison étudié, l'écrire en haut du tableau.

• Demander à un élève de tirer au sort un pronom personnel et un verbe à l'infinitif, de les lire à voix haute et de les afficher au tableau.

• Faire chercher et écrire sur l'ardoise la forme conjuguée correspondante. Pendant ce temps, l'élève au tableau écrit sa proposition derrière le rabat du tableau (partie cachée).

• Faire lever les ardoises et demander à l'élève d'ouvrir le tableau pour montrer sa réponse.

• Faire valider la forme conjuguée exacte en se référant si besoin au tableau de conjugaison.

• Changer plusieurs fois l'élève qui écrit au tableau et mener l'activité de façon dynamique (utiliser le procédé La Martinière.)

Variante :

Si l'on dispose de peu de temps, on peut travailler collectivement et oralement : faire chercher et interroger un élève, écrire sous la dictée de l'enfant qui épelle, le groupe classe valide.

On pourra aussi utiliser les pochettes bleues et rouges :

– Afficher le pronom personnel et le verbe à l'infinitif puis faire écrire sur l'ardoise la forme conjuguée.

– Afficher la forme verbale et faire trouver le pronom personnel.

En grammaire

Chaque exercice proposé dans les fiches de la séance 4 peut servir de support à une activité ritualisée collective (orale ou écrite). Exemples : faire identifier le verbe et afficher la figurine correspondante. Récrire une phrase en changeant les pronoms personnels sujets. Changer la phrase en mettant le sujet au pluriel. Transformer une phrase à la forme négative…

Contenu des ressources numériques

Plus de 200 PDF à imprimer ou à vidéoprojeter

Toutes les ressources nécessaires à la mise en œuvre des séquences sont proposées : figurines, pronoms personnels, étiquettes mots, textes, fiches élèves, mémos, tableaux de conjugaison, cartes mentales.

Tous ces documents sont prêts à l'emploi : imprimez (en couleur ou en noir et blanc, en A4 ou en A3), photocopiez, découpez, ou vidéoprojetez.

Tous les documents, individuels et collectifs, utiles à chaque séance sont accessibles d'un simple clic.

Outils individuels

Retrouvez tous les outils :

- **de manipulation :** textes, étiquettes mots, étiquettes phrases… ;
- **d'entrainement :** toutes les fiches élèves ;
- **de mémorisation :** tous les « mémos », « cartes mentales » et « tableaux de conjugaison ».

Outils collectifs à reproduire en grand format ou à vidéoprojeter

Reproduisez en taille réelle, en grand format ou vidéoprojetez les figurines, les textes, les étiquettes mots de grand format… utiles pour les séances collectives.

Personnalisez les fiches élèves

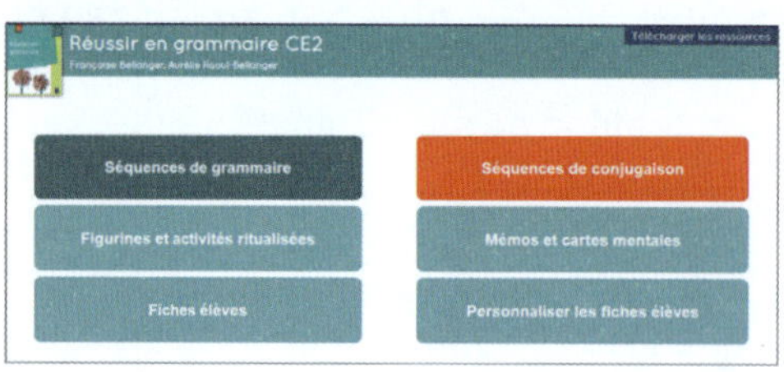

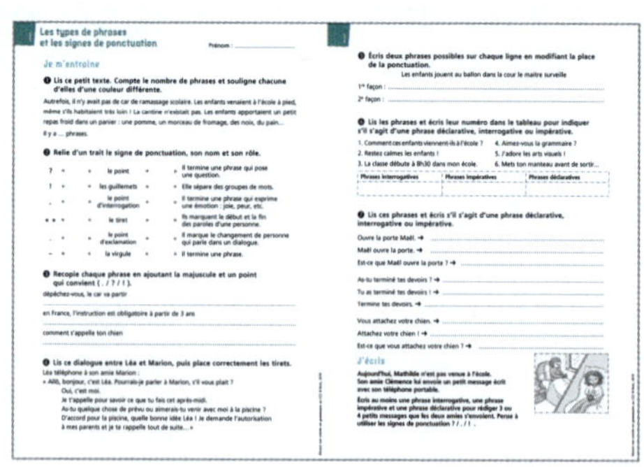
Les types de phrases et les signes de ponctuation

Présentation détaillée pages 270 et suivantes.

21 séquences de grammaire et de conjugaison

Les types de phrases et les signes de ponctuation

Programmes 2016, ajustements 2018 – connaissances et compétences associées :
- Identifier la phrase, en distinguer les principaux constituants et les hiérarchiser.
- Reconnaitre les trois types de phrases : déclarative, interrogative et impérative.

En lien avec les compétences abordées en CE1 :
- Identifier la phrase, en distinguer les principaux constituants et les hiérarchiser.
- Utiliser la ponctuation de fin de phrase (! ?) et les signes du discours rapporté (« »).

Séance 1 | Lecture, compréhension du texte et approche de la notion

Objectifs
- Lire et comprendre un texte.
- Rappeler la notion de phrase.
- Repérer les différentes phrases d'un texte.
- Lire à haute voix de manière expressive en s'appuyant sur les signes de ponctuation.

Matériel

Individuel
- Photocopie individuelle du texte *Est-ce que tous les enfants du monde vont à l'école ?* 1. Texte individuel (1)
- Crayons de couleur.

Collectif
- Facultatif : le même texte reproduit ou vidéoprojeté collectivement au tableau. 1. Texte collectif (1)

Déroulement

Est-ce que tous les enfants du monde vont à l'école ?

Dans le monde, il y a plus de 100 millions d'enfants qui ne vont pas à l'école ! Dans les pays riches, presque tous les enfants ont la chance de pouvoir aller à l'école.
Dans certains pays pauvres, tous les enfants ne vont pas à l'école car beaucoup doivent travailler pour aider leurs parents.
Les filles, plus encore que les garçons, sont privées d'école ! Leurs parents les gardent à la maison pour faire les travaux ménagers : la cuisine, le ménage, la garde des petits frères et sœurs…
En France, l'instruction est obligatoire.

- Distribuer le texte individuel et le faire lire silencieusement.
- Faire lire le texte à voix haute.
- Vérifier la compréhension en posant quelques questions :

Pour quelles raisons tous les enfants de certains pays pauvres ne vont-ils pas à l'école ?
Pourquoi les filles sont-elles privées d'école plus que les garçons ?

- Faire rappeler aux élèves qu'un texte est constitué de phrases, qu'une phrase est une suite de mots qui a du sens (elle raconte quelque chose) et qu'à l'écrit, le début d'une phrase est marqué par une majuscule au premier mot et par un point à la fin.
- Demander aux enfants de souligner d'une couleur différente chaque phrase du texte et d'en entourer le point final.
- Après un temps de recherche individuelle, faire valider en organisant une lecture « poursuite » : expliquer que chaque élève devra lire une seule phrase. Demander aux enfants combien de lecteurs sont nécessaires. Désigner les lecteurs et fixer l'ordre de passage de chacun. Faire lire toutes les phrases à la suite dans l'ordre du texte (le 1er élève lit la première phrase, le deuxième élève lit la deuxième phrase, etc.).
- Faire relire le titre et faire remarquer que le titre aussi est une phrase.
- Faire entourer le point d'interrogation et faire rappeler qu'il marque une question.
- Faire répondre à cette question : *Est-ce que tous les enfants vont à l'école ?*
- Terminer par une lecture magistrale expressive.

Séance 2 | Réactivation des connaissances

Objectifs
- Connaitre le nom et le rôle des différents signes de ponctuation (. ! ? , ...).
- Lire à haute voix de manière expressive en s'appuyant sur les signes de ponctuation.
- Approcher la notion de groupes dans la phrase (en lien avec la virgule).

Matériel

Individuel
- Ardoise et matériel associé.

Collectif
- Phrases écrites sur des grandes bandes de papier.

Est-ce que tous les enfants du monde vont à l'école ?

Les filles, plus encore que les garçons, sont privées d'école !

En France, l'instruction est obligatoire.

Leurs parents les gardent à la maison pour faire les travaux ménagers : la cuisine, le ménage, la garde des petits frères et sœurs...

1. Étiquettes phrases collectives (1)

- Étiquettes collectives des signes de ponctuation.

1. Étiquettes ponctuation collectives

[.] [!] [?] [...] [:] [,] x4

Déroulement

Recherche collective

Repérer les signes de ponctuation

- Afficher au tableau les quatre phrases et les faire lire silencieusement.
- Faire une lecture magistrale lente et expressive.
- Faire venir un élève au tableau et lui demander de relire à haute voix la phrase : *Est-ce que tous les enfants du monde vont à l'école ?*
- Faire repérer, entourer en couleur et nommer le signe de ponctuation qui marque la fin de la phrase (point d'interrogation).
- Faire rappeler qu'il s'agit d'une question. Coller au tableau l'étiquette [?] et écrire son nom à côté.

• Procéder de la même manière pour les trois autres phrases et afficher au fur et à mesure les signes de ponctuation au tableau.

• Écrire leur nom à côté de chaque étiquette (point d'exclamation, points de suspension, point) et faire rappeler ou découvrir le rôle de chacun :

– le point termine une phrase ;

– le point d'exclamation termine des phrases qui expriment une émotion (la surprise, la peur, l'énervement...) ou donne un ordre ;

– les points de suspension ponctuent des phrases inachevées, qui restent en suspens.

• Demander aux élèves de tracer ces points sur leur cahier et d'écrire leur nom à côté.

Facultatif :

• Faire relire la phrase « *Leurs parents les gardent à la maison pour faire les travaux ménagers : la cuisine, le ménage, la garde des petits frères et sœurs...* » et faire rechercher dans la phrase d'autres signes de ponctuation (les deux-points et la virgule).

• Compléter la liste en affichant les étiquettes et en écrivant le nom des signes au tableau.

• Expliquer le rôle des deux-points qui, dans cette phrase, introduisent une énumération.

Adapter le signe de ponctuation à l'intonation de la phrase

• Faire sortir les ardoises. Pendant ce temps, écrire en gros au tableau la phrase :

Les filles sont privées d'école

• Faire remarquer aux enfants qu'il manque le point final.

• Lire la phrase à voix haute sur un ton très étonné et demander aux élèves d'écrire sur leur ardoise le point qui correspond au ton utilisé.

• Faire lever les ardoises pour relever les différentes propositions.

• Faire valider le point d'exclamation par le groupe classe et faire venir un enfant au tableau pour coller à la fin de la phrase l'étiquette [!].

• Faire relire la phrase ainsi ponctuée par différents élèves.

• Procéder de la même manière en relisant la phrase sur des tons différents qui impliquent un changement de ponctuation : simple déclaration (.) et interrogation (?).

• À chaque fois, envoyer un élève changer l'étiquette du point.

• Préciser que, lorsque l'on pose une question oralement, on peut simplement changer le ton de la phrase mais qu'à l'écrit il faut la modifier :

Exemple : À l'oral, on peut dire « *Les filles sont privées d'école ?* » mais, à l'écrit, on doit indiquer « *Est-ce que les filles sont privées d'école ?* » ou « *Les filles sont-elles privées d'école ?* »

Mise en scène collective

• Sélectionner l'étiquette-phrase [En France, l'instruction est obligatoire.]

• La faire lire à voix haute et faire remarquer la place de la virgule. La faire justifier en relisant et en marquant une légère pause après le mot « *France* ».

• Découper rapidement les mots et les signes de ponctuation de la phrase :
[En] [France] [,] [l'] [instruction] [est] [obligatoire] [.]

• Afficher les étiquettes des mots au tableau, repasser en gros les signes de ponctuation.

• Confier l'étiquette de la virgule à un élève et lui demander de la déplacer en la collant après le premier mot (après « *En* »).

• Faire relire la phrase à voix haute par un élève.

• Faire déplacer la virgule à différents endroits de la phrase et faire constater par des relectures expressives que la phrase perd son sens si l'on place mal la virgule en séparant les mots d'un même groupe.

• Pour conclure, amorcer une synthèse en consignant sur une affiche les différents signes de ponctuation rencontrés, leur place dans la phrase (à la fin ou à l'intérieur) et leur nom.

Séance 3 | Ponctuation : approfondissement de la notion

Objectifs
- Comprendre et utiliser les signes de discours rapporté (guillemets et tirets).
- Comprendre que les signes traduisent des intonations différentes lors de la lecture.
- Approcher la notion de groupes dans la phrase (en lien avec la virgule).

Matériel

Individuel
- Une photocopie par binôme du texte *L'école autrefois.* 1. Texte individuel (2)
- Ardoise et matériel associé.

Collectif
- Le même texte vidéoprojeté ou reproduit en grand au tableau.
1. Texte collectif (2)

Déroulement

Rappel de la séance précédente

• Procéder à un rappel de la première séance : faire relire l'ensemble des signes de ponctuation, leur nom et leur rôle associé (affiche constituée en fin de séance 2).

• Faire sortir l'ardoise. Dicter un par un les différents signes de ponctuation étudiés (? ! . ... ,) et demander aux élèves de les tracer.

• Faire lever l'ardoise pour contrôler.

Manipulations et recherches en binôme

• Distribuer aux binômes le texte « *L'école autrefois* » et le faire lire silencieusement.

• Pendant ce temps, l'afficher au tableau.

L'école autrefois (1)

Jules questionne son arrière-grand-père :
« Est-ce que ton maitre était sévère quand tu étais à l'école □
– Oh, oui, il était extrêmement sévère □ Quand un élève avait les mains sales □ le maitre lui donnait des coups de règle sur les doigts □
Et quand l'un de nous travaillait mal □ il nous mettait le bonnet d'âne sur la tête □ »

• Faire une lecture magistrale très expressive du texte, puis le faire lire à haute voix par plusieurs élèves en faisant justifier les guillemets et le tiret : il s'agit d'un dialogue entre Jules et son arrière-grand-père.

• Demander aux enfants de compléter les phrases avec les différents signes de ponctuation connus en les écrivant dans les cadres.

• Laisser un temps de recherche suffisant et circuler dans les rangs pour observer les éventuelles difficultés.

• Procéder à une mise en commun :

– faire lire, une à une, les phrases à haute voix et envoyer au fur et à mesure un élève tracer au tableau le signe de ponctuation manquant ;

– inviter les élèves à argumenter leur choix ;

– faire valider ou corriger en argumentant par le groupe classe.

Remarque : dans le cas où plusieurs signes de ponctuation sont acceptables, lire la phrase sur des tons différents pour faire remarquer que le sens de la phrase est modifié. (Une ponctuation forte [!] donne plus d'émotion qu'une ponctuation

plate [.]. Pour la dernière phrase, le choix des points de suspension laisse place au sous-entendu ou au souvenir.)
À la fin, compléter l'affiche des signes de ponctuation avec les guillemets et le tiret.

Appropriation individuelle

• Écrire au tableau la phrase suivante en remplaçant le point d'interrogation par un cadre vide :

Autrefois, à quoi jouaient les enfants à la récréation ☐

• Demander aux élèves de la copier sur leur cahier d'essai.
• Faire lire la phrase de façon expressive et demander aux enfants de compléter le point manquant en s'appuyant sur le ton utilisé.
• Si besoin, faire repréciser qu'il s'agit d'une question.
• Procéder de manière identique pour chacune des phrases suivantes :

[«] Les garçons aimaient jouer au ballon [,] à saute-mouton [,] aux billes [... ou ! ou .]

Les filles préféraient jouer à la marelle [,] à la balle au mur [,] à la corde à sauter [... ou ! ou .] [»]

• Organiser une correction collective en veillant à faire justifier la ponctuation.

Synthèse, mémo et carte mentale

Les signes de ponctuation

Les signes de ponctuation se placent :

• à la fin d'une phrase :

Le point ordinaire [.]

Le point d'interrogation [?] termine des phrases qui posent des questions.

Le point d'exclamation [!] termine des phrases qui expriment la surprise, la peur, l'énervement ou qui donnent un ordre.

Les points de suspension [...] terminent des phrases qui ne sont pas achevées, qui restent en suspens.

• à l'intérieur d'une phrase :

La virgule [,] sépare des groupes de mots.

Le tiret [–] et **les guillemets** [« »] sont utilisés quand on fait parler quelqu'un.

1. Mémo 1

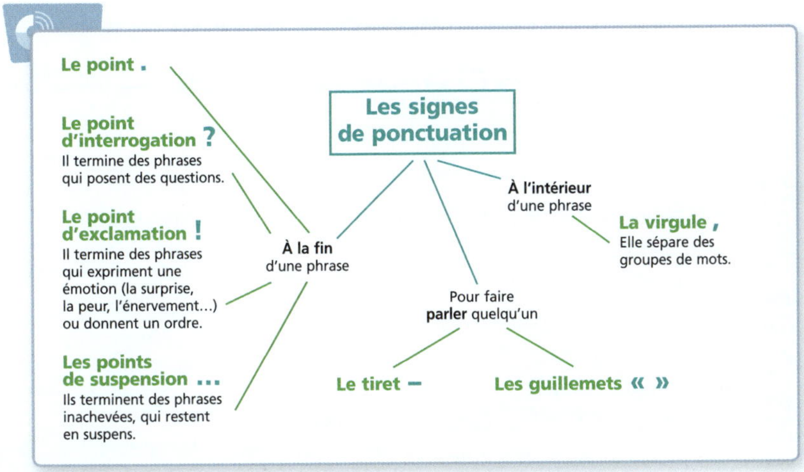

1. Carte mentale

Synthèse animée : pour compléter la synthèse, il est possible de présenter à la classe le petit film d'animation « Les marques de ponctuation », réalisé par Canopé (Les Fondamentaux) et disponible dans les ressources numériques.

1. Animation : Les marques de ponctuation

Séance 4 | Les types de phrase : Découverte de la notion

Objectifs

- Reconnaitre les trois types de phrases : déclaratif, interrogatif et impératif.

Matériel

Individuel

- Ardoise et matériel associé.
- Cahier d'essai.

Pour chaque binôme

- Photocopie du texte « L'école autrefois (2) » 1. Texte individuel (3)
- Un jeu de 10 étiquettes phrases : 1. Etiquettes types de phrases individuelles

Nous trempions la plume dans un encrier rempli d'encre violette.	
Les stylos n'existaient pas !	Il y avait de l'encre partout sur la table...
Je ne sais plus précisément.	Qu'a fait ton maitre d'école si sévère ?
Combien de temps es-tu resté puni comme ça ?	
Est-ce que tu as porté le bonnet d'âne ?	
Mets tes mains sur la tête.	Va au coin maladroit !
Reste debout sans bouger...	

Collectif

- Le même texte vidéoprojeté ou reproduit en grand au tableau 1. Texte collectif (1)
- Le même jeu d'étiquettes phrases agrandies pour affichage collectif au tableau 1. Etiquettes types de phrases collectives

Déroulement

L'école autrefois (2)

L'arrière-grand-père de Jules continue de lui raconter ses souvenirs d'écolier.
– Nous écrivions avec un porte-plume et une plume en métal. Nous trempions la plume dans un encrier rempli d'encre violette.
– Les stylos n'existaient pas !, s'étonne Jules.
– Pas encore… Un jour, reprend son arrière-grand-père, je me souviens avoir renversé mon encrier sur mon cahier. Il y avait de l'encre partout sur la table…
– Ohhhhhhhh ! Qu'a fait ton maitre d'école si sévère ?
– Il m'a puni ! Je me souviens qu'il m'a dit : « Va au coin maladroit ! Reste debout sans bouger… Mets tes mains sur la tête. »
– Et combien de temps es-tu resté puni comme ça ?
– Je ne sais plus précisément mais ça m'a paru bien long… Et après ma punition, sais-tu, mon petit garçon, ce que mon maitre m'a demandé de faire ?
– Est-ce que tu as porté le bonnet d'âne ?
– Non, pas cette fois. Mais en guise de récréation, je suis resté seul en classe pour nettoyer ma table...

• Distribuer aux binômes le texte « L'école autrefois (2) » et le faire lire silencieusement.

• Pendant ce temps, l'afficher au tableau.

• Faire une lecture magistrale très expressive du texte, puis le faire lire à haute voix par deux élèves en faisant justifier les guillemets et les tirets : il s'agit d'un dialogue entre Jules et son arrière-grand-père (on pourra ajouter une troisième voix pour incarner le maitre d'école).

Manipulations et recherches en binôme

• Distribuer la fiche avec les dix étiquettes phrases à chaque binôme et laisser les élèves lire silencieusement.

• Pendant ce temps, afficher les étiquettes phrases au tableau.

• Faire lire à haute voix chacune des phrases par un élève différent.

• Demander aux enfants de découper chaque étiquette phrase.

Rappel de la séance précédente

• Faire rappeler les noms des différents signes de ponctuation.

• Donner la consigne : *Classez ces phrases en fonction de leur ponctuation, c'est-à-dire groupez ensemble les phrases qui se terminent par le même point.*

• Faire reformuler la consigne puis laisser un court temps de manipulation. Circuler entre les rangs et relever les éventuelles difficultés.

• Organiser une correction collective en utilisant les étiquettes affichées au tableau.
• Faire valider par le groupe classe en faisant rappeler le nom des points.

Résultat attendu :

Point	Point d'interrogation	Point d'exclamation	Point de suspension
Nous trempions la plume dans un encrier rempli d'encre violette. Je ne sais plus précisément. Mets tes mains sur la tête.	Qu'a fait ton maitre d'école si sévère ? Combien de temps es-tu resté puni comme ça ? Est-ce que tu as porté le bonnet d'âne ?	Les stylos n'existaient pas ! Va au coin maladroit !	Il y avait de l'encre partout sur la table... Reste debout sans bouger...

Nouvelle notion : découverte guidée des trois types de phrases

• Annoncer aux élèves qu'on peut classer les phrases en fonction de leur ponctuation mais qu'on les classe généralement en fonction du type de « message » qu'elles expriment.

• Donner une nouvelle consigne : *Sélectionnez uniquement les phrases qui posent une question, qui permettent de demander une information.*

• Après un court temps, envoyer un élève au tableau pour corriger à l'aide des étiquettes phrases.

• Faire remarquer que ces phrases se terminent toutes par un point d'interrogation.

• Demander aux élèves s'ils savent comment on appelle ce type de phrases : les **phrases interrogatives** (à rapprocher du nom de leur point). L'écrire au tableau.

• Annoncer : *Parmi les phrases restantes, certaines permettent de donner un ordre. Trouvez-les et mettez-les ensemble.*

• Après un temps de recherche suffisant, envoyer un ou plusieurs élève(s) au tableau pour corriger à l'aide des étiquettes phrases.

• Faire remarquer que, dans ce cas, ces phrases se terminent par des points différents (. ou ! ou ...).

• Demander aux élèves s'ils savent comment on appelle ce type de phrases.

• Introduire le terme de **phrases impératives** (le rapprocher du nom « un impératif », une obligation, quelque chose que l'on doit faire). L'écrire au tableau.

• Demander enfin aux élèves de grouper ensemble les phrases restantes, faire de même au tableau. On obtient :

Phrases interrogatives	Phrases impératives	
Qu'a fait ton maître d'école si sévère ? Combien de temps es-tu resté puni comme ça ? Est-ce que tu as porté le bonnet d'âne ?	Mets tes mains sur la tête. Va au coin maladroit ! Reste debout sans bouger…	Nous trempions la plume dans un encrier rempli d'encre violette. Les stylos n'existaient pas ! Il y avait de l'encre partout sur la table… Je ne sais plus précisément.

• Faire relire à voix haute les phrases du troisième type.

• Expliquer aux élèves qu'elles n'expriment ni un questionnement, ni un ordre, ces phrases déclarent quelque chose, elles donnent une information.

• Introduire le terme de **phrase déclarative** (à rapprocher de « déclarer »). L'écrire au tableau.

• Faire remarquer que les phrases déclaratives se terminent par des points différents.

Synthèse, mémo et carte mentale

Les types de phrases

On distingue 3 types de phrases différents :

• **les phrases interrogatives**, qui posent des questions, demandent des informations ;

• **les phrases impératives**, qui donnent un ordre ;

• **les phrases déclaratives**, qui déclarent quelque chose, donnent une information.

Exemples :	*Issam joue avec ses cartes.*	➜ Phrase déclarative
	Joue avec tes cartes Issam !	➜ Phrase impérative
	Est-ce qu'Issam joue avec ses cartes ?	➜ Phrase interrogative

Les phrases interrogatives s'écrivent avec un point d'interrogation à la fin.

Les phrases déclaratives et impératives peuvent s'écrire avec des différents points : . ! …

1. Mémo 2

Appropriation individuelle

- Faire sortir le cahier de recherche.
- Demander aux élèves, de choisir dans le texte et de recopier une phrase de chaque type : phrase déclarative, phrase interrogative, phrase impérative.

Séances 5 et 6 | Entrainement et réinvestissement

Objectifs	- Mémoriser les notions essentielles. - Réinvestir ses connaissances dans une courte production d'écrit.
Organisation	- Travail individuel, correction individuelle ou collective.
Matériel	- Fiche élève n° 1. Fiche 1 - Cahier d'essai et / ou du jour.

Objectifs visés :

Ex. 1 : Repérer des phrases au sein d'un texte.
Ex. 2 : Connaitre les signes de ponctuation leur nom, leur rôle.
Ex. 3, 4, 5 : Utiliser les signes de ponctuation.
Ex. 6 : Reconnaitre les trois types de phrases.

1 Les types de phrases et les signes de ponctuation

Prénom : ....

Je m'entraine

1 Lis ce petit texte. Compte le nombre de phrases et souligne chacune d'elles d'une couleur différente.

Autrefois, il n'y avait pas de car de ramassage scolaire. Les enfants venaient à l'école à pied, même s'ils habitaient très loin ! La cantine n'existait pas. Les enfants apportaient un petit repas froid dans un panier : une pomme, un morceau de fromage, des noix, du pain…

Il y a … phrases.

2 Relie d'un trait le signe de ponctuation, son nom et son rôle.

? •	• le point •	• Il termine une phrase qui pose une question.
! •	• les guillemets •	• Elle sépare des groupes de mots.
, •	• le point d'interrogation •	• Il termine une phrase qui exprime une émotion : joie, peur, etc.
« » •	• le tiret •	• Ils marquent le début et la fin des paroles d'une personne.
. •	• le point d'exclamation •	• Il marque le changement de personne qui parle dans un dialogue.
– •	• la virgule •	• Il termine une phrase.

3 Recopie chaque phrase en ajoutant la majuscule et un point qui convient (. / ? / !).

dépêchez-vous, le car va partir

....

en France, l'instruction est obligatoire à partir de 3 ans

....

comment s'appelle ton chien

....

4 Lis ce dialogue entre Léa et Marion, puis place correctement les tirets.

Léa téléphone à son amie Marion :

« Allô, bonjour, c'est Léa. Pourrais-je parler à Marion, s'il vous plait ?

Oui, c'est moi.

Je t'appelle pour savoir ce que tu fais cet après-midi.

As-tu quelque chose de prévu ou aimerais-tu venir avec moi à la piscine ?

D'accord pour la piscine, quelle bonne idée Léa ! Je demande l'autorisation à mes parents et je te rappelle tout de suite… »

5 Écris deux phrases possibles sur chaque ligne en modifiant la place de la ponctuation.

Les enfants jouent au ballon dans la cour le maitre surveille

1re façon : ....

2e façon : ....

6 Lis les phrases et écris leur numéro dans le tableau pour indiquer s'il s'agit d'une phrase déclarative, interrogative ou impérative.

1. Comment ces enfants viennent-ils à l'école ?
2. Restez calmes les enfants !
3. La classe débute à 8h30 dans mon école.
4. Aimez-vous la grammaire ?
5. J'adore les arts visuels !
6. Mets ton manteau avant de sortir…

Phrases interrogatives	Phrases impératives	Phrases déclaratives

7 Lis ces phrases et écris s'il s'agit d'une phrase déclarative, interrogative ou impérative.

Ouvre la porte Maël. ➜ ....

Maël ouvre la porte. ➜ ....

Est-ce que Maël ouvre la porte ? ➜ ....

As-tu terminé tes devoirs ? ➜ ....

Tu as terminé tes devoirs ! ➜ ....

Termine tes devoirs. ➜ ....

Vous attachez votre chien. ➜ ....

Attachez votre chien ! ➜ ....

Est-ce que vous attachez votre chien ? ➜ ....

J'écris

Aujourd'hui, Mathilde n'est pas venue à l'école. Son amie Clémence lui envoie un petit message écrit avec son téléphone portable.

Écris au moins une phrase interrogative, une phrase impérative et une phrase déclarative pour rédiger 3 ou 4 petits messages que les deux amies s'envoient. Pense à utiliser les signes de ponctuation ? / . / ! .

Les groupes dans la phrase

Programmes 2016, ajustements 2018 – connaissances et compétences associées :
– Identifier la phrase, en distinguer les principaux constituants et les hiérarchiser.

En lien avec les compétences abordées en CE1 :
– Identifier la phrase, en distinguer les principaux constituants et les hiérarchiser.
– Reconnaitre les principaux constituants de la phrase : le sujet, le verbe (connaissance des propriétés permettant de l'identifier).

Séance 1 | Lecture, compréhension du texte et approche de la notion

Objectifs
– Comprendre un texte.
– Lire à haute voix.
– Repérer les groupes dans la phrase.

Matériel
Individuel
– Photocopie individuelle du texte *Le tunnel sous la Manche*. 2. Texte individuel
– Crayons de couleur ou surligneurs.
Collectif
– Facultatif : le même texte reproduit ou vidéoprojeté collectivement au tableau. 2. Texte collectif
– Carte collective de la Grande-Bretagne. 2. Carte collective

Déroulement

Le tunnel sous la Manche

Le 20 janvier 1986, Margaret Thatcher, Premier ministre du Royaume-Uni, et François Mitterrand, président des Français, entreprennent un gigantesque projet. Ils souhaitent développer les moyens de transport entre leurs pays. Ils veulent relier la France et l'Angleterre !
La Grande-Bretagne est une ile. Elle est séparée de la France par la Manche.
Les chefs d'État décident de faire creuser un tunnel sous la mer. Pendant huit ans, des ouvriers creusent le tunnel, avec courage.
Aujourd'hui, ce tunnel est l'un des plus longs tunnels sous-marins du monde !
En réalité, il est composé de trois tunnels indépendants. Les trains circulent dans les tunnels. Dans un premier tunnel, les trains roulent vers l'Angleterre. Dans un deuxième tunnel, ils roulent vers la France. Le troisième tunnel est réservé à la circulation des véhicules de secours.
Avant, la traversée se faisait en bateau, le ferry, et durait une heure et demie. Aujourd'hui, en trente-cinq minutes seulement, les voyageurs rejoignent l'Angleterre !

• Faire lire silencieusement le texte.

• Faire observer la carte et situer *: la Grande-Bretagne, l'Angleterre, la France, la Manche.*

• Vérifier la compréhension en posant quelques questions :

Comment s'appellent les chefs d'État de France et de Grande-Bretagne qui ont décidé de faire creuser le tunnel ?

Comment est composé le tunnel ? À quoi servent les trois tunnels différents ?

Actuellement, quels moyens de transport peut-on utiliser pour traverser la Manche et se rendre en Angleterre ? Quel est le plus rapide ?

• Faire une lecture magistrale expressive.

• Organiser une lecture poursuite en désignant à l'avance quels élèves liront et dans quel ordre.

• Demander aux élèves de prendre 3 crayons de couleur (rouge, bleu, vert).

Faire souligner en bleu :

– dans la première phrase, le groupe de mots qui répond à la question :

Qui est-ce qui entreprend un gigantesque projet ? ➜ *Margaret Thatcher, Premier ministre du Royaume-Uni, et François Mitterrand, président des Français*

– dans la phrase « *Les chefs d'État décident de faire creuser un tunnel sous la mer* », le groupe de mots qui répond à la question :

Qui décide de faire creuser un tunnel ? ➜ *les chefs d'État*

Faire encadrer en rouge le groupe de mots qui indique :

Ce que font les ouvriers ➜ creusent le tunnel
Ce que font les voyageurs ➜ rejoignent l'Angleterre
Faire souligner en vert le groupe de mots qui répond à la question :
Où décide-t-on de creuser le tunnel ? ➜ sous la mer
En combien de temps les voyageurs rejoignent-ils l'Angleterre ? ➜ en 35 minutes seulement

Séance 2 | Réactivation des connaissances

Objectifs
- Rappeler la notion de groupes dans une phrase.
- Approcher les différentes fonctions syntaxiques.
- Distinguer les grands groupes qui la constituent.
- Percevoir les groupes non supprimables et les groupes supprimables.

Matériel

Individuel
- Photocopie du texte *Le tunnel sous la Manche.* 2. Texte individuel
- Cahier d'essai.

Collectif
- Texte reproduit ou vidéoprojeté (facultatif). 2. Texte collectif
- 1 pochette rouge, 1 pochette bleue, 2 pochettes vertes.
- Phrases reproduites sur grandes bandes de papier (mise en scène) :

Les trains circulent dans les tunnels.

Pendant huit ans, des ouvriers creusent le tunnel, avec courage.

- Pâte adhésive.

Déroulement

Mise en scène collective

- Afficher au tableau les pochettes bleue, rouge et verte ainsi que la phrase :

Les trains circulent dans les tunnels.

- La faire lire à haute voix, et poser des questions pour faire découvrir les groupes qui la constituent :

– *De quoi parle-t-on ?* ➜ Les trains

Faire découper le groupe.

– *Que font les trains ?* ➜ circulent dans les tunnels.

Dans le groupe circulent dans les tunnels, faire chercher puis découper le groupe qui indique où circulent les trains ➜ les tunnels

• Afficher les trois groupes obtenus : Les trains circulent dans les tunnels

• Envoyer un élève au tableau et faire placer les groupes dans les pochettes :

Pochette bleue ➜ Les trains

Pochette rouge ➜ circulent

Pochette verte ➜ dans les tunnels

• Faire retirer au fur et à mesure les différents groupes de la phrase en faisant relire à chaque fois la nouvelle phrase. Laisser les enfants réagir et constater que les phrases sont ou ne sont pas correctes :

– Si on supprime le groupe bleu Les trains, on obtient :

« *Circulent dans les tunnels.* » ➜ on ne sait pas de qui on parle.

– Si on supprime le groupe rouge circulent, on obtient :

« *Les trains dans les tunnels* » ➜ on ne sait pas ce que font les trains.

• Faire conclure que le groupe rouge et le groupe bleu ne peuvent pas être supprimés.

• Supprimer le groupe vert dans les tunnels et faire constater que la phrase « *Les trains circulent* » reste correcte.

• Faire conclure que le groupe vert n'est pas indispensable, il peut être supprimé.

• Procéder de la même manière avec la phrase :

Pendant huit ans, des ouvriers creusent le tunnel, avec courage.

De qui parle-t-on ? des ouvriers ➜ Pochette bleue.

Que font-ils ? creusent le tunnel ➜ Pochette rouge.

Pendant combien de temps ? Pendant huit ans ➜ 1re pochette verte.

Comment creusent-ils ? avec courage ➜ 2e pochette verte.

Appropriation individuelle

• Écrire au tableau la phrase : « *Mes parents font un grand voyage tous les ans.* »

• La faire lire à haute voix par un élève.

• Demander aux enfants de recopier la phrase sur leur cahier d'essai puis d'encadrer les groupes en bleu, rouge, ou vert. ➜ Mes parents font un grand voyage tous les ans.

• Faire une correction collective au tableau.

Séance 3 | Approfondissement de la notion

Objectifs
- Approcher la notion de groupes syntaxiques dans la phrase.
- Manipuler les groupes dans la phrase.
- Approcher les différentes fonctions syntaxiques.
- Distinguer les groupes « indispensables » (non déplaçables, non supprimables) des groupes « non indispensables » (déplaçables et / ou supprimables).

Matériel

Individuel
- Cahier d'essai.

Pour chaque binôme
- Étiquette phrase : 2. Étiquette phrase pour binôme

Ce matin, ma mère prend l'Eurostar à la gare du Nord.

- 1 feuille vierge pour la recherche.

Collectif
- 1 même phrase reproduite sur bande de papier. 2. Étiquette phrase collective
- Pâte adhésive.
- 1 pochette rouge, 1 pochette bleue, 2 pochettes vertes.

Déroulement

Manipulation et recherche en binôme

• Faire distribuer à chaque binôme l'étiquette phrase. Pendant ce temps, afficher au tableau les pochettes de couleur et la phrase collective. La faire lire à haute voix :

Ce matin, ma mère prend l'Eurostar à la gare du Nord.

• Interroger les élèves :

De qui parle-t-on ? ➜ ma mère

Que fait-elle ? ➜ prend l'Eurostar

• Au fur et à mesure, envoyer un élève découper les groupes de mots correspondants et demander aux élèves de faire la même chose avec leur étiquette phrase. On obtient 4 groupes distincts :

Ce matin / ma mère / prend l'Eurostar / à la gare du Nord.

– Faire placer les groupes dans les pochettes correspondantes :

Ce matin / ma mère / prend l'Eurostar / à la gare du Nord.

– Distribuer une feuille vierge pour la recherche. Expliquer aux élèves qu'ils doivent écrire de nouvelles phrases en déplaçant ou en supprimant certains groupes.

• Circuler auprès des binômes pendant le temps de recherche pour repérer les différentes propositions. Procéder à une mise en commun en envoyant successivement des binômes différents présenter leur proposition de phrase en déplaçant les pochettes de groupes de mots.

• Faire valider par le groupe classe.

On obtient :

Déplacements :

Ce matin, à la gare du Nord, ma mère prend l'Eurostar.

À la gare du Nord, ma mère prend l'Eurostar, ce matin.

Ma mère prend l'Eurostar, ce matin, à la gare du Nord.

À la gare du Nord, ce matin, ma mère prend l'Eurostar.

Ma mère prend l'Eurostar à la gare du Nord, ce matin.

Suppressions :

À la gare du Nord, ma mère prend l'Eurostar.

Ce matin, ma mère prend l'Eurostar.

Ma mère prend l'Eurostar.

• Faire conclure que :

– les groupes [ma mère] [prend l'Eurostar] ne peuvent pas être supprimés : ils sont indispensables à la phrase.

– les groupes [Ce matin] [à la gare du Nord.] peuvent être supprimés ou déplacés : ils ne sont pas indispensables à la phrase.

Appropriation individuelle

• Écrire au tableau la phrase : « *Aujourd'hui, mon père prend l'avion pour l'Italie.* »

• La faire lire à haute voix par un élève.

• Demander aux enfants de recopier la phrase sur leur cahier d'essai puis de récrire deux nouvelles phrases : une phrase en supprimant les groupes qui ne sont pas indispensables et une autre en déplaçant un groupe.

• Faire une correction collective au tableau.

Synthèse, mémo et carte mentale

Les groupes dans la phrase

Dans une phrase, il y a plusieurs groupes :

Des groupes indispensables :

[Ma mère] [prend l'Eurostar.]

Des groupes que l'on peut déplacer :

[Ce matin] [ma mère] [prend l'Eurostar] [à la gare du Nord.]

Des groupes que l'on peut supprimer :

[~~Ce matin~~] [ma mère] [prend l'Eurostar] [~~à la gare du Nord.~~]

2. Mémo

Les groupes dans la phrase

Dans une phrase, il y a plusieurs groupes :

- Des groupes indispensables :

[Ma mère] [prend l'Eurostar.]

- Des groupes que l'on peut déplacer :

[Ce matin] [ma mère] [prend l'Eurostar] [à la gare du Nord.]

[Ma mère] [prend l'Eurostar] [à la gare du Nord,] [ce matin.]

- Des groupes que l'on peut supprimer :

[~~Ce matin~~] [ma mère] [prend l'Eurostar] [~~à la gare du Nord.~~]

2. Carte mentale

Séances 4 et 5 | Entrainement et réinvestissement

Objectifs	– Mémoriser les notions essentielles. – Réinvestir ses connaissances dans des exercices d'application.
Organisation	– Travail individuel, correction individuelle ou collective.
Matériel	– Fiche élève n° 2. Fiche 2 – Cahier d'essai.

Objectifs visés :

Ex. 1 : Savoir identifier le rôle des groupes dans une phrase.
Ex. 2 : Savoir identifier les différents groupes dans une phrase.
Ex. 3 : Savoir identifier, dans une phrase, les groupes qui ne sont pas indispensables.
Ex. 4 et 5 : Savoir identifier, dans une phrase, les groupes déplaçables et récrire la phrase.

2 Les groupes dans la phrase

Prénom : ....

Je m'entraîne

❶ Repasse en couleur les cadres des groupes suivants :

– en bleu, le groupe qui répond à la question « qui est-ce qui voyage ? » :

Mon voisin | voyage | très souvent.

– en vert, le groupe qui répond à la question « où ? » :

Le ferry | arrive | dans le port.

– en rouge, le groupe qui indique ce que font les passagers :

Les passagers | montent | dans le ferry.

– en vert, le groupe qui répond à la question « quand ? » :

Tous les matins, | je | prends le train.

❷ Encadre les groupes dans chaque phrase :

– en bleu, les groupes qui indiquent de qui on parle.
– en vert, les groupes que l'on peut déplacer.
– en rouge, les groupes qui indiquent les actions.

Les trains circulent dans le tunnel.

Mes amis aiment l'Écosse.

Ce passager téléphone dans le train.

❸ Barre les groupes que l'on peut supprimer, et recopie la phrase. (N'oublie pas les points et les majuscules.)

Andréa | fait un stage | en Écosse.

Tous les jours, | des voyageurs | empruntent le tunnel.

Depuis deux ans, | mon frère | apprend l'anglais | au collège.

2

❹ Fais une croix sous les groupes que l'on peut déplacer et récris une nouvelle phrase.

Nous | prenons le ferry | ce matin.

Alexia | va à Londres | pendant les vacances scolaires.

Dans le ferry, | les touristes | prennent des photos.

❺ Encadre le groupe que tu peux déplacer et récris la phrase.

Le ferry traverse la mer en une heure et demie.

Vous empruntez le tunnel pour aller à Londres.

J'écris

Lis le texte puis récris-le en ajoutant les groupes suivants.

à six heures – rapidement – sur son dos – à toute vitesse – d'un trait – tous les matins – en courant

.... M. Gépaltan se lève ....

.... , il fait sa toilette et se rase.

Il s'habille .... et avale son café ....

Il charge son gros sac .... puis il quitte la maison ....

Les formes de phrases : formes négative et exclamative

Programmes 2016, ajustements 2018 et 2020 – connaissances et compétences associées :
– Reconnaitre les formes négative et exclamative et savoir effectuer des transformations.

Consolidation :
– Reconnaitre les trois types de phrases : déclaratives, interrogatives et impératives.
– Utiliser la ponctuation de fin de phrase (! ?).
– Identifier la phrase, en distinguer les principaux constituants et les hiérarchiser.

En lien avec les compétences abordées en CE1 :
– Reconnaitre les principaux constituants de la phrase : le verbe (connaissance des propriétés permettant de l'identifier).
– Reconnaitre les formes négative et exclamative et savoir effectuer des transformations.

Séance 1 | Lecture, compréhension du texte et approche de la notion

Objectifs
- Lire et comprendre un texte.
- Rappeler la notion de phrase.
- Repérer les différentes phrases d'un texte.
- Lire à haute voix de manière expressive en s'appuyant sur les signes de ponctuation.

Matériel

Individuel
- Photocopie individuelle du texte *Les grands singes ont peur de l'eau !* 3. Texte individuel
- Surligneurs ou crayons de couleur.

Collectif
- Facultatif : le même texte reproduit ou vidéoprojeté collectivement au tableau. 3. Texte collectif

Déroulement

Les grands singes ont peur de l'eau !

Aujourd'hui, les enfants visitent le zoo.
Léa et Max s'approchent du parc des orangs-outans. Le petit garçon les admire et s'exclame :
– Comme ils sont grands !
M. Pierre, le soigneur des singes, vient à leur rencontre :
– Bonjour les enfants !, lance-t-il. Faites attention ! Ne touchez pas aux cages des animaux. Bien, maintenant écoutez-moi attentivement s'il vous plait.
Léa, elle, est un peu inquiète… Elle pose une question :
– Est-ce que les orangs-outans peuvent se sauver ?
– Non, ne t'inquiète pas ! Les orangs-outans ne peuvent pas se sauver car les parcs sont entourés d'eau, rassure M. Pierre.
– Mais ils savent nager… répond Léa.
– Et non, ils ne savent pas bien nager… Ces grands singes ont peur de l'eau et ne veulent pas se mouiller. Quand il pleut, pour se protéger de la pluie, ils se cachent sous de grandes feuilles d'arbres. Ils s'en servent comme d'un parapluie en attendant la fin de l'averse. Ils ne traversent jamais un cours d'eau s'ils n'ont pas pied. Pour cela, ils utilisent un bâton pour vérifier la profondeur.
– Ils ont peur de l'eau ! s'étonne Max.
– En revanche, ils n'ont pas peur de faire des acrobaties dans les arbres ! réplique Léa en riant.

- Distribuer le texte individuel et le faire lire silencieusement, puis à voix haute.
- Vérifier la compréhension en posant quelques questions :

Où se passe l'histoire ? Quels sont les personnages qui parlent ?

Quel métier exerce M. Pierre ? De quels animaux parle-t-on ?

- Faire observer le point d'exclamation à la fin du titre et faire relire le titre avec l'intonation correcte.
- Faire lire à haute voix la première question que pose Léa et la faire surligner en jaune. *(« Est-ce que les orangs-outans peuvent se sauver ? »)*
- Faire lire à haute voix la réponse de M. Pierre et la faire surligner d'une autre couleur. *(« Non, ne t'inquiète pas ! ! Les orangs-outans ne peuvent pas se sauver. »)*
- De la même manière, faire surligner :

« Mais ils savent nager... ! » / « Et non, ils ne savent pas bien nager... »

- Relire ces deux couples de phrases et faire remarquer qu'ils expriment des contraires.
- Organiser un petit jeu dialogué : l'enseignant énonce une phrase, les élèves disent le contraire. Veiller à faire appuyer la double négation à l'oral.

Les orangs-outans aiment l'eau. / Les parcs sont entourés d'eau. / Les singes veulent se mouiller. / Ils ont peur de l'eau. / Il pleut. / Léa pose une question. / M. Pierre est le soigneur.

Séance 2 | Réactivation des connaissances : forme négative

Objectifs
- Associer des phrases contraires : formes positive et négative d'une même phrase.
- Identifier les marqueurs de négation (ne ... pas).
- Mettre une phrase à la forme négative.

Matériel

Individuel
- Cahier d'essai.

Collectif
- Étiquettes phrases pour affichage collectif.
  3. Étiquettes phrases collectives (1)

| ne | | pas |

| Les grands singes ne savent pas nager. |

| Les enfants visitent le zoo. |

Déroulement

Mise en scène collective

• Appeler au tableau deux élèves pour tenir l'étiquette phrase | Les enfants visitent le zoo. |. La faire lire silencieusement puis à haute voix.
• Faire rappeler que cette phrase est déclarative.
• Faire chercher les groupes de la phrase.
– le groupe qui indique de qui on parle ➜ *Les enfants (groupe sujet du verbe)*
– le groupe qui indique ce qu'on en dit ➜ *visitent le zoo. (groupe du verbe)*
• Envoyer un élève couper la phrase pour isoler les deux groupes et les afficher au tableau.

- Faire souligner (sur les étiquettes) le groupe « *Les enfants* » en bleu et le groupe « *visitent le zoo.* » en rouge.
- Demander aux enfants comment transformer cette phrase pour dire le contraire.
- Recueillir oralement les propositions. Faire valider la phrase « *Les enfants* ***ne*** *visitent* ***pas*** *le zoo.* ». Dire que cette phrase est maintenant à la **forme négative**. Écrire ces termes au tableau.
- Énoncer les deux formes de cette phrase successivement et faire trouver les changements que l'on entend.
- Faire préciser ce qu'il faut modifier, et dans quel groupe, pour écrire cette phrase à la forme négative. ➜ Ajouter **« ne »** et **« pas »** dans le groupe rouge.
- Faire remarquer que le groupe bleu ne change pas.
- Appeler deux élèves pour tenir chacun un groupe, un troisième pour couper la phrase et faire insérer les étiquettes [ne] et [pas] au bon endroit.

Les enfants [*ne*] *visitent* [*pas*] *le zoo.*

- Faire relire et valider par la classe.
- Afficher la nouvelle phrase au tableau et renvoyer les élèves à leur place.
- Appeler trois nouveaux élèves au tableau, et leur confier l'étiquette phrase :

[Les grands singes ne savent pas nager.]

- Cette fois, leur demander de supprimer la forme négative.
- Adopter une démarche similaire pour les manipulations en faisant, cette fois, découper et supprimer les marques de négation.

Les grands singes [*ne*] *savent* [*pas*] *nager.*

- Afficher la nouvelle phrase (*Les grands singes savent nager.*) au tableau et renvoyer les élèves à leur place.

Appropriation individuelle

- Faire sortir le cahier d'essai.
- Demander aux élèves de choisir et de recopier une phrase du texte à la forme négative et de la récrire en changeant la forme.

Séance 3 | La forme négative : approfondissement de la notion

Objectifs

- Identifier des phrases à la forme négative.
- Connaitre et utiliser les marques de négation : « ne ... pas », « n' ... pas ».
- Repérer d'autres marques de négation : « ne ... plus » « ne ... jamais ».
- Transformer une phrase en l'écrivant à la forme négative.

Matériel

Individuel

- Ardoise et matériel associé.
- Cahier d'essai.

Pour chaque binôme

- Un jeu de 9 étiquettes phrases : 3. Étiquettes phrases pour binôme (1)

L'orang-outan est un mammifère.

Il appartient à la famille des primates.

Les orangs-outans n'aiment pas l'eau.

Les grands singes mangent des fruits et des feuilles.

Ils ne mangent ni viande ni poisson.

Les orangs-outans ne mangent pas de viande.

Ali ne s'approche jamais des singes.

La femelle du singe s'appelle la guenon.

Le petit singe ne mange plus sa banane.

Collectif

- Le même jeu d'étiquettes phrases agrandies pour affichage collectif au tableau. 3. Étiquettes phrases collectives (2)

Déroulement

Rappel de la séance précédente

• Faire rappeler qu'une phrase peut s'écrire à la forme négative.

• Faire sortir l'ardoise et énoncer à haute voix la phrase : « *Les orangs-outans n'aiment pas se mouiller.* »

• La faire répéter.

• Demander aux élèves d'écrire « forme négative » sur leur ardoise seulement si la phrase est à la forme négative ; dans le cas contraire ne rien écrire.

• Faire lever les ardoises et faire valider par le groupe classe.

• Procéder de la même façon pour les phrases : « *Les enfants visitent le zoo.* » ; « *Léa est un peu inquiète.* » ; « *Le chat ne mange ni pommes ni poires.* » ; « *Mon voisin ne va jamais au zoo.* »

• Faire ranger les ardoises.

Manipulations et recherches en binôme

• Distribuer les étiquettes phrases (une feuille avec les neuf phrases) et laisser les élèves lire silencieusement.

• Pendant ce temps, afficher les étiquettes phrases au tableau.

• Faire lire à haute voix chacune des phrases par un élève différent.

• Demander aux enfants de découper les étiquettes phrases puis de les classer en deux groupes : d'un côté, les phrases écrites à la **forme négative** et, de l'autre, celles qui ne le sont pas.

• Faire reformuler la consigne puis laisser un temps de recherche suffisant ; circuler entre les rangs et relever les éventuelles difficultés.

• Organiser une correction collective en utilisant les étiquettes affichées au tableau.

• Faire valider par le groupe classe en justifiant.

• Demander aux binômes de ne conserver sur leur table que les cinq phrases négatives. Les faire relire à haute voix.

• Faire entourer en couleur les petits mots marqueurs de la négation.

• Organiser une correction collective en envoyant des élèves faire la même chose au tableau.

• Faire conclure qu'à l'écrit, la négation est obligatoirement double et qu'il existe différentes façons de marquer la négation : « ne ... pas », « n' ... pas » (les plus fréquentes), « ne ... jamais », « ne ... plus », etc.

• Justifier l'utilisation du « n' » dans la phrase : « *Les orangs-outans n'aiment pas l'eau.* » (on ne dit pas : *les orangs-outans ne aiment pas l'eau*).

Appropriation individuelle

- Faire sortir le cahier d'essai.
- Écrire au tableau la phrase : « *La guenon porte son petit.* » La faire relire à haute voix et la faire copier sur le cahier d'essai.
- Demander aux élèves de récrire cette phrase à la forme négative.
- Après un temps de recherche, faire une correction orale et écrite de la phrase au tableau en entourant les marques de négation.

➜ « *La guenon **ne** porte **pas** son petit.* »

- Adopter la même démarche en demandant cette fois le travail inverse : récrire la phrase en supprimant la forme négative. Proposer deux phrases :

« Le petit singe ne mange plus. » ➜ « *Le petit singe mange toujours.* »

On pourra aussi accepter : « *Le petit singe mange.* » et « *Le petit singe mange encore.* »

« Ali ne s'approche jamais des singes. » ➜ « *Ali s'approche toujours des singes.* »

On pourra aussi accepter : « *Ali s'approche des singes.* »

Synthèse, mémo et carte mentale

Les formes d'une phrase : la forme négative

On peut transformer une phrase en la mettant à la forme négative, ou l'inverse.

Il sait nager. ←➜ *Il **ne** sait **pas** nager.*

Dans une phrase négative, on trouve toujours deux petits mots qui marquent la négation:
« ne … pas », « n' … pas », « ne … jamais », « ne … plus », etc.

3. Mémo 1

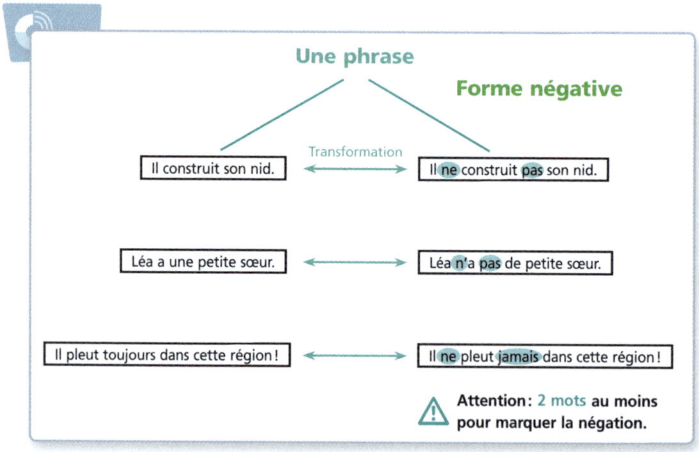

3. Carte mentale

Séance 4 | La forme exclamative

Objectifs

- Reconnaitre les formes négative et exclamative et savoir effectuer des transformations.
- Comprendre que les formes de phrases (négative et exclamative) peuvent être cumulées.

Matériel

Individuel

- Ardoise et matériel associé.

Pour chaque binôme

- Une feuille de recherche. 3. Feuille de recherche

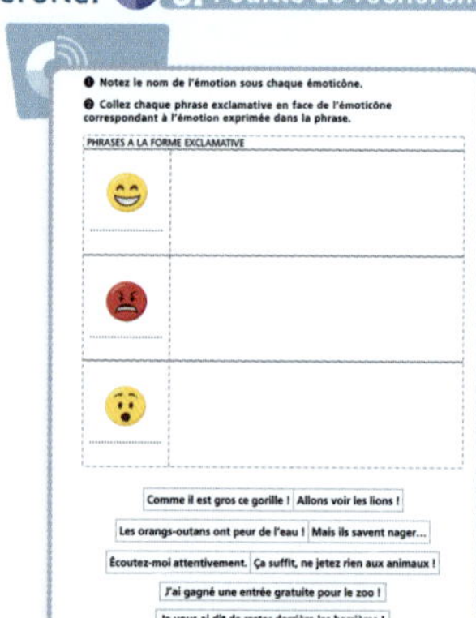

❶ Notez le nom de l'émotion sous chaque émoticône.

❷ Collez chaque phrase exclamative en face de l'émoticône correspondant à l'émotion exprimée dans la phrase.

PHRASES A LA FORME EXCLAMATIVE

Comme il est gros ce gorille ! | Allons voir les lions !

Les orangs-outans ont peur de l'eau ! | Mais ils savent nager...

Écoutez-moi attentivement. | Ça suffit, ne jetez rien aux animaux !

J'ai gagné une entrée gratuite pour le zoo !

Je vous ai dit de rester derrière les barrières !

Collectif

- Enregistrements vocaux (à défaut, l'enseignant pourra lire les phrases de façon très expressive). 3. Lectures expressives
- Les mêmes étiquettes phrases. 3. Etiquettes forme exclamative collectives (2)
- Affiches d'émoticônes : joie, colère, surprise. 3. Emoticônes émotions collectives

Déroulement

Rappel du rôle de la ponctuation finale

Adapter le signe de ponctuation à l'intonation de la phrase

• Faire sortir les ardoises. Pendant ce temps, écrire au tableau la phrase :

Aujourd'hui, les enfants vont au zoo.

• Faire lire la phrase à voix haute.

• Effacer le point et donner la consigne : *Je vais lire cette phrase avec des intonations différentes. Vous devez écrire sur votre ardoise le point qui correspond au ton utilisé.*

• Lire la phrase successivement en posant une question (voix montante ➜ ?), en supposant une suite (suspense ➜ ...) et avec un enthousiasme marqué (joie, excitation ➜ !).

• Après chaque phrase, faire lever les ardoises pour relever les différentes propositions.

• Faire valider le choix de la ponctuation par le groupe classe et faire venir un enfant au tableau pour le tracer en le nommant.

• Préciser que, lorsque l'on pose une question oralement, on peut simplement changer le ton de la phrase, mais qu'à l'écrit, il faut la modifier.

Exemple : à l'oral, on peut dire « *Aujourd'hui, les enfants vont au zoo ?* » mais, à l'écrit, on doit indiquer « *Aujourd'hui, est-ce que les enfants vont au zoo ?* » ou « *Les enfants vont-ils au zoo aujourd'hui ?* ».

• Pour conclure, faire rappeler que la ponctuation en fin de phrase indique au lecteur le ton qu'il doit utiliser pour lire la phrase.

Découverte collective de la forme exclamative

• Sous cette première phrase, écrire en dessous la même phrase mais en plaçant un point d'exclamation à la fin :

1) Aujourd'hui, les enfants vont au zoo.

2) Aujourd'hui, les enfants vont au zoo !

Entourer le point d'exclamation en fin de la phrase 2. Dire que cette phrase est à la forme exclamative. L'écrire au tableau.

• Relire la phrase sous les deux formes (1 : neutre et 2 : forme exclamative enjouée).

• Demander aux élèves d'expliquer ce qu'indique le point d'exclamation dans la phrase 2 ➜ *Le ton est joyeux, enjoué, excité. L'exclamation traduit de la joie.*

• Faire rappeler, ou introduire si nécessaire, que la joie est une émotion et afficher l'émoticône correspondante au tableau.

• Préciser aux élèves que la forme exclamative permet effectivement d'exprimer une émotion.

• Annoncer aux élèves qu'ils vont entendre d'autres phrases à la forme exclamative et qu'ils doivent deviner de quelle émotion il s'agit :

Restez groupés s'il vous plait. ➜ *Restez groupés s'il vous plait ! COLÈRE*

Les grands singes ne savent pas nager. ➜ *Les grands singes ne savent pas nager !* SURPRISE

• Faire conclure que la forme exclamative permet d'exprimer une émotion comme la joie, la colère, la surprise... (préciser qu'il en existe d'autres qui seront détaillées au cycle 3).

Manipulations et recherches en binôme

• Distribuer les feuilles de recherche à chaque binôme et laisser les élèves lire silencieusement.

• Pendant ce temps, afficher les étiquettes phrases au tableau.

• Faire lire à haute voix chacune des phrases par un élève différent.

• Demander aux enfants de découper les étiquettes phrases.

• Donner la consigne : *Triez, parmi ces phrases, celles qui sont à la forme exclamative.*

• Faire reformuler la consigne et laisser un court temps de recherche.

• Organiser une correction collective en utilisant les étiquettes affichées au tableau : seules deux phrases ne sont pas à la forme exclamative car elles ne sont pas terminées par un point d'exclamation. (*« Mais ils savent nager... »* et *« Écoutez-moi attentivement. »*)

• Demander aux élèves de ne conserver que les phrases exclamatives.

• Donner une nouvelle consigne : *Collez chaque phrase exclamative dans le tableau en face de l'émoticône correspondant à l'émotion exprimée dans la phrase.*

• Afficher au tableau les 3 émoticônes : joie, colère, surprise.

• Faire reformuler la consigne.

• Faire écrire sur la feuille de recherche le nom des trois émotions sous les émoticônes.

• Puis laisser un court temps de manipulation ; circuler entre les rangs et relever les éventuelles difficultés.

• Envoyer un élève au tableau corriger à l'aide des étiquettes phrases.

On obtient :

PHRASES A LA FORME EXCLAMATIVE	
 ....joie............	J'ai gagné une entrée gratuite pour le zoo !
	Allons voir les lions !
 ....colère..........	Ça suffit, ne jetez rien aux animaux !
	Je vous ai dit de rester derrière les barrières !
 ....surprise.............	Comme il est gros ce gorille !
	Les orangs-outans ont peur de l'eau !

Appropriation individuelle

- Faire copier aux élèves la phrase : « *Max n'a pas peur des grands singes.* »
- Faire rappeler qu'il s'agit d'une phrase déclarative.
- Demander aux élèves d'écrire à quelle forme (négative ou exclamative) est cette phrase en justifiant : *Cette phrase est à la forme négative (présence des petits mots « n' » et « pas ») et n'est pas à la forme exclamative (pas de point d'exclamation).*
- Procéder de même façon avec la phrase : « Attention, *ne grimpez pas sur les barrières !* »
- Faire rappeler qu'il s'agit d'une phrase impérative : elle donne un ordre.
- Faire remarquer qu'elle est à la fois à la forme négative et à la forme exclamative.
- Faire conclure que les formes de phrases peuvent se cumuler.

Synthèse, mémo et carte mentale

Les formes d'une phrase : la forme exclamative

La phrase exclamative se termine par un point d'exclamation. Elle permet d'exprimer une émotion, comme la joie, la surprise, la colère...

La joie : *Aujourd'hui, nous visitons le zoo !*
La surprise : *Quoi ! Les grands singes ne savent pas nager !*
La colère : *Tu seras privé de visite au zoo !*

- On peut mettre une phrase à la forme exclamative quel que soit son type.
- Une phrase peut cumuler les deux formes : négative et exclamative.

3. Mémo 2

Types et formes de phrases (synthèse)

Il existe 3 types de phrases :

- **Phrase de type déclaratif** qui affirme quelque chose, qui déclare.
  Vous avez peur des singes.
- **Phrase de type interrogatif** qui pose une question.
  Avez-vous peur des singes ?
- **Phrase de type impératif** qui donne un ordre.
  Approchez-vous des singes.

Quel que soit son type, on peut mettre une phrase à la **forme négative** ou à la **forme exclamative** ou les deux à la fois :

Vous avez peur des singes. → Phrase déclarative.
Vous avez peur des singes ! → Phrase déclarative à la forme exclamative.
Vous n'avez pas peur des singes ! → Phrase déclarative à la forme exclamative et négative.

3. Mémo 3

Séances 5 et 6 | Entrainement et réinvestissement

Objectifs
- Mémoriser les notions essentielles.
- Réinvestir ses connaissances dans une courte production d'écrit.

Organisation
- Travail individuel, correction individuelle ou collective.

Matériel
- Fiche élève n° 3. Fiche 3
- Cahier d'essai et / ou du jour.

Objectifs visés :

Ex. 1 : Associer une phrase déclarative à sa forme négative.
Ex. 2 : Reconnaitre une phrase à la forme négative.
Ex. 3 et 4 : Écrire des phrases en utilisant différents marqueurs de négation.
Ex. 5 : Mettre une phrase à la forme négative et exclamative
Ex. 6 : Identifier le type de phrase et sa forme.

3 La phrase : formes négative et exclamative

Prénom : ....

Je m'entraine

❶ Relie d'un trait chaque phrase à sa forme négative.

Le gorille est le plus grand de tous les singes. •	• Les singes ne se font pas de grimaces pour communiquer entre eux.
Les singes se font des grimaces pour communiquer entre eux. •	• Les singes ne vivent jamais en bande.
Les singes vivent toujours en bande. •	• Ni l'Homme ni le singe n'appartiennent à la famille des primates.
L'Homme et le singe appartiennent à la famille des primates. •	• Le gorille n'est pas le plus grand de tous les singes.

❷ Surligne uniquement les phrases à la forme négative.

a. Le plus petit singe du monde est le ouistiti pygmée.
b. Le ouistiti pygmée mesure douze centimètres.
c. Le chimpanzé n'est pas le plus grand singe du monde.
d. Les singes ne vivent jamais seuls.
e. Un singe en colère montre ses dents en retroussant ses babines.

❸ Complète les phrases avec ces marqueurs de négation :
ne ... pas / n' ... pas / ne ... jamais / ne ... rien

a. Au zoo, il .... faut .... donner de nourriture aux animaux.
b. Un enfant .... doit .... rentrer dans la cage d'un gorille !
c. Il .... faut .... lancer par-dessus les barrières des cages.
d. Les soigneurs ...... ont .... peur des animaux sauvages.

❹ Récris ces phrases en utilisant la forme négative correcte.
Entoure les petits mots qui marquent la négation.

Qui a pas terminé son exercice ?
....
Je sais plus où sont mes clés !
....
Victor va jamais à la bibliothèque.
....

❺ Récris les phrases en changeant la forme.

a. Il pleut aujourd'hui.
À la forme négative → ....
À la forme exclamative → ....

b. Tu oublies toujours de fermer la porte.
À la forme négative → ....
À la forme exclamative → ....

c. Nous irons au musée dimanche.
À la forme négative → ....
À la forme exclamative → ....

❻ Entoure ce qui convient pour chaque phrase.

a. Mon voisin ne travaille plus au parc zoologique.
Cette phrase est déclarative / interrogative / impérative
à la forme négative / exclamative

b. Entrez en silence !
Cette phrase est déclarative / interrogative / impérative
à la forme négative / exclamative

c. N'as-tu pas trouvé mes clés ?
Cette phrase est déclarative / interrogative / impérative
à la forme négative / exclamative

J'écris

Écris quelques recommandations pour être poli puis change la forme de tes phrases. Que penses-tu du résultat ?

Exemples :
Il faut dire bonjour aux autres. → *Il ne faut pas dire bonjour aux autres.*
Nous ne devons jamais dire de gros mots ! → *Nous devons toujours dire des gros mots !*

Le verbe et le groupe du verbe

Programmes 2016, ajustements 2018 – connaissances et compétences associées :

– Identifier la phrase, en distinguer les principaux constituants et les hiérarchiser.

– Reconnaitre les principaux constituants de la phrase : le sujet, le verbe (connaissance des propriétés permettant de l'identifier).

– Différencier les principales classes de mots : le nom, l'article défini et l'article indéfini, le verbe, le pronom personnel sujet.

– Identifier la relation sujet-verbe (identification dans des situations simples).

– Reconnaitre les formes négative et exclamative et savoir effectuer des transformations.

En lien avec les compétences abordées en CE1 :

– Identifier la phrase, en distinguer les principaux constituants et les hiérarchiser.

– Reconnaitre les principaux constituants de la phrase : le sujet, le verbe (connaissance des propriétés permettant de l'identifier).

– Identifier la relation sujet-verbe (identification dans des situations simples).

– Reconnaitre les formes négative et exclamative et savoir effectuer des transformations.

Séance 1 | Lecture, compréhension du texte et approche de la notion

Objectifs

- Comprendre un texte.
- Lire à haute voix.
- Rappeler la transformation d'une phrase de la forme affirmative à la forme négative et inversement.
- Repérer les mots situés entre les deux négations.

Matériel

Individuel

- Photocopie individuelle du texte *Comment vivent nos voisins les Anglais ?* 4. Texte individuel

Collectif

- Facultatif : le même texte reproduit ou vidéoprojeté collectivement au tableau. 4. Texte collectif

Déroulement

Nos voisins les Anglais

Les Anglais habitent en Grande-Bretagne. La Grande-Bretagne est une ile.
Les Anglais aiment leur reine, Elisabeth II. Des gardes protègent la famille royale.
Dans les magasins, les Anglais ne payent pas en euros. Ils conservent leur monnaie anglaise, la livre sterling.
Leurs habitudes alimentaires sont un peu différentes des nôtres. Le matin, ils prennent un petit-déjeuner copieux avec des œufs, du bacon, du pain grillé, de la confiture… parfois, des haricots à la tomate. Le midi, les écoliers ne mangent pas à la cantine. Ils apportent leur piquenique. Les Anglais adorent le thé. Ils en boivent très souvent.
Dans les voitures, le volant se trouve à la droite, les Anglais roulent à gauche de la route. En France, c'est l'inverse, le volant se trouve à gauche et nous roulons à droite !
Peut-être qu'un jour, nous roulerons tous du même côté !...

• Faire lire silencieusement le texte.

• Vérifier la compréhension en posant quelques questions :

De qui parle-t-on ? Comment s'appelle leur reine ? Quelle monnaie utilisent les Français ? Et les Anglais ?

Que mangent-ils au petit-déjeuner ? Quelle boisson aiment-ils consommer ?

Lors du déjeuner, que font la plupart des écoliers français ? Et les écoliers anglais ?

De quel côté roulent les Français ? Et les Anglais ?

• Faire relire et faire remarquer que le titre est une question.

• Faire une lecture magistrale expressive.

• Faire relire à haute voix chaque phrase soulignée dans le texte en faisant préciser si elle est à la forme affirmative ou négative.

• Dans les deux phrases négatives, faire entourer les deux petits mots « ne » « pas » qui marquent la négation. Faire encadrer en rouge le mot qui se trouve entre ces deux mots (*payent / mangent*). Les faire lire à haute voix.

• Faire mettre, oralement, les trois phrases affirmatives à la forme négative et faire trouver quel mot se trouve entre les deux négations (*aiment / protègent / adorent*).

• Écrire au tableau les quatre verbes d'action, et demander au fur et à mesure à un élève de venir les mimer.

• Faire conclure que ces mots indiquent ce que l'on fait et faire rappeler que ce sont des verbes (terminologie apprise en CE1).

Séance 2 | Réactivation des connaissances

Objectifs
- Savoir qu'un verbe est un mot qui exprime une action ou un état.
- Savoir repérer un verbe conjugué dans une phrase simple.
- Distinguer la forme conjuguée et l'infinitif d'un verbe.

Matériel

Individuel
- Cahier d'essai.

Pour chaque binôme
- Étiquettes phrases en grand format : 4. Étiquettes phrases pour binôme

Nous mangeons à la cantine, aujourd'hui. | Nous roulons à droite.
Nous mangerons à la cantine, demain.
John mange souvent du poisson et des frites.
Les Anglais sont nos voisins. | Mon père ne roule pas très vite.
Les écoliers anglais ne mangent pas à la cantine.
Mon voisin n'est pas français. | Nous sommes français.
Peut-être qu'un jour, nous roulerons tous du même côté.
Le facteur apporte le courrier tous les jours.
Mark apporte un gâteau à l'école. | Les Anglais roulent à gauche.
Demain, son frère apportera des bonbons.

Collectif
- 1 pochette rouge, 1 pochette bleue.
- Étiquettes mots pour affichage collectif (mise en scène).
  4. Étiquettes mots collectives

Les | écoliers | anglais | apportent | leur | piquenique.
Les | Anglais | adorent | le | thé.
Ils | sont | nos | voisins
ne | pas | n'

- Figurines collectives Verbe conjugué et Verbe à l'infinitif. Figurines

- Étiquettes collectives des verbes à l'infinitif : 4. Étiquettes verbes collectives

rouler | manger | apporter | être

Déroulement

Mise en scène collective

- Afficher au tableau les étiquettes mots de la phrase :

[Les] [écoliers] [anglais] [apportent] [leur] [piquenique.]

- Faire lire à haute voix la phrase et faire rappeler qu'elle est à la forme affirmative.
- Faire rechercher :

– le groupe qui indique « de qui on parle » ➜ [Les] [écoliers] [anglais]

Fixer au tableau la pochette bleue et glisser les étiquettes mots dedans.

– le groupe qui indique « ce qu'on en dit » ➜ [apportent] [leur] [piquenique.]

Fixer au tableau la pochette rouge, à côté de la bleue, et glisser les étiquettes mots dedans.

- Faire relire la phrase, et demander aux élèves de la mettre à la forme négative.
- Faire d'abord formuler la phrase à l'oral et la faire valider par la classe.
- Donner à un élève les étiquettes [ne] [pas] [n'] en lui demandant de les insérer au bon endroit dans le groupe rouge. Faire justifier le choix du « n' ».
- Faire lire le mot qui se trouve entre les deux négations et demander à l'enfant de le souligner en rouge.
- Faire rappeler que ce mot s'appelle « un verbe ».
- Faire rappeler que le verbe exprime ici une action et demander à l'élève de mimer ce verbe en apportant un objet à l'un de ses camarades.
- Faire venir un élève au tableau et lui donner la figurine Verbe conjugué. Lui demander de la coller au-dessus du verbe (*apportent*).

On obtient :

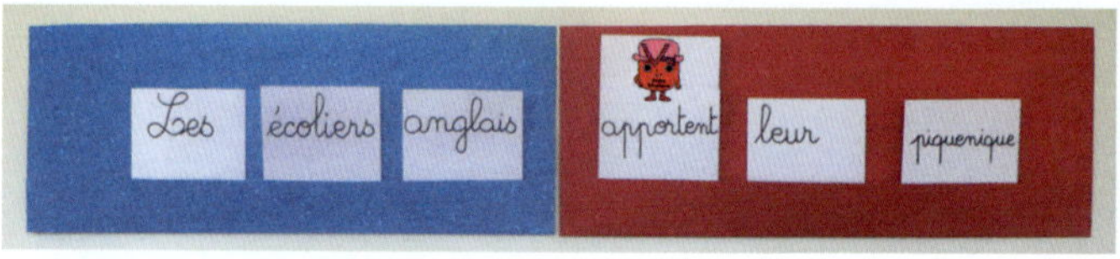

- Renvoyer les élèves à leur place et poursuivre de la même manière avec la phrase :

[Les] [Anglais] [adorent] [le] [thé.]

Puis la phrase :

[Ils] [sont] [nos] [voisins.]

- Faire remarquer que, cette fois-ci, le verbe ne peut pas se mimer car il décrit un état ; il s'agit du verbe « être ».
- À ce stade, amorcer une synthèse :

– Expliquer que le verbe peut indiquer ce que l'on fait (c'est **une action** : manger, apporter, boire, rouler, payer...) ou comment on est (c'est **un état** : être un garçon, être malade, être anglais, être voisin...).

– Faire remarquer que le verbe se trouve presque toujours encadré par « ne » et « pas ». Préciser que le passage à la forme négative est une bonne technique pour repérer un verbe conjugué dans une phrase.

– Dire qu'en grammaire on appelle le groupe rouge **le groupe du verbe** ou **groupe verbal** et que le verbe est le « chef » de ce groupe.

• Écrire la terminologie sur la partie basse de la pochette rouge.

On obtient :

Appropriation individuelle

• Faire sortir le cahier d'essai et, pendant ce temps, écrire au tableau les phrases suivantes :

« Les Anglais roulent à gauche. »

« Ils adorent le thé. »

• Les faire lire à haute voix et les faire recopier sur le cahier d'essai.

• Faire rappeler que ces phrases sont écrites à la forme affirmative.

• Demander aux enfants de trouver le verbe dans chaque phrase et de l'encadrer en rouge. Faire écrire « V » au-dessus.

• Procéder à une correction collective en demandant aux enfants d'expliquer comment ils ont trouvé le verbe (mime, passage à la forme négative...).

• Faire réaliser oralement la transformation à la forme négative pour isoler le verbe.

• Noter les verbes conjugués au tableau, « roulent » et « adorent ».

• Faire trouver qu'il s'agit des verbes « rouler » et « adorer ». Écrire l'infinitif à côté de la forme conjuguée.

• Faire remarquer que « roulent » et « rouler » sont deux formes écrites du même verbe :

– « roulent », que l'on emploie dans une phrase, est une forme conjuguée ;

– « rouler », est l'infinitif du verbe, que l'on trouve notamment dans le dictionnaire.

• Faire remarquer la même chose pour « adorent » et « adorer ».

• Expliquer que l'infinitif est comme « le nom de famille du verbe », qu'il sert à nommer le verbe.

• Introduire les deux figurines Verbe conjugué et Verbe à l'infinitif et les afficher au tableau.

Recherche collective

• Répartir la classe en binôme et distribuer une étiquette phrase à chaque groupe. La faire lire silencieusement et, pendant ce temps, tracer au tableau quatre colonnes.

• Demander aux élèves de se concerter pour trouver le verbe conjugué de leur phrase : le faire encadrer en rouge et faire écrire « V » au-dessus.

• Circuler auprès de chaque groupe pour vérifier et aider les élèves en difficulté.

• Afficher, en haut de chaque colonne les étiquettes :

rouler	manger	apporter	être

• Les faire lire à haute voix, faire rappeler que ce sont des verbes à l'infinitif et afficher une figurine Verbe à l'infinitif au-dessus de chaque étiquette verbe.

• Faire venir chaque binôme à tour de rôle au tableau pour présenter sa phrase : la faire lire à haute voix, faire nommer le verbe et faire afficher la phrase dans la colonne correspondant à l'infinitif du verbe.

• Faire valider par le groupe classe.

• Faire conclure qu'un verbe peut changer de forme :

– il a un seul infinitif, c'est le « nom de famille » du verbe que l'on trouve dans le dictionnaire.

– il a plusieurs formes conjuguées (faire le lien avec l'étude de la conjugaison déjà abordée en CE1).

Séance 3 | Approfondissement de la notion

Objectifs
- Savoir repérer le verbe conjugué dans une phrase.
- Savoir trouver l'infinitif d'un verbe conjugué.

Matériel

Individuel
- Cahier d'essai.
- Ardoise et matériel associé.

Pour chaque binôme
- Une feuille de recherche : 4. Feuille de recherche pour binôme

	Le mot souligné est un verbe : VRAI ou FAUX ?	Le verbe de la phrase est :
Le petit écolier porte son cartable.		
Maman répare la porte du placard.		
Le pompier utilise sa lance à eau.		
Le joueur de tennis lance sa balle trop loin.		
Mon grand-père marche avec une canne.		
Louane est assise sur la marche.		

Collectif
- Figurines collectives Verbe conjugué et Verbe à l'infinitif. Figurines

Déroulement

Rappel de la séance précédente

• Afficher au tableau la figurine Verbe conjugué et faire rappeler le rôle du verbe dans une phrase (à quoi il sert) ➜ c'est un mot qui indique ce que l'on fait (une action) ou comment on est (un état).

• Demander aux enfants de citer une phrase exemple pour chacun des cas.

• Faire rappeler les caractéristiques d'un verbe qui permettent de le reconnaitre dans la phrase et retenir deux techniques :

– On peut changer le temps de la phrase, en la mettant au futur par exemple ➜ le verbe est le mot qui change de forme.

– On peut mettre la phrase à la forme négative ➜ le verbe est le mot qui se trouve entre « ne » et « pas ».

• Faire sortir les ardoises et, pendant ce temps, copier au tableau la phrase suivante :

« *La reine porte son chapeau jaune.* »

• La faire lire silencieusement puis à voix haute par un élève.

• Demander aux enfants de mettre la phrase à la forme négative et de l'écrire sur leur ardoise.

• Faire une correction collective et écrire la phrase au tableau.

• Envoyer un élève entourer les deux petits mots qui marquent la négation :

« *La reine* **ne** *porte* **pas** *son chapeau jaune.* »

• Faire lire le mot qui se trouve entre « ne » et « pas ».

• Puis, faire changer le temps de la phrase en la mettant au futur : proposer aux élèves de récrire la phrase en la faisant commencer par « Demain ».

• Faire lever l'ardoise et recueillir les différentes propositions, valider et écrire au tableau :

« *Demain, la reine portera son chapeau jaune.* » Faire constater le changement « porte / portera ».

• Faire conclure que « porte » est le verbe conjugué. Faire trouver son infinitif et le faire écrire sur l'ardoise.

• Afficher la figurine Verbe à l'infinitif et écrire « porter » au tableau.

Manipulation et recherche en binôme

• Distribuer la feuille de recherche et laisser les élèves lire silencieusement.

• Pendant ce temps, écrire les six phrases au tableau.

• Faire lire chaque phrase à haute voix par un élève différent.

• Faire remarquer que certains mots sont soulignés et les faire lire à haute voix. Expliquer aux élèves qu'ils doivent :

– observer les mots soulignés pour savoir si ce sont des verbes ;

– écrire VRAI si c'est un verbe et FAUX si ce n'est pas un verbe, dans la 1re colonne ;

– si le mot n'est pas un verbe, alors il faut chercher le bon verbe dans la phrase et l'écrire dans la 2e colonne.

• Faire reformuler la consigne puis laisser un temps de recherche suffisant, circuler entre les rangs et relever les éventuelles difficultés.

• Organiser une correction collective.

• Faire valider par le groupe classe. Veiller à ce que les élèves justifient en utilisant les stratégies connues pour repérer le verbe conjugué.

Synthèse, mémo et carte mentale

Le verbe

Dans une phrase, le verbe est un mot très important.
Il indique **une action** *(La voiture roule.)* ou **un état** *(La voiture est en panne.)*

Un verbe peut être **conjugué** ou s'écrire **à l'infinitif** comme dans le dictionnaire.
Exemple : *La voiture roule.* (verbe conjugué) ➜ *La voiture est en train de rouler.* (verbe à l'infinitif)

Pour trouver un verbe conjugué dans une phrase, on peut :
➜ changer le temps de la phrase ;
Exemple : *La voiture roulait.* (passé) / *La voiture roule.* (présent) / *La voiture roulera.* (futur)
➜ mettre la phrase à la forme négative.
Exemple : *La voiture roule. La voiture* ***ne*** *roule* ***pas.***

4. Mémo

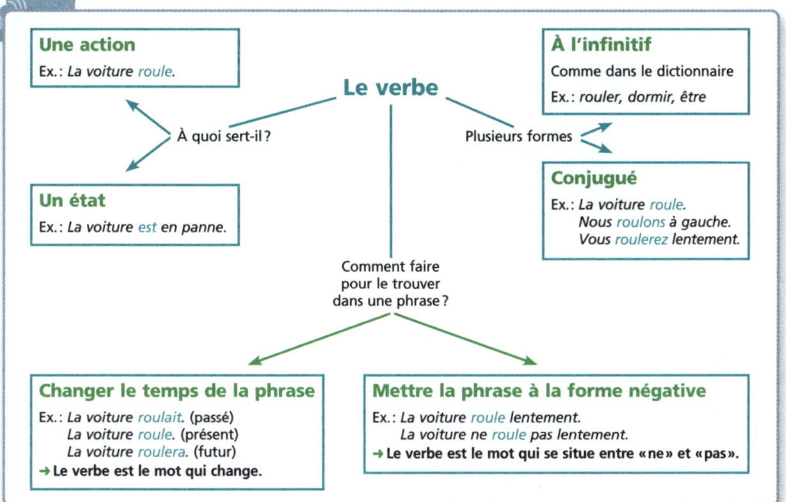

4. Carte mentale

Séances 4 et 5 | Entrainement et réinvestissement

Objectifs	– Mémoriser les notions essentielles. – Réinvestir ses connaissances dans une courte production d'écrit.
Organisation	– Travail individuel, correction individuelle ou collective.
Matériel	– Fiche élève n° 4. Fiche 4

Objectifs visés :

Ex. 1 : Repérer un verbe à l'infinitif dans une liste de mots.

Ex. 2 : Choisir la forme conjuguée d'un verbe pour compléter une phrase.

Ex. 3 et 5 : Repérer le verbe dans une phrase (technique du passage à la forme négative et du changement de temps).

Ex. 4 : Repérer le verbe dans une phrase et trouver son infinitif.

4
Le verbe et le groupe du verbe

Prénom : ....

Je m'entraine

❶ **Barre, dans chaque liste, le mot qui n'est pas un verbe à l'infinitif.**

voyager – partir – revenir – passager – arriver
habiter – conducteur – visiter – parcourir – quitter
décoller – aéroport – naviguer – voler – rouler
descendre – acheter – être – circuler – contrôleur

❷ **Choisis le verbe conjugué qui convient pour compléter chaque phrase.**

ont – attendent – composte – montent
composter – avoir – attendre – monter

Les voyageurs .... le train sur le quai de la gare.

Les passagers .... dans l'avion.

Avant de monter dans le train, je .... mon billet.

Certaines personnes..................... le mal de mer en bateau.

❸ **Écris ces phrases à la forme négative et entoure le verbe en rouge.**

Ma sœur parle anglais couramment.

Nous prenons le bateau pour aller en Angleterre.

Londres est la capitale de la France.

4

❹ **Entoure le verbe conjugué en rouge et écris son infinitif.**

Mes grands-parents voyagent beaucoup. ....

Mon voisin enseigne l'allemand. ....

J'aime beaucoup la cuisine italienne. ....

Mon frère fait un stage en Angleterre. ....

❺ **Observe les mots soulignés et complète le tableau par « oui » ou « non ».**

	Ce mot peut être encadré par « ne … pas ».	Ce mot change au futur.	Ce mot est un verbe.
Léo <u>porte</u> un sac très lourd.			
La <u>porte</u> est mal fermée.			
La <u>marche</u> de l'escalier est glissante.			
Magali <u>marche</u> vite.			

J'écris

Utilise cette liste de verbes pour écrire des petites phrases qui indiquent le cri des animaux. Aide-toi de ton dictionnaire.

hennir – cancaner – blatérer – grogner – coasser – meugler – roucouler – bêler

La fonction sujet du verbe

Programmes 2016, ajustements 2018 – connaissances et compétences associées :
– Identifier la phrase, en distinguer les principaux constituants et les hiérarchiser.
– Reconnaitre les principaux constituants de la phrase : le sujet, le verbe (connaissance des propriétés permettant de l'identifier).
– Différencier les principales classes de mots : le nom, l'article défini et l'article indéfini, le verbe, le pronom personnel sujet.
– Identifier la relation sujet-verbe (identification dans des situations simples).

En lien avec les compétences abordées en CE1 :
– Identifier la phrase, en distinguer les principaux constituants et les hiérarchiser.
– Reconnaitre les principaux constituants de la phrase : le sujet, le verbe (connaissance des propriétés permettant de l'identifier).
– Identifier la relation sujet-verbe (identification dans des situations simples).

Séance 1 | Lecture, compréhension du texte et approche de la notion

Objectifs
– Comprendre un texte.
– Lire à haute voix.
– Approche du sujet du verbe.

Matériel
Individuel
– Photocopie individuelle du texte *La fracture*. 5. Texte individuel
– Crayons de couleur.
Collectif
– Facultatif : le même texte reproduit ou vidéoprojeté collectivement au tableau. 5. Texte collectif

Déroulement

La fracture

Ce matin, Timothée arrive avec des béquilles. Il a une jambe dans le plâtre.
Le maitre explique à ses élèves :
« Votre copain Timothée a la jambe cassée. Il n'a pas de chance. Il aura besoin de votre aide.
Timothée raconte :
– Je suis tombé de cheval, un os de ma jambe droite est cassé.
Le maitre interroge ses élèves :
– À propos, savez-vous comment s'appellent les os de la jambe ?
Félix connait la réponse…
– Il y en a deux : le tibia et le péroné !
– Et comment s'appelle l'os le plus long de notre corps ?
Marie lève le doigt. Elle répond fièrement :
– L'os le plus long est le fémur ! Il se trouve dans notre cuisse.
Le maitre félicite les deux enfants.
– C'est très bien ! Et savez-vous comment s'appelle l'os le plus petit de notre corps ? Notre petit cavalier connait sûrement la réponse ! ajoute-il d'un ton malicieux.
Timothée regarde le maitre d'un air étonné.
Les élèves réfléchissent… Alors le maitre déclare :
– Le plus petit os se trouve dans notre oreille. Cet os s'appelle "l'étrier" ! »

- Faire lire silencieusement le texte.
- Questionner les élèves pour contrôler la compréhension :

De qui parle-t-on ? Qu'est-il arrivé à Timothée ?
Pour quelle raison le maitre pose-t-il ces questions ?
Quels sont les noms des os de la jambe ? De la cuisse ?
Pourquoi le maitre prend-il un ton malicieux pour poser sa question ?

- Expliquer le double sens du mot « étrier ».
- Faire relire le titre et éventuellement faire chercher, dans le dictionnaire, le sens du mot « fracture ».
- Faire une lecture magistrale du texte.
- Faire relire à haute voix par plusieurs élèves.
- Poser les questions suivantes et, au fur et à mesure, demander aux enfants de souligner en bleu la réponse dans leur texte :

Qui arrive avec des béquilles ? Qui connait la réponse ? Qui lève le doigt ?
Qui félicite les deux enfants ? Qui regarde le maitre d'un air étonné ?

Séance 2 | Réactivation des connaissances

Objectifs

- Identifier le verbe puis le sujet du verbe en utilisant une stratégie pertinente.
- Connaitre le rôle du sujet du verbe dans la phrase.
- Rappeler que le sujet du verbe peut être un mot seul ou un groupe de mots, généralement placé devant le verbe.

Matériel

Individuel

- Cahier d'essai.

Pour chaque binôme

- Feuille de recherche. 5. Feuille de recherche pour binôme

Votre copain Timothée a la jambe cassée.
Marie lève le doigt.
Elle répond fièrement.
Timothée raconte.
L'os le plus long est le fémur.

GROUPE SUJET DU VERBE	GROUPE DU VERBE

Entoure ce qui est vrai :
Le groupe sujet du verbe est placé :
• avant le verbe.
• après le verbe.
Le groupe sujet du verbe peut être formé :
• d'un seul mot.
• de plusieurs mots.
Le verbe :
• peut être tout seul dans son groupe.
• ne peut pas être tout seul dans son groupe.

Collectif

- Étiquettes mots pour affichage collectif (mise en scène) :
  5. Étiquettes mots collectives (1)

| Le | maitre | interroge | ses | élèves. | Les | élèves | réfléchissent. |
| Notre | petit | cavalier | connait | sûrement | la | réponse. |

- Pochettes rouges et bleues.
- Pâte adhésive.
- Figurines collectives Verbe conjugué et Verbe à l'infinitif. Figurines

- Phrases à recopier sur des bandes de papier pour affichage collectif (manipulation en binôme) : 5. Étiquettes phrases collectives

| Votre copain Timothée a la jambe cassée. | L'os le plus long est le fémur. |
| Elle répond fièrement. | Timothée raconte. | Marie lève le doigt. |

Déroulement

Mise en scène collective

• Afficher au tableau les étiquettes mots de la phrase :
[Le] [maitre] [interroge] [ses] [élèves.] et, en dessous, les pochettes bleue et rouge.

• Faire lire la phrase à voix haute.

• Faire identifier le verbe (on pourra utiliser la forme négative et / ou le changement de temps) et le groupe verbal. Demander à un élève d'encadrer en rouge le verbe et de le placer dans la pochette rouge.

• Faire rappeler qu'ici le verbe est conjugué et envoyer un enfant coller la figurine Verbe conjugué au-dessus de l'étiquette du verbe.

• Poser la question : « *Qui est-ce qui interroge les élèves ?* » ou « *Qui interroge les élèves ?* » et faire répondre par la phrase : « *C'est le maitre qui interroge.* » ➜ [Le] [maitre] est sujet du verbe [interroge].

• Envoyer un élève au tableau pour placer les étiquettes [Le] [maitre] dans la pochette bleue.

• Dire qu'en grammaire on appelle le groupe bleu le sujet du verbe. C'est lui qui fait l'action du verbe ➜ C'est le maitre qui interroge.

• Écrire la terminologie « GROUPE SUJET du VERBE » sur la partie basse de la pochette bleue.

• Faire lire la phrase de base obtenue « *Le maitre interroge...* », faire constater que le groupe verbal n'est pas complet et faire ajouter les étiquettes manquantes dans la pochette rouge.

On obtient :

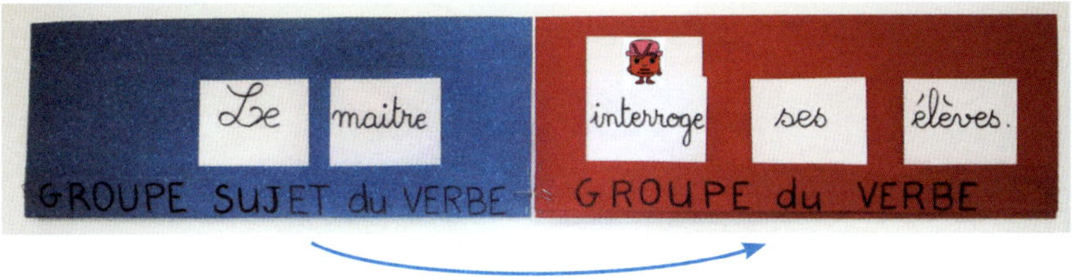

• Symboliser les liens sujet / verbe en traçant une flèche reliant les deux groupes.

• Poursuivre en adoptant la même démarche avec les deux autres phrases :

[Les] [élèves] [réfléchissent.]

[Notre] [petit] [cavalier] [connait] [sûrement] [la] [réponse.]

Manipulation et recherche en binôme

• Distribuer la feuille de recherche et laisser les élèves lire silencieusement.

• Faire lire à haute voix les cinq phrases et, pendant ce temps, les afficher au tableau.

Votre copain Timothée a la jambe cassée. | Marie lève le doigt.

Elle répond fièrement. | Timothée raconte. | L'os le plus long est le fémur.

• Demander aux élèves de :

– rechercher, dans chaque phrase, le verbe (faire rappeler les différentes stratégies : mimer, changer de temps, mettre la phrase à la forme négative), écrire V en rouge au-dessus puis souligner en rouge tout le groupe du verbe.

– chercher le groupe sujet du verbe (faire rappeler la stratégie) et le souligner en bleu.

– couper l'étiquette de la phrase pour séparer les groupes.

– faire relire chacune des phrases en supprimant le groupe sujet et faire constater qu'alors, elles n'ont plus de sens.

– faire coller les étiquettes dans les deux colonnes du tableau et répondre aux questions sur la feuille de recherche.

• Faire reformuler la consigne puis laisser un temps de recherche suffisant. Pendant ce temps, afficher les phrases au tableau (ou les écrire) et circuler entre les rangs pour relever les éventuelles difficultés.

• Organiser une correction collective, en insistant davantage sur les phrases qui ont posé problème. Afficher la figurine Verbe conjugué au-dessus de chacun des verbes. On obtient :

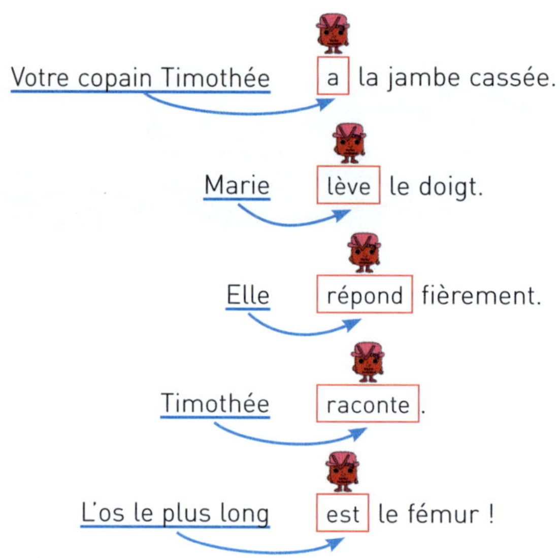

• Faire relire tous les sujets du verbe. Faire rappeler que, dans une phrase, le groupe sujet du verbe peut être un mot tout seul, ou plusieurs mots, et faire remarquer que le sujet est généralement placé avant le verbe.

Appropriation individuelle

• Faire sortir le cahier d'essai et, pendant ce temps, écrire au tableau la phrase suivante :

« *Les enfants aident leur camarade Timothée.* »

• Faire lire la phrase à haute voix et la faire copier sur le cahier.

• Demander aux enfants d'encadrer en rouge le verbe conjugué et d'écrire V au-dessus.

Puis, faire souligner en rouge le groupe sujet du verbe.

• Procéder à une correction collective en veillant à ce que les élèves justifient en utilisant la question « *Qui est-ce qui ?* » ou « *Qui ?* » et répondent par l'expression : « *Ce sont ... qui* ».

• Coller la figurine Verbe conjugué au-dessus du mot « aident ».

• Souligner le sujet et tracer une flèche reliant le sujet et le verbe ; écrire en dessous : « Sujet du verbe ».

• Faire remarquer que, dans cette phrase, « *Timothée* » n'est pas le sujet car ce sont « *les enfants* » qui l'aident et non pas l'inverse.

Séance 3 | Approfondissement de la notion

Objectifs
- Identifier le verbe et le sujet du verbe.
- Comprendre la relation sujet / verbe.
- Savoir que le sujet commande l'accord du verbe.

Matériel

Individuel
- Ardoise et matériel associé.

Pour chaque binôme
- 8 bandes de papier blanc vierges (A3 coupées en trois dans le sens de la longueur).
- 1 gros feutre.
- Photocopie d'une liste de groupes sujets et de groupes du verbe :
5. Liste de groupes pour binôme

Groupes sujets du verbe	Groupes du verbe
Ma sœur ainée	caressent le poney.
Nous	caressons le poney.
Les cavaliers	galopez dans la forêt.
Vous	monte à cheval.
Elle	galopent dans la forêt.
Mon petit frère	
Mon copain et moi	

Collectif
- La figurine collective Verbe conjugué. Figurines

- Étiquettes mots en grand format (Recherche collective) :
5. Étiquettes mots collectives (2)

Marie et Félix	connaissons	Marie	connait	la	réponse	Nous
connaissent	Marie	lève	levons	lèvent	le	doigt

Déroulement

Recherche collective

• Faire sortir l'ardoise. Pendant ce temps, afficher, en désordre, sur le côté du tableau, toutes les étiquettes et afficher au milieu du tableau la phrase :

Marie | connait | la | réponse.

La faire lire à haute voix.

• Faire rechercher le verbe et le faire écrire sur l'ardoise.

• Faire lever les ardoises pour recueillir les différentes propositions et faire valider en envoyant un élève au tableau pour encadrer le verbe en rouge et placer le groupe verbal dans la pochette rouge. Faire coller la figurine Verbe conjugué au-dessus du verbe. On obtient :

• Faire rechercher le sujet du verbe et le placer dans la pochette bleue.

• Remplacer le sujet Marie par Marie et Félix.

• Faire lire la nouvelle phrase et faire constater qu'elle n'est pas correcte.

• La faire corriger oralement et demander à un élève de venir changer l'étiquette du verbe.

➜ Marie et Félix | connaissent | la | réponse.

• Poursuivre en remplaçant le groupe Marie et Félix par Nous.

• Procéder de la même manière avec la phrase : Marie | lève | le | doigt.

• Faire remarquer qu'en changeant de sujet, on change la forme du verbe. Il y a des changements qui s'entendent (*Marie connait la réponse / Marie et Félix connaissent la réponse*) et d'autres qui ne s'entendent pas mais qui se voient à l'écrit (*Marie lève le doigt / Marie et Félix lèvent le doigt.*)

• Expliquer que c'est le sujet qui commande les changements du verbe : on dit que le verbe s'accorde avec son sujet.

Manipulation et recherche en binôme

• Faire distribuer à chaque binôme les bandes de papier vierges, le gros feutre et la liste des groupes sujets et des groupes du verbe.

• Faire lire silencieusement puis à haute voix.

• Demander aux élèves d'écrire des phrases en associant un groupe sujet du verbe et un groupe du verbe qui s'accordent. Préciser qu'il n'y a pas qu'une seule solution et qu'il faut utiliser pour chaque phrase une nouvelle bande. (Remarque : faire écrire gros pour que l'écriture soit visible de loin lors de la synthèse.)

• Après un temps de recherche suffisant, procéder à une mise en commun en recueillant les différentes propositions et en les affichant au fur et à mesure.

• Faire valider par le groupe classe en s'appuyant sur la pratique langagière usuelle et sur la terminaison des verbes (e – ent). Faire rappeler que le sujet et le verbe s'accordent toujours.

• Liste des phrases correctes possibles :

1. Ma sœur ainée monte à cheval.
2. Elle monte à cheval.
3. Mon petit frère monte à cheval.
4. Nous caressons le poney.
5. Mon copain et moi caressons le poney.
6. Les cavaliers caressent le poney.
7. Les cavaliers galopent dans la forêt.
8. Vous galopez dans la forêt.

Synthèse, mémo et carte mentale

Le groupe sujet du verbe

Le sujet du verbe est un mot ou un groupe de mots.

En général, on ne peut pas supprimer le groupe sujet d'une phrase.

Le groupe sujet est souvent placé devant le verbe.

Il « commande » le verbe. On dit que le sujet et le verbe s'accordent.

Exemple : *Timothée arrive.* → *Timothée et son copain arrivent. / Nous arrivons.*

Dans une phrase, pour trouver le sujet du verbe, on cherche d'abord le verbe puis on peut poser la question « Qui est-ce qui … ? » et répondre par « C'est … qui » (ou « Ce sont … qui »).

Exemple : *« Timothée arrive avec des béquilles. »*
Qui est-ce qui arrive ? C'est Timothée qui arrive.

5. Mémo

Le groupe sujet du verbe

Qu'est-ce que c'est ?

Un mot ou un groupe de mots

→ qui désigne le plus souvent celui qui fait l'action du verbe.

→ placé, en général, devant le verbe.

→ on ne peut pas le supprimer dans la phrase.

Comment le trouver ?

1) Chercher le verbe.

2) Poser la question « Qui est-ce qui… ? »

3) Répondre par « C'est … qui » (ou « Ce sont … qui »).

→ Le sujet du verbe est placé entre « C'est » et « qui ».

Ex. : *Timothée arrive avec des béquilles.*
Qui est-ce qui arrive ?
→ *C'est Timothée qui arrive.*

Quelle est sa relation avec le verbe ?

Le sujet « commande » le verbe.

On dit que le sujet et le verbe s'accordent.

Ex. : *Timothée arrive.*
Timothée et son copain arrivent.
Nous arrivons.

5. Carte mentale

Synthèse animée : pour compléter la synthèse, il est possible de présenter à la classe le petit film d'animation « Reconnaitre le groupe nominal sujet », réalisé par Canopé (Les Fondamentaux) et disponible dans les ressources numériques.

© Canopé

5. Animation : Reconnaitre le groupe nominal sujet

Séances 4 et 5 | Entrainement et réinvestissement

Objectifs	– Mémoriser les notions essentielles. – Réinvestir ses connaissances dans une courte production d'écrit.
Organisation	– Travail individuel, correction individuelle ou collective.
Matériel	– Fiche élève n° 5. Fiche 5 – Cahier d'essai et / ou du jour.

Objectifs visés :

Ex. 1 : Reconnaitre le sujet du verbe dans une phrase.
Ex. 2 : Identifier le verbe et son groupe sujet dans une phrase simple.
Ex. 3, 4, 5 et 6 : Accorder le sujet et son verbe.

5 **La fonction sujet du verbe** Prénom : ....

Je m'entraine

❶ Récris les phrases en utilisant « C'est ... qui » ou « Ce sont .... qui » puis souligne le sujet du verbe.

Pierre a une fracture du bras.

C'est Pierre qui..

Le petit garçon a mal.

....

Le médecin remet son os en place.

....

En quelques semaines, l'os sera ressoudé.

....

❷ Entoure le verbe en rouge et écris V au-dessus. Souligne le groupe sujet du verbe en bleu.

L'ensemble de tous les os de notre corps forme le squelette.

La rotule est l'os rond du genou.

Notre cage thoracique protège nos poumons et notre cœur.

Lors des matchs de football, les joueurs portent des protège-tibias.

❸ Relie les groupes sujets et les verbes qui peuvent s'accorder.

Pierre •	• possédons une belle jument.
Nous •	• possèdent un cheval de course.
Mes cousins •	• possède un poney.
Ces vieux chevaux •	• boite encore après sa fracture.
Timothée •	• boitez de la jambe droite.
Vous •	• boitent.

5

❹ Complète chaque phrase avec le verbe qui convient.

utilise – utilisent – retire – s'arrête – montrent – retirent – s'arrêtent – montre

La radiographie .... les os du corps.

Cette personne handicapée .... un fauteuil roulant.

La croissance des os .... vers l'âge de 20 ans.

Les infirmiers .... mon plâtre.

❺ Complète chaque phrase avec le groupe sujet du verbe qui convient.

le ver de terre – ils – le chat et le chien – son corps – il

Comme nous, ... ont un squelette.

On dit qu' .... appartiennent à la famille des vertébrés.

.... n'a pas d'os. .... est tout mou.

On dit qu' .... appartient à la famille des invertébrés.

❻ Recopie ce texte en commençant par « Mes sœurs... ». Fais attention aux accords des verbes.

Ma sœur mange beaucoup de produits laitiers.
Elle est en pleine croissance.
Elle pratique la natation régulièrement.
Elle est bientôt plus grande que moi !

J'écris

Écris des phrases en utilisant chaque nom de métier comme sujet du verbe. Aide-toi de la liste de verbes. Pense à écrire un article féminin ou masculin devant chaque nom.

médecin – ambulancier – pharmacien – infirmier – dentiste – chirurgien
écouter – transporter – arracher – ausculter – désinfecter – opérer

Conjuguer un verbe

Programmes 2016, ajustements 2018 – connaissances et compétences associées :

– Maitriser l'orthographe grammaticale de base.
– Identifier le radical et la terminaison du verbe.
– Trouver l'infinitif d'un verbe conjugué.
– Mémoriser le présent, l'imparfait, le futur, le passé composé pour :
  • *être* et *avoir* ;
  • les verbes du 1er groupe ;
  • les verbes irréguliers du 3e groupe (*faire, aller, dire, venir, pouvoir, voir, vouloir, prendre*).
– Distinguer temps simples et temps composés.

En lien avec les compétences abordées en CE1 :

– Trouver l'infinitif d'un verbe conjugué.
– Identifier le radical et la terminaison du verbe.
– Mémoriser le présent, l'imparfait, le futur, le passé composé pour :
  • *être* et *avoir* ;
  • les verbes du 1er groupe.
– Mémoriser le présent pour les verbes irréguliers du 3e groupe (*faire, aller, dire, venir, pouvoir, voir, vouloir, prendre*).

Séance 1 | Lecture, compréhension du texte et approche de la notion

Objectifs
- Comprendre un texte.
- Lire à haute voix.
- Identifier le temps d'une phrase.
- Rappeler le lien entre le temps et le changement de la forme verbale.

Matériel

Individuel
- Photocopie individuelle du texte *Le Soleil et la Terre.* 6. Texte individuel
- Crayons de couleur.
- Ardoise et matériel associé.

Collectif
- Facultatif : le même texte reproduit ou vidéoprojeté collectivement au tableau. 6. Texte collectif

Déroulement

Le Soleil et la Terre

Aujourd'hui, les élèves assistent à la projection d'un documentaire. Le film se termine. Le conférencier rallume la lumière. Il dit :
« Je vous félicite, les enfants. Vous avez été très attentifs pendant le film. Qu'est-ce que vous avez appris ?
Antoine s'exclame :
– Je sais… Le Soleil est une énorme étoile ! Il réchauffe la Terre et il l'éclaire.
Auguste intervient :
– Moi, je le savais déjà !
– La Terre est ronde comme une orange, dit Mathilde.
– Autrefois, les gens imaginaient la Terre plate comme une galette ! ajoute le conférencier.
Mathilde continue :
– La Terre tourne sur elle-même sans arrêt, comme une toupie ! Elle met 24 heures pour faire un tour complet, c'est la durée d'une journée et d'une nuit.
Antoine intervient alors :
– Vous avez raison, mais vous oubliez de dire quelque chose ! Les rayons du Soleil n'éclairent pas toute la terre en même temps. Quand ils éclairent l'une des faces de la Terre, il fait jour ; mais l'autre face est dans la nuit.
Le conférencier s'exclame :
– Bravo, les enfants ! Lundi prochain, nous regarderons un nouveau film. J'expliquerai pourquoi les journées sont longues en été et courtes en hiver ! Et n'oubliez pas que, tous ensemble, nous devons protéger notre belle planète bleue… »

• Faire lire silencieusement le texte.

• Questionner les élèves pour contrôler la compréhension :

Quels sont les personnages principaux ?

Que fait le conférencier ?

(Faire expliquer le sens du mot « conférencier » ; éventuellement, le faire chercher dans le dictionnaire.)

De quoi parle le film ? À quoi ressemble la terre ? Quelle forme a-t-elle ?

• Faire une lecture magistrale du texte.

• Organiser une lecture dialoguée en désignant : un narrateur, un conférencier, Antoine, Mathilde, Auguste.

• Demander aux enfants de chercher dans le texte une phrase qui est écrite au présent (l'action se passe en ce moment). Écrire le mot « présent » au tableau.

Faire lire à haute voix les différentes propositions et les faire valider :

➜ *Aujourd'hui, les élèves assistent à la projection d'un documentaire. / Le film se termine. / Le conférencier rallume la lumière. / La Terre est ronde comme une orange. /* etc.

• Faire entourer en couleur le mot qui indique précisément quand se passe la scène (aujourd'hui).

De la même manière, demander de chercher :

– une phrase qui est écrite au passé (l'action est terminée). Écrire le mot « passé ».

➜ *Vous avez été attentifs pendant le film. / Qu'est-ce que vous avez appris ? / Autrefois, les gens imaginaient...* Faire entourer « *autrefois* ».

– une phrase qui est écrite au futur (l'action n'est pas encore arrivée). Écrire le mot « futur ».

➜ *Lundi prochain, nous regarderons un nouveau film. / J'expliquerai pourquoi. / etc.* Faire entourer « *Lundi prochain* ».

• Faire sortir l'ardoise.

• Lire à haute voix les phrases suivantes et, à chaque fois, demander aux élèves d'écrire sur leur ardoise le temps (Présent / Passé / Futur).

1. Le conférencier félicite les enfants.

2. Mercredi prochain, j'irai au cinéma.

3. Pendant les dernières vacances, nous sommes allés voir un documentaire.

4. Au Moyen Âge, les gens croyaient que la Terre était plate.

5. Dans quatre ans, nous serons au collège.

6. Quand Auguste était petit, il voulait aller sur la Lune.

7. Mon grand-père fêtera ses 70 ans le mois prochain.

8. Les enfants regardent un documentaire sur le Soleil et la Terre.

• Faire lever les ardoises pour contrôler et faire valider oralement par un élève.

Séance 2 | Réactivation des connaissances

Objectifs
- Distinguer le présent, le passé et le futur.
- Savoir que la terminaison d'un verbe conjugué varie en fonction du temps.

Matériel

Individuel
- Cahier d'essai.

Collectif
- Étiquettes groupes de mots : 6. Étiquettes groupes de mots collectives

[La semaine prochaine,] [La semaine dernière,] [En ce moment,]
[les élèves] x 3 [un nouveau film.] x 3
[regardent] [regarderont] [ont regardé]

- Étiquettes pour affichage collectif (Appropriation individuelle) :
  6. Étiquettes collectives (1)
- Étiquettes groupes indicateurs de temps :

[Actuellement] [Hier] [Demain] [Le mois dernier]
[Dans son enfance] [Bientôt] [Dans huit jours]
[observera] [observait] [a observé]

- Étiquettes pour écrire la phrase :

[Mon père] [observe] [les étoiles.]

Déroulement

Mise en scène collective

- Afficher toutes les étiquettes en désordre sur le côté du tableau.
- Énoncer la phrase et demander à un élève de venir l'afficher au milieu du tableau :

[La semaine prochaine,] [les élèves] [regarderont] [un nouveau film.]

- La faire lire silencieusement et à haute voix.
- Faire rechercher le verbe (faire mettre la phrase à la forme négative) ; le faire encadrer en rouge. Faire repérer son groupe verbal.
- Faire rechercher le groupe sujet du verbe (en posant la question « *Qui est-ce qui ?* » ou « *Qui ?* »).

• Faire relire toute la phrase et demander aux enfants quel groupe de mots indique « quand » les enfants regarderont le nouveau film (*La semaine prochaine*).

➜ C'est le FUTUR. Écrire le mot devant la phrase.

• Appeler un enfant au tableau et lui demander de remplacer le mot « *prochaine* » par le mot « *dernière* ».

• Faire lire à haute voix cette nouvelle phrase et faire constater qu'elle n'est plus correcte.

• Demander aux élèves ce qu'il faut faire pour la corriger.

• Faire oraliser la nouvelle phrase correcte et faire modifier l'étiquette de la forme verbale *(La semaine dernière, les élèves ont regardé un nouveau film.)*

➜ C'est le PASSÉ. Écrire le mot devant la phrase.

– Poursuivre de la même manière en remplaçant le groupe « *La semaine dernière* » par « *En ce moment* ». *(En ce moment, les élèves regardent un nouveau film.)*

➜ C'est le PRÉSENT. Écrire le mot devant la phrase.

– Faire relire les trois phrases et faire conclure que lorsque le temps change, alors la forme du verbe change aussi.

Appropriation individuelle

• Faire sortir le cahier d'essai.

• Afficher au tableau la phrase :

Mon père	observe	les étoiles.

• La faire lire à haute voix et la faire copier sur le cahier. Faire identifier le temps (présent).

• Pendant ce temps, afficher à l'écart les groupes suivants, indicateurs du temps de la phrase :

Actuellement,	Hier,	Demain,	Le mois dernier,	Dans son enfance,	Bientôt,

Dans huit jours,	observera	observait	a observé

• Demander aux élèves de récrire, sur leur cahier, la phrase au passé puis au futur en la faisant commencer par l'un des groupes.

• Après un temps de recherche, recueillir oralement les propositions et les écrire au tableau.

• Faire valider par le groupe classe et faire conclure que la terminaison d'un verbe varie en fonction du temps de la phrase.

Séance 3 | Approfondissement de la notion

Objectifs

- Connaitre les pronoms personnels sujets utilisés en conjugaison.
- Savoir qu'un verbe se compose de deux parties : le radical et la désinence (terminaison).
- Savoir que conjuguer un verbe à un temps donné, c'est faire varier sa terminaison en fonction du pronom personnel sujet (changement de personne et changement de nombre).

Matériel

Individuel

- Photocopie individuelle d'un tableau de conjugaison vierge : 6. Tableau de conjugaison individuel

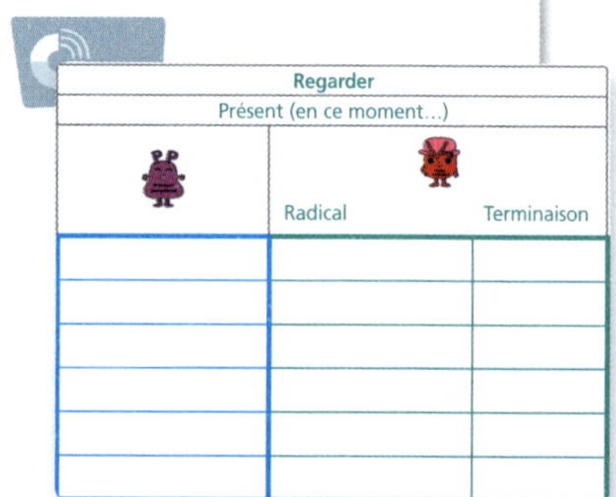

Collectif

- Le même tableau agrandi ou reproduit au tableau. 6. Tableau de conjugaison collectif
- Figurines collectives Verbe conjugué, Verbe à l'infinitif et Pronom personnel. Figurines

- Pochettes bleues pour accueillir les étiquettes des Pronoms personnels.
- Pochettes rouges pour accueillir les étiquettes du Verbe conjugué.
- Étiquettes collectives pour affichage dans les pochettes bleues :

Pronoms personnels sujets du verbe : 6. Étiquettes pronoms personnels collectives

je | tu | il | elle | on | nous | vous | ils | elles

- Étiquettes collectives pour affichage dans les pochettes rouges : 6. Étiquettes collectives (2)

Verbe : regarder

Radical : regard x 6

Terminaisons : e | es | e | ons | ez | ent

Déroulement

Mise en scène collective

• Demander à 6 élèves (garçons et filles) de venir au tableau. Les séparer en deux groupes mixtes et leur demander de regarder à deux endroits différents ou de regarder deux objets différents dans la classe, par exemple, le tableau et la porte.

• Demander à chacun des élèves de faire une phrase pour dire ce qu'il regarde, par exemple : « *Je regarde le tableau.* »

• Organiser un dialogue entre les enfants des deux groupes :

– Un enfant s'adresse à un camarade de l'autre groupe ;

Ex. : « *Je regarde le tableau ; toi, tu regardes la porte.* »

– Un enfant s'adresse à l'ensemble des camarades de l'autre groupe ;

Ex. : « *Je regarde le tableau ; vous regardez la porte.* »

– Un (ou des) enfant(s) d'un groupe s'adresse(nt) à l'autre groupe ;

Ex. : « *Nous regardons le tableau ; vous regardez la porte.* »

– Un enfant parle d'un camarade (« *Il regarde...* ») ; puis d'une camarade (« *Elle regarde...* ») ; puis de plusieurs de ses camarades filles (« *Elles regardent...* ») ; puis de plusieurs de ses camarades garçons ou mixtes (« *Ils regardent...* »).

• Renvoyer les enfants à leur place.

• Afficher au tableau les pochettes bleues et, à côté, les pochettes rouges.

• Placer dans les premières pochettes les étiquettes [je] [regarde].

• Faire lire à haute voix le verbe et coller la figurine Verbe conjugué en haut des pochettes rouges.

• Faire rappeler l'infinitif du verbe et l'écrire sur le tableau à côté. Afficher la figurine Verbe à l'infinitif.

• Faire rappeler la nature du petit mot « je » et coller la figurine Pronom personnel en haut des pochettes bleues. Écrire au tableau « pronom personnel ».

• Insister sur la fonction « sujet du verbe » du pronom personnel et écrire « sujet du verbe » sur le rabat de la pochette bleue.

• Faire conclure que, lorsque l'on parle, on utilise constamment des pronoms personnels (choisis différemment selon la situation d'énonciation : qui parle, de qui on parle) et que les formes du verbe changent en fonction du pronom personnel sujet employé.

Recherche collective

• Distribuer le tableau de conjugaison vierge et laisser les enfants se l'approprier silencieusement.

• Faire lire à haute voix l'infinitif « regarder ». Faire chercher le radical (en supprimant « ER »), on peut parler de partie commune ou de base du verbe. Le faire écrire à gauche dans toutes les cases vierges de la colonne rouge.

• Demander aux élèves de rappeler les pronoms personnels utilisés précédemment dans le dialogue et les faire écrire sur la feuille dans la colonne bleue de gauche.

• Faire rappeler leur fonction (sujet du verbe « regarder ») et l'accord du verbe avec le sujet du verbe qui, ici, est un pronom personnel.

• Afficher les étiquettes des terminaisons au tableau, en désordre.

• Demander aux élèves de compléter le tableau en associant un pronom personnel sujet et la forme du verbe qui s'accorde. Faire écrire les terminaisons en rouge.

• Laisser un temps de recherche suffisant ; pendant ce temps, circuler pour apporter des aides éventuelles.

• Organiser une correction collective en envoyant à tour de rôle des élèves compléter le tableau de conjugaison collectif en disposant les étiquettes collectives dans les pochettes.

• À chaque fois, faire valider par la classe.

• Faire relire les terminaisons « e – es – e – ons – ez – ent ».

• Faire conclure que la terminaison d'un verbe varie en fonction du temps, mais aussi en fonction de la personne et donc du nombre.

• Expliquer que « conjuguer le verbe » signifie changer la terminaison du verbe en tenant compte du temps et du pronom personnel sujet.

On obtient :

Remarque : conserver les pochettes avec les étiquettes affichées dans la classe pour les séquences suivantes.

Synthèse, mémo et carte mentale

Conjuguer un verbe

Pour conjuguer un verbe, on utilise des pronoms personnels sujets du verbe :

SINGULIER	PLURIEL
1re personne : **je**	1re personne : **nous**
2e personne : **tu**	2e personne : **vous**
3e personne : **il, elle, on**	3e personne : **ils, elles**

Un verbe est formé de deux parties :
- une partie qui, le plus souvent, ne change pas (le radical),
- une terminaison qui varie.

Conjuguer un verbe, c'est faire **changer sa forme** en tenant compte du temps (passé, présent, futur), du genre (masculin ou féminin) et du nombre (singulier ou pluriel).

Exemples : *nous avons regardé* (passé) – *nous regardons* (présent)
nous regarderons (futur)
je regarde – tu regardes – vous regardez – elles regardent

6. Mémo

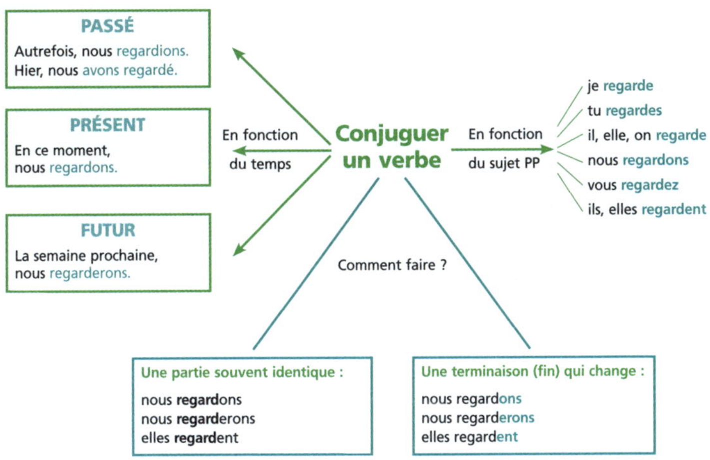

6. Carte mentale

Séances 4 et 5 | Entrainement et réinvestissement

Objectifs	– Mémoriser les notions essentielles. – Réinvestir ses connaissances dans une courte production d'écrit.
Organisation	– Travail individuel, correction individuelle ou collective.
Matériel	– Fiche élève n° 6. Fiche 6 – Cahier d'essai et / ou du jour.

Objectifs visés :

Ex. 1 : Identifier le verbe, situer l'action dans le temps, trouver l'infinitif.

Ex. 2 : Former des phrases en respectant le temps et la forme verbale.

Ex. 3 et 4 : Remplacer le groupe sujet par le pronom personnel correspondant et inversement.

Ex. 5 : Associer le pronom personnel à la forme verbale correspondante.

6 Conjuguer un verbe

Prénom : ....

Je m'entraine

1 Souligne le verbe de la phrase. Écris à quel temps se déroule l'action. Écris l'infinitif du verbe.

L'astronome observe le ciel.

temps : .... *infinitif du verbe :* ....

Jadis, les astronomes observaient le ciel avec des lunettes astronomiques.

temps : .... *infinitif du verbe :* ....

À notre époque, les astronomes étudient les astres avec des télescopes.

temps : .... *infinitif du verbe :* ....

Cet astronaute français voyagera à bord du prochain vaisseau spatial.

temps : .... *infinitif du verbe :* ....

2 Souligne le verbe en rouge puis récris la phrase en ajoutant un indicateur de temps. Respecte le temps et la forme du verbe.

Dimanche prochain,	on observait le ciel avec une lunette.
Dans deux jours,	on imaginait la Terre plate.
Actuellement,	je regarderai un documentaire sur l'espace.
Au Moyen Âge,	vous visiterez le planétarium.
Aujourd'hui,	on observe le ciel avec des télescopes.
Autrefois,	vous visitez le planétarium.

1 ....

2 ....

3 ....

4 ....

5 ....

6 ....

6

3 Souligne le groupe sujet en bleu puis recopie les phrases en remplaçant les groupes sujets par des pronoms personnels sujets.

Mes parents, ma sœur et moi arrivons au planétarium.

....

Ma mère achète les billets d'entrée.

....

Mon père et ma sœur s'installent au premier rang.

....

4 Souligne le pronom personnel sujet en bleu puis recopie les phrases en remplaçant le pronom personnel par un groupe sujet choisi dans la liste.

Il demande le silence et éteint la lumière.
Le conférencier – La maitresse – Les professeurs

....

Nous sommes plongés dans l'obscurité.
Ma famille – Les spectateurs – Ma famille et moi

....

Enfin, ils éclairent la voute du planétarium...
les étoiles – des milliers de points lumineux – une lumière

....

5 Relie d'un trait le pronom personnel sujet et le verbe qui s'accordent. Puis écris les phrases sur ton cahier.

Tu •	• observe l'étoile polaire.
Elle •	• admire le ciel étoilé.
Elles •	• observons les étoiles filantes.
Nous •	• admirent la pleine lune.
On •	• admires les étoiles du ciel.

J'écris

Écris deux textes en choisissant des mots de cette liste.

l'été – l'hiver – dernier – prochain
nous – vous – toute la famille – les petits – les grands
partirons – étiez – jouaient – joueront – profitait – feront – fera
en vacances – au bord de la mer – à la montagne – dans la neige
dans la forêt – sur la plage – du ski
du soleil – avec le sable – de grandes randonnées

Conjuguer les verbes du 1er groupe au présent

Programmes 2016, ajustements 2018 – connaissances et compétences associées :
- Maitriser l'orthographe grammaticale de base.
- Identifier le radical et la terminaison du verbe.
- Trouver l'infinitif d'un verbe conjugué.
- Mémoriser le présent, l'imparfait, le futur, le passé composé pour :
  - *être* et *avoir* ;
  - les verbes du 1er groupe.

En lien avec les compétences abordées en CE1 :
- Mémoriser le présent, l'imparfait, le futur, le passé composé pour :
  - *être* et *avoir* ;
  - les verbes du 1er groupe.
- Différencier les principales classes de mots : le nom, l'article défini et l'article indéfini, le verbe, le pronom personnel sujet.

Séance 1 | Lecture, compréhension du texte et approche de la notion

Objectifs
- Comprendre un texte.
- Lire à haute voix.
- Rappeler que le groupe sujet du verbe peut être remplacé par un pronom personnel de conjugaison.

Matériel

Individuel
- Photocopie individuelle du texte *Un animal dangereux.* 7. Texte individuel
- Crayons de couleur rouge et bleu et surligneurs.

Collectif
- Facultatif : le même texte reproduit ou vidéoprojeté collectivement au tableau. 7. Texte collectif

Déroulement

Un animal dangereux

La maitresse explique :
« Certains animaux présentent un vrai danger pour l'homme. Savez-vous quel est l'animal le plus dangereux en Afrique ?
– Je pense que c'est le lion ! dit Paul.
– Et toi, Louna, qu'est-ce que tu penses ?
– À mon avis, c'est le rhinocéros.
– L'animal le plus dangereux pour l'homme n'est ni le lion ni le rhinocéros, mais l'hippopotame. Si vous pensez que cet animal est un gros pataud bien paisible, vous vous trompez ! Nous pensons souvent qu'un animal herbivore n'est pas dangereux et nous avons tort ! Quand il reste dans l'eau, l'hippopotame renverse souvent les embarcations. Quand il est sur la terre, il charge facilement à une vitesse pouvant atteindre 40 km/h. Les hippopotames pèsent entre 1 500 et 3 200 kg. Ils possèdent des mâchoires énormes et ils utilisent leurs longues canines pour se battre. Les hippopotames provoquent souvent des accidents et, chaque année, ils tuent plusieurs centaines de personnes. Les Africains craignent plus l'hippopotame que le lion ! »

• Faire lire silencieusement le texte.
• Questionner les élèves pour contrôler la compréhension :
Quels sont les personnages de l'histoire ? Où se passe-t-elle ?
Quelle question pose la maitresse ?
• Faire lire le titre à haute voix :
De quel animal parle-t-on ?
Pour quelles raisons cet animal est-il très dangereux ?
• Faire une lecture magistrale du texte.
• Organiser une lecture poursuite sur la 2e partie du texte à partir de « *L'animal le plus dangereux pour l'homme...* » en déterminant, avant la lecture, l'ordre dans lequel chaque élève devra lire une phrase (une seule phrase par élève).
• Relire à haute voix la phrase « *La maitresse explique* ».
• Faire souligner le verbe en rouge. Faire chercher le sujet du verbe, le faire souligner en bleu, puis faire reformuler oralement la phrase en remplaçant le groupe sujet du verbe par le pronom personnel sujet :
« La maitresse explique » ➜ *« Elle explique »*
• Procéder de la même manière avec les phrases :
« Certains animaux présentent un vrai danger... » ➜ *Ils présentent...*
« L'hippopotame renverse souvent les embarcations... » ➜ *Il renverse...*
« Les hippopotames pèsent entre 1 500 et 3 200 kg. » ➜ *Ils pèsent...*
« Les hippopotames provoquent souvent des accidents... » ➜ *Ils provoquent...*
« Les Africains craignent plus l'hippopotame que le lion ! » ➜ *Ils craignent...*

Séance 2 | Réactivation des connaissances

Objectifs

- Savoir qu'un verbe se compose de deux parties : le radical et la terminaison.
- Connaitre les terminaisons au présent de l'indicatif des verbes en ER (1er groupe).

Matériel

Individuel

- Photocopie individuelle du texte *Un animal dangereux.* 7. Texte individuel

Pour chaque binôme

- Photocopie de la feuille de recherche. 7. Feuille de recherche pour binôme

	 PENSER	 RESTER	 UTILISER

Collectif

- Figurines collectives Verbe à l'infinitif et Pronom personnel. Figurines

- Étiquettes des formes infinitives des verbes pour affichage collectif : 7. Étiquettes verbes à l'infinitif collectives

PENSER RESTER UTILISER

Déroulement

Recherche en binôme et collective

1re étape : Compléter le tableau avec les formes verbales du texte

• Faire distribuer aux binômes la feuille de recherche (*cf.* annexe) et faire sortir le texte « Un animal dangereux ».

• Pendant ce temps, tracer quatre colonnes au tableau et afficher la figurine collective Pronom personnel en haut à gauche de la première colonne.

• Faire rappeler oralement les pronoms personnels sujets du verbe utilisés pour la conjugaison d'un verbe : demander aux élèves de les écrire sur leur feuille de recherche :

– faire d'abord écrire les pronoms personnels correspondant aux personnes du singulier (je-j'-tu-il-elle-on), faire valider et les écrire les uns en dessous des autres dans la première colonne au tableau ;

– puis faire de même avec les pronoms personnels correspondant aux personnes du pluriel (nous-vous-ils-elles).

• Afficher en haut de chacune des trois autres colonnes les étiquettes verbes :

PENSER RESTER UTILISER

Faire rappeler que ces mots sont des verbes à l'infinitif et afficher au-dessus de chacun la figurine correspondante.

• Faire constater qu'ils se terminent tous les trois par « ER ». Faire rechercher le radical (en faisant supprimer ER) et rappeler que tous les verbes qui se terminent par ER se conjuguent de la même manière.

• Faire trouver à quel temps sont écrits les verbes du texte et écrire en haut du tableau « Verbes en ER au présent ».

• Demander aux enfants de chercher dans le texte les formes conjuguées du verbe PENSER au présent (les faire surligner au fluo). Les faire écrire au bon endroit dans le tableau.

• Après un court temps de recherche, organiser une synthèse collective : relever les propositions et les écrire dans le tableau en demandant aux élèves de les épeler (récrire le pronom personnel devant le verbe conjugué).

• Poursuivre en faisant rechercher et écrire les formes conjuguées des verbes RESTER et UTILISER.

À la fin de la recherche, faire relire toutes les formes verbales écrites au tableau (accompagnées du pronom personnel) et faire entourer en couleur les terminaisons (e – es – e – ons – ez – ent).

On obtient :

Verbes en ER au présent			
	 PENSER	 RESTER	 UTILISER
je / j'	je pens**e**		
tu	tu pens**es**		
il / elle / on		il rest**e**	
nous	nous pens**ons**		
vous	vous pens**ez**		
ils / elles			ils utilis**ent**

2e étape : Découverte des formes verbales manquantes

• Faire relire « je pense », faire trouver oralement, en les incluant éventuellement dans une phrase, comment se conjuguent les verbes RESTER et UTILISER avec le pronom personnel « je ». Les faire écrire dans le tableau de la fiche de recherche. Faire remarquer et justifier l'usage de « j' ».

• Faire justifier, valider et compléter la première ligne du tableau collectif (je reste / j'utilise).

• Procéder de la même manière pour les lignes suivantes.

• Organiser une correction collective : envoyer un élève au tableau, lui demander de relire les formes verbales de chaque colonne et d'entourer les terminaisons en couleur, en épelant la terminaison (ex. : je pense... -e / tu penses... -es / il pense... -e / etc.).

Séance 3 | Approfondissement de la notion

Objectifs

- Savoir qu'un verbe se compose de deux parties : le radical et la terminaison.
- Connaitre les terminaisons au présent de l'indicatif des verbes en ER (1er groupe).

Matériel

Individuel

- Ardoise et matériel associé.

Collectif

- Pochettes bleues et rouges.
- Étiquettes des pronoms personnels pour affichage dans les pochettes : 7. Étiquettes pronoms personnels collectives

[je] [j'] [tu] [il] [elle] [on] [nous] [vous] [ils] [elles]

Pour le zoom : 7. Étiquettes collectives pour le zoom

- Étiquettes des formes conjuguées pour affichage dans les pochettes :

[pense] x 2 [penses] [pensent]

Pour la systématisation : 7. Étiquettes collectives pour la systématisation

- Étiquettes des verbes à l'infinitif pour affichage dans les pochettes :

[penser] [parler] [chanter] [regarder] [sauter] [rester]

- Terminaisons du présent :

[e] [es] [e] [ons] [ez] [ent]

Déroulement

Travail individuel et collectif

1. Zoom sur les difficultés

• Faire sortir l'ardoise et, pendant ce temps, afficher les pochettes bleues et rouges et, à côté en désordre, les étiquettes des pronoms de conjugaison et des verbes [pense] [penses] [pensent].

• Faire lire à haute voix les étiquettes et demander à un premier élève de venir placer dans les pochettes les pronoms personnels singuliers, puis, à un second, les pronoms personnels pluriels.

• Faire lire les étiquettes des verbes, faire rappeler l'infinitif (PENSER) et faire remarquer que l'on entend la même chose (pense / penses / pensent).

• Demander aux enfants quels pronoms peuvent être associés à la forme [pense] ; les faire écrire sur l'ardoise.

• Faire lever les ardoises pour recueillir les propositions, faire valider et envoyer un élève placer les étiquettes dans les pochettes rouges (je pense – il / elle / on pense).

• Procéder de la même manière avec la forme verbale [pensent].

• Faire remarquer que l'on ajoute les 2 lettres « **nt** » pour marquer le pluriel du verbe quand il est conjugué avec ils ou elles.

• Pour la forme [penses], faire remarquer que l'on ajoute un « **S** » au verbe seulement quand il est conjugué avec le pronom « **tu** ».

2. Systématisation et synthèse

• Conserver l'ardoise et les pochettes bleues et rouges affichées les unes à côté des autres au tableau.

• Afficher les étiquettes des terminaisons du présent et les étiquettes des verbes à l'infinitif :

[penser] [parler] [chanter] [regarder] [sauter] [rester]

puis les faire lire à haute voix.

• Faire découper la terminaison ER du verbe pour obtenir son radical :

➜ pens / parl / chant / regard / saut / rest

• Glisser les étiquettes obtenues (radical de chaque verbe) dans les pochettes rouges de manière aléatoire.

• Au fur et à mesure, glisser un pronom personnel devant un radical et demander aux élèves d'écrire, sur l'ardoise, le verbe conjugué au présent à la personne demandée en ajoutant la terminaison exacte. (Il n'est pas indispensable de procéder dans l'ordre habituel des pronoms.)

• Faire lever les ardoises et valider en envoyant un élève ajouter l'étiquette de la terminaison. Faire lire à haute voix la forme verbale conjuguée ainsi formée.

• Poursuivre de la même manière avec tous les verbes.

On obtient :

Synthèse, mémo et tableau de conjugaison

Conjuguer au présent les verbes en ER (1er groupe)

Les verbes du 1er groupe se terminent par ER à l'infinitif.

Ils se conjuguent tous comme le verbe « penser » :

je pense	tu penses	il / elle / on pense
nous pensons	vous pensez	ils / elles pensent

7. Mémo

Conjuguer au présent Verbes qui se terminent en ER (1er groupe)	
	 PENSER
je	je pense
tu	tu penses
il / elle / on	il / elle / on pense
nous	nous pensons
vous	vous pensez
ils / elles	ils / elles pensent

7. Tableau de conjugaison

Séances 4 et 5 | Entrainement et réinvestissement

Objectifs	- Mémoriser les notions essentielles. - Réinvestir ses connaissances dans une courte production d'écrit.
Organisation	- Travail individuel, correction individuelle ou collective.
Matériel	- Fiche élève n° 7. Fiche 7 - Cahier d'essai et / ou du jour.

Objectifs visés :

Ex. 1 : Reconnaitre des verbes qui se conjuguent comme « penser ».
Ex. 3, 4 et 5 : Connaitre les terminaisons du présent des verbes en ER.
Ex. 2, 6 et 7 : Savoir conjuguer au présent un verbe en ER.

7

Conjuguer les verbes du 1er groupe au présent

Prénom : ....

Je m'entraine

❶ Entoure en rouge les verbes du 1er groupe qui se conjuguent comme « penser » (verbes qui se terminent par ER).

chanter finir manger savoir prendre

lancer avoir alerter voir crier

❷ Conjugue au présent chaque verbe du 1er groupe de l'exercice précédent avec le pronom personnel « nous ».

Exemple : chanter → nous chantons

❸ Entoure la forme verbale qui s'accorde avec le pronom personnel sujet.

Elle	laves – lave – lavent	le sol de la cuisine.
Nous	mangeons – manges – mangent	un fruit tous les matins.
Je	chantent – chantes – chante	dans une chorale.
Ils	nage – nages – nagent	dans le grand bain.
Tu	récite – récites – récitent	un poème.
Vous	lancer – lancez – lancé	le ballon à votre équipière.
On	mélange – mélangent – mélanges	les ingrédients du gâteau.

❹ Écris un pronom personnel sujet qui peut s'accorder avec la forme conjuguée du verbe.

.... participent à un safari.

.... nagez avec les dauphins.

.... observe un rhinocéros.

.... commençons notre séjour en Afrique.

.... protège les éléphants des chasseurs d'ivoire.

.... photographies un lion endormi.

7

❺ Complète les verbes avec les terminaisons correctes du présent.

Nous essuy.............. les verres de nos jumelles.

Les voyageurs écout.............. le guide avec attention.

Est-ce que vous aim.............. les animaux sauvages ?

La conductrice roul.............. lentement sur les pistes.

Je cri.............. à la vue d'un serpent.

Tu admir.............. un troupeau de zèbres !

❻ Récris les formes conjuguées en changeant de personne.

tu jettes	→	vous ....
elle téléphone	→	elles ....
je lance	→	nous ....
il cherche	→	ils ....
je crie	→	nous ....

❼ Recopie ces phrases en conjuguant au présent les verbes entre parenthèses.

Le cobra royal .... d'une seule morsure un éléphant. (tuer)

Tu .... un reportage sur les serpents. (regarder)

Le scorpion .... son venin mortel. (injecter)

Nous .... les girafes et leurs girafons. (admirer)

Je .... beaucoup en Afrique. (voyager)

J'écris

Décris les différentes étapes de cette scène.

Aide-toi de ces verbes : *chasser, guetter, attaquer, tuer, dévorer, traquer, se reposer, digérer.*

Réussir son entrée en grammaire au CE2 © Retz, 2019

Le nom et le groupe du nom

Programmes 2016, ajustements 2018 – connaissances et compétences associées :

– Maitriser l'orthographe grammaticale de base.

– Différencier les principales classes de mots : le nom, l'article défini et l'article indéfini, le verbe, le pronom personnel sujet.

– Reconnaitre le groupe nominal.

– Comprendre le fonctionnement du groupe nominal dans la phrase.

– Comprendre la notion de « chaines d'accords » pour déterminant / nom / adjectif (singulier / pluriel ; masculin / féminin).

En lien avec les compétences abordées en CE1 :

– Différencier les principales classes de mots : le nom, l'article défini et l'article indéfini, le verbe, le pronom personnel sujet.

– Reconnaitre le groupe nominal.

– Comprendre le fonctionnement du groupe nominal dans la phrase.

– Comprendre la notion de « chaines d'accords » pour déterminant / nom / adjectif (singulier / pluriel ; masculin / féminin).

Séance 1 | Lecture, compréhension du texte et approche de la notion

Objectifs
- Comprendre un texte.
- Lire à haute voix.
- Se rappeler ce que désigne un nom.
- Se rappeler qu'un nom est accompagné d'un déterminant.
- Distinguer un nom propre et un nom commun.

Matériel

Individuel
- Photocopie individuelle du texte *Le caméléon.* 8. Texte individuel
- Crayons de couleur.

Collectif
- Facultatif : le même texte reproduit ou vidéoprojeté collectivement au tableau. 8. Texte collectif
- Étiquettes vierges pour affichage collectif.
- Figurines collectives Nom propre, Nom commun, Déterminant. Figurines

- Une carte du monde. 8. Carte collective

Déroulement

Le caméléon

Aujourd'hui, dans la classe de madame Pezé, Medhi a préparé un exposé. La maitresse montre des photos. Medhi lit son texte :
« Les caméléons sont des lézards. Leurs traces les plus anciennes remontent à 30 millions d'années. La majorité des espèces vit sur l'ile de Madagascar et en Afrique.
Les caméléons appartiennent à la famille des reptiles mais ils ne rampent pas. Ils marchent ou grimpent dans les arbres ou les buissons.
Dans les arbres, l'animal est un acrobate habile. Grâce à ses doigts qui forment une pince, il peut facilement s'accrocher aux branches. Il utilise aussi sa longue queue qu'il enroule autour des branches pour ne pas tomber.
Ce reptile surprenant possède des yeux capables de tourner dans tous les sens ; un œil peut regarder en l'air pendant que l'autre surveille le sol… »

- Distribuer le texte individuel et le faire lire silencieusement.
- Vérifier la compréhension en posant quelques questions :

Où se passe la scène ? Quels sont les personnages principaux ?
Quel est le sujet de l'exposé de Medhi ? Quelles sont les particularités du caméléon ? etc.

- Faire situer Madagascar et l'Afrique sur la carte collective.
- Faire une lecture magistrale expressive.
- Faire relire à haute voix en organisant une lecture poursuite.
- Demander aux élèves de rechercher dans le texte et de souligner en couleur un mot qui désigne une partie du corps.
- Recueillir les différentes propositions (œil, yeux, doigts, queue). Ne pas nécessairement faire rechercher la totalité des mots.
- Faire valider par le groupe classe ; écrire les noms sans le déterminant sur des étiquettes vierges et les afficher au fur et à mesure au tableau.
- Procéder de la même manière en demandant d'écrire un mot qui désigne :

– une personne (Medhi, maitresse, madame Pezé) ;
– un lieu (sol, classe, Madagascar, Afrique) ;
– un animal (caméléon, caméléons, lézards, reptile) ;
– un objet (photos, texte…).

- Faire rappeler aux élèves que ces mots sont des noms (notion vue au CE1).
- Faire remarquer que certains noms commencent par des majuscules, faire rappeler le terme « nom propre ». Afficher la figurine Nom propre correspondante et coller les étiquettes des noms propres sous la figurine.

• Par opposition, demander comment s'appellent les autres noms, afficher la figurine Nom commun et coller les étiquettes des noms communs en dessous.

• Rappeler la différence entre nom commun et nom propre : un nom commun est un nom général, alors qu'un nom propre est un nom particulier qui commence toujours par une majuscule.

• Faire rappeler que les noms communs sont toujours précédés d'un petit mot, appelé déterminant. Afficher la figurine Déterminant.

• Faire relire les noms communs affichés au tableau et demander aux élèves de retrouver oralement dans le texte le déterminant associé, l'écrire devant chacun des noms.

• À la fin, on obtient (par exemple) :

 **Noms propres**	 **Déterminants**	 **Noms communs**
Mehdi	les	caméléons
Pezé	des	lézards
Madagascar	des	reptiles
Afrique	des	photos
	son	texte
	une	pince
	un	œil
	des	yeux
	ses	doigts
	sa	queue
	la	maitresse
	la	classe
	le	sol

• À ce stade, introduire la terminologie de « groupe nominal ». Entourer en couleur un déterminant et son nom, expliquer que ces deux mots sont liés, ils forment un groupe que l'on appelle le groupe du nom ou groupe nominal. L'écrire au tableau.

• Faire relire à haute voix dans le texte tous les groupes nominaux en changeant d'élève pour chaque groupe.

Séance 2 | Réactivation des connaissances

Objectifs

- Comprendre la notion de groupe du nom (groupe nominal).
- Identifier la nature des mots qui composent le groupe nominal de base (déterminant + nom).
- Retrouver la nature des mots qui constituent une phrase simple (verbe, nom commun, nom propre, déterminant).

Matériel

Individuel

- Photocopie individuelle du texte *Le caméléon.* 8. Texte individuel
- Ardoise et matériel associé.

Pour chaque binôme

- Trois étiquettes phrases par binôme : 8. Étiquettes phrases pour binôme

La maitresse montre des photos.

Le caméléon grimpe dans les arbres.

Mehdi lit son texte.

Collectif

- Facultatif : le même texte vidéoprojeté au tableau. 8. Texte collectif
- Figurines collectives Nom propre, Nom commun, Déterminant, Verbe. Figurines

- Le même jeu d'étiquettes phrases pour affichage collectif. 8. Étiquettes phrases collectives
- Des feuilles A4 pour faire des étiquettes vierges.
- Les pochettes bleue et rouge.

Déroulement

- Distribuer à chaque binôme les trois étiquettes phrases et les faire lire silencieusement.
- Les faire découper et, pendant ce temps, afficher au tableau les étiquettes phrases collectives, et les pochettes bleue et rouge.
- Faire lire à haute voix la phrase « *La maitresse montre des photos.* »

• Faire identifier les groupes nominaux (nom + déterminant) de la phrase et les faire découper : [La maitresse] [des photos.]

• Faire identifier la nature du mot [montre] (verbe). Le faire souligner en rouge et faire conclure que la phrase est formée de 2 groupes nominaux et d'un verbe.

• Demander aux élèves de retrouver la nature de chacun des mots qui constituent chaque groupe nominal (la classe des mots à laquelle il appartient) et faire écrire l'initiale au-dessus de chacun des mots ou faire coller la figurine miniature correspondante (V ➜ verbe / D ➜ déterminant / NC ➜ nom commun / NP ➜ nom propre). Faire reformuler la consigne et donner un exemple si nécessaire.

• Après un temps de recherche, organiser une correction collective au tableau en utilisant les étiquettes collectives, les pochettes bleue et rouge, et les figurines miniatures.

• Faire glisser les groupes dans les pochettes :

[La maitresse] ➜ dans la pochette bleue (faire rappeler qu'il s'agit du sujet du verbe).

[montre] [des photos.] ➜ dans la pochette rouge (faire rappeler qu'il s'agit du groupe du verbe).

On obtient :

• Adopter la même démarche pour les phrases suivantes :

[Le caméléon grimpe dans les arbres.] [Mehdi lit son texte.]

• Préciser que le petit mot « dans » n'est pas un déterminant et qu'il appartient à une autre famille de mots que l'on étudiera plus tard (on peut introduire sans insister le terme « préposition »).

Séance 3 | Approfondissement de la notion

Objectifs

- Identifier des groupes nominaux.
- Identifier le genre et le nombre d'un GN.
- Connaitre la règle d'accord en genre et en nombre du déterminant et du nom.

Matériel

Individuel

- Photocopie individuelle du texte *Le caméléon*.
- Ardoise et matériel associé.

Pour chaque binôme

- Jeu de 13 étiquettes groupe nominal par binôme. 8. Texte individuel 8. Étiquettes GN pour binôme

le caméléon | un acrobate | son texte | la maitresse
l'ile | sa queue | des lézards | des photos | les arbres | les branches
des animaux | des espèces | ses doigts

Collectif

- Facultatif : le même texte vidéoprojeté au tableau. 8. Texte collectif
- Figurines collectives Nom commun et Déterminant. Figurines

- Le même jeu d'étiquettes GN pour affichage collectif au tableau. 8. Étiquettes GN collectives
- 30 étiquettes-mots collectives : 8. Étiquettes mots collectives pour mise en scène

le | la | les | un | une | des | votre | nos | sa | ma | mon
ton | cette | mes | leurs | animaux | reptile | pieds | lézards
famille | doigts | pince | langue | pattes | maitresse | insecte
œil | texte | queue | photos

Déroulement

Rappel de la séance précédente

- Faire relire le texte à haute voix et faire sortir les ardoises.

• Faire rappeler les mots qui composent un groupe nominal (déterminant et nom).

• Tracer deux colonnes au tableau et afficher en haut de la première colonne, la figurine D et, en haut de la seconde colonne, la figurine NC.

• Écrire le mot « pince » dans la colonne des Noms communs et le faire lire à haute voix. Faire rappeler que c'est une classe de mots (comment il s'appelle).

• Demander aux élèves de chercher dans leur texte et d'écrire sur leur ardoise le déterminant qui accompagne le nom « pince ».

• Faire lever les ardoises et valider le déterminant « une ». Envoyer un élève au tableau pour l'écrire devant le nom « pince » dans la colonne des déterminants.

• Procéder de la même manière avec les noms « doigts » (➜ ses) et « classe » (➜ la).

• Adopter la même démarche mais, cette fois, en proposant le déterminant et en faisant trouver un ou plusieurs noms associés : « son » (➜ texte), « la » (➜ famille, maitresse), « des » (➜ photos / lézards / espèces / branches), etc.

• Faire conclure que le déterminant accompagne toujours un nom commun, sauf dans quelques cas (la France, l'Afrique...).

Manipulations et recherches en binôme

• Faire distribuer les étiquettes GN pour binôme. Les faire lire silencieusement et les faire découper.

Pendant ce temps, les afficher en désordre au tableau.

• Les faire lire à haute voix.

• Faire entourer les déterminants et faire rappeler qu'ils indiquent le nombre, c'est-à-dire si le nom est au singulier (un seul) ou au pluriel (plusieurs).

• Demander alors aux enfants de trier les groupes nominaux en plaçant sur leur table, d'un côté, les GN qui sont au singulier et, de l'autre côté, ceux qui sont au pluriel.

• Pendant ce temps, tracer deux larges colonnes au tableau et écrire en haut « SINGULIER (un seul) » et « PLURIEL (plusieurs) ».

• Organiser une correction collective orale en utilisant les étiquettes collectives : faire d'abord lister et lire les GN au singulier en faisant valider puis poursuivre de la même manière pour les GN au pluriel.

• Faire analyser les marques du pluriel en insistant sur le rôle du déterminant qui commande l'accord en nombre du nom avec l'ajout du « **s** » ou du « **x** ».

• Faire alors rappeler que le déterminant permet aussi de connaitre le genre du nom, c'est- à-dire si le nom est masculin ou féminin.

• Tracer au tableau deux sous-colonnes (masculin et féminin) dans chaque colonne.

• Demander alors aux élèves de faire un tri complémentaire pour séparer les GN masculins et les GN féminins.

On obtient :

SINGULIER (un seul)		PLURIEL (plusieurs)	
Masculin	**Féminin**	**Masculin**	**Féminin**
le caméléon	la maitresse	des lézards	des photos
un acrobate	l'ile	les arbres	les branches
son texte	sa queue	ses doigts	des espèces
		des animaux	

• Faire remarquer qu'au pluriel on utilise les mêmes déterminants (les, des, ses...) pour les noms féminins ou masculins. Faire ressortir les stratégies utilisées en cas de doute pour déterminer le genre du nom, notamment en remplaçant le déterminant par un autre.

Exemple : l'ile ➜ une ile / des branches ➜ une branche

• Envoyer un élève au tableau, lui demander de relire à haute voix les GN au masculin singulier et d'entourer les déterminants (le – un – son).

• Envoyer d'autres élèves relire les GN au féminin / singulier, au masculin / pluriel et enfin au féminin / pluriel. Dans chaque colonne, faire entourer les déterminants.

• Faire conclure que le déterminant est un petit mot, placé devant le nom commun, qui sert à indiquer le nombre (singulier ou pluriel) et le genre du nom (féminin ou masculin). Le déterminant et le nom sont liés : on dit qu'ils s'accordent.

• Ramasser toutes les étiquettes et faire un retour au calme.

Mise en scène

• Distribuer à chaque élève, une étiquette mot collective (Déterminant ou Nom commun). La faire lire silencieusement. Pendant ce temps, afficher au tableau les figurines D et NC.

• Demander aux enfants de se grouper par 2 pour constituer un groupe nominal, en faisant attention à respecter l'accord entre le déterminant et le nom (féminin / masculin et singulier / pluriel).

• Pendant le temps de recherche, laisser les enfants se déplacer librement dans la classe. Au fur et à mesure que les couples se forment, leur demander de s'assoir côte à côte.

• Organiser une correction collective en appelant les couples un par un au tableau. Faire lire à haute voix le GN et faire valider en faisant justifier l'accord D et NC.

• Au fur et à mesure, afficher les étiquettes au tableau sous les figurines D et NC correspondantes. Faire remarquer qu'il existe plusieurs possibilités.

Synthèse, mémo et carte mentale

Le groupe nominal : nom et déterminant

Un **nom** est un mot qui désigne une personne, un animal, une chose, une idée, un sentiment…
On distingue :
– le nom commun qui est un nom général (ex. : maitresse, lézard, classe) ;
– le nom propre qui est un nom particulier (ex. : Medhi, Afrique, France). Il commence par une majuscule.

Un **déterminant** est un petit mot placé devant un nom.

L'ensemble d'un déterminant et d'un nom (ex. : le caméléon) forme un **groupe nominal** de base. Dans un groupe nominal, le déterminant et le nom s'accordent en genre (masculin ou féminin) et en nombre (singulier ou pluriel).
Exemples : *le caméléon – les caméléons ; une branche – des branches ; mon animal – mes animaux*

8. Mémo

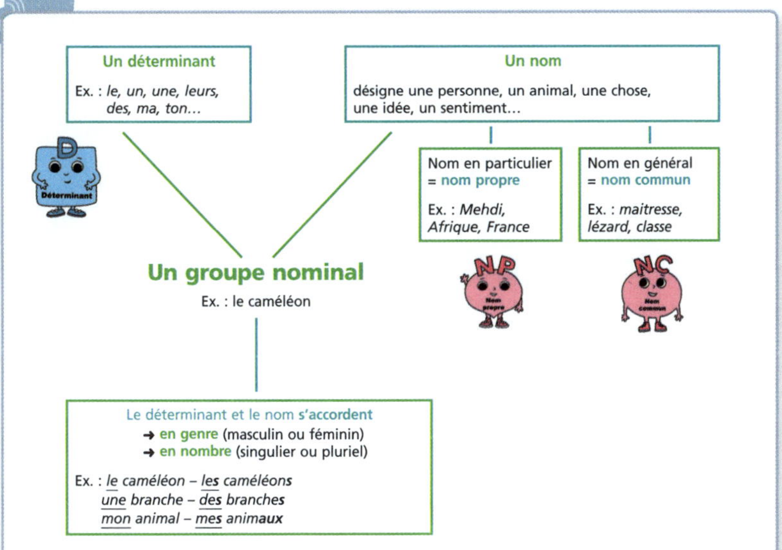

8. Carte mentale

Séances 4 et 5 | Entrainement et réinvestissement

Objectifs	- Mémoriser les notions essentielles. - Réinvestir ses connaissances dans une courte production d'écrit.
Organisation	- Travail individuel, correction individuelle ou collective.
Matériel	- Fiche élève n° 8. Fiche 8 - Cahier d'essai et / ou du jour.

Objectifs visés :

Ex. 1 : Identifier le groupe nominal.

Ex. 2 et 3 : Identifier nom commun et nom propre.

Ex. 4 : Associer déterminant et nom commun en respectant les accords en genre et en nombre.

Ex. 5 et 6 : Changer le nombre d'un groupe nominal (singulier ➜ pluriel et inversement).

8 **Le nom et le groupe du nom** Prénom : ....

Je m'entraine

❶ **Souligne les groupes nominaux et écris D (pour déterminant) et NC (pour nom commun) au-dessus de chacun des mots qui les composent.**

Les tortues, les crocodiles, les lézards et les serpents appartiennent à la famille des reptiles.

Le caméléon mange des insectes.

Avec sa langue, il capture des grillons, des mouches, des sauterelles, etc.

Cet animal passe son temps dans les arbres.

❷ **Trouve un nom propre pour chaque nom commun.**

Exemple : un musicien → Vivaldi

un pays → ....

une ville → ....

un fleuve → ....

un monument → ....

❸ **Trouve un nom commun pour chaque nom propre.**

Exemple : le Brésil → un pays

Louis XIV → un ....

Rome → une ....

Victor Hugo → un ....

Pablo Picasso → un ....

Les Pyrénées → des ....

❹ **Utilise les mots suivants pour écrire des groupes nominaux.**

Déterminants : la – mon – une – un – ta – des – les – le – tes – deux

Noms communs : genou – main – yeux – doigt – pieds – dents – bouche – oreilles

2 GN au masculin / singulier ....

2 GN au féminin / singulier ....

2 GN au masculin / pluriel ....

2 GN au féminin / pluriel ....

8

❺ **Récris au pluriel ces groupes nominaux.**

ma tortue ....

le lézard ....

la vipère ....

une couleuvre ....

❻ **Récris au singulier ces groupes nominaux.**

mes tortues ....

des insectes ....

les crocodiles ....

tes animaux ....

J'écris

Raconte une visite au zoo : utilise des groupes nominaux pour expliquer ce que tu as vu.

Au zoo, j'ai vu

Les déterminants

Programmes 2016, ajustements 2018 – connaissances et compétences associées :

– Maitriser l'orthographe grammaticale de base.

– Différencier les principales classes de mots : le nom, l'article défini et l'article indéfini, le verbe, le pronom personnel sujet.

– Reconnaitre le groupe nominal.

– Comprendre le fonctionnement du groupe nominal dans la phrase.

– Comprendre la notion de « chaines d'accords » pour déterminant / nom / adjectif (singulier / pluriel ; masculin / féminin).

En lien avec les compétences abordées en CE1 :

– Différencier les principales classes de mots : le nom, l'article défini et l'article indéfini, le verbe, le pronom personnel sujet.

– Comprendre le fonctionnement du groupe nominal dans la phrase.

– Comprendre la notion de « chaines d'accords » pour déterminant / nom / adjectif (singulier / pluriel ; masculin / féminin).

Séance 1 | Lecture, compréhension du texte et approche de la notion

Objectifs
- Comprendre un texte.
- Lire à haute voix.
- Distinguer dans le groupe nominal le nom et le déterminant qui l'accompagne.
- Manipuler d'autres déterminants.

Matériel
Individuel
- Photocopie individuelle du texte *Le caméléon (suite)*. 9. Texte individuel
- Crayons de couleur.

Collectif
- Facultatif : le même texte reproduit ou vidéoprojeté collectivement au tableau. 9. Texte collectif
- Figurines collectives Nom commun et Déterminant. Figurines

Déroulement

Le caméléon (suite)

Medhi affiche des **photos** au tableau puis il poursuit son **exposé** :
« La plupart du temps, le **caméléon** reste dans les **branches** des arbres à se chauffer au soleil.
Il reste sans bouger, à l'affut. Lorsqu'il est à bonne distance d'une **proie**, il détend brusquement sa **langue** qui va se coller sur l'**insecte**.
Cet **animal** n'est pas méchant et ne possède pas de venin. Il est souvent de couleur verte et son **ventre** est blanc. Pour se protéger de ses **ennemis**, le caméléon reste immobile. Sa couleur, sa peau formée d'écailles, son dos orné d'une crête lui permettent de se camoufler dans un **arbre**.
Mais suivant la **température** et ses émotions, il peut changer de couleur. De même que vos **joues** deviennent rouges quand vous êtes intimidés, un caméléon devient noir quand il a peur !
Ce **reptile** est vraiment très surprenant ! » déclare Medhi en fermant son **cahier**.
« Je te félicite pour ton travail ! » dit la maitresse.

• Faire lire silencieusement le texte et vérifier sa compréhension en posant quelques questions :
Que fait Medhi avant de poursuivre son exposé ? Quelles explications donne-t-il sur le caméléon ? Quelle phrase conclut l'exposé de Medhi ?
• Faire une lecture magistrale expressive.
• Faire relire à haute voix par plusieurs élèves.
• Faire lire à haute voix les mots écrits en caractère gras et faire identifier la classe de mots à laquelle ils appartiennent (nom commun).
• Faire entourer, dans le texte, le déterminant qui accompagne chacun d'eux.
• Organiser une mise en commun, afficher la figurine D et écrire au fur et à mesure les déterminants relevés (*des, son, le, les, une, sa, l', cet, son, ses, un, la, vos, ce, son)* à côté de la figurine D.
• Écrire au tableau le mot « *travail* », le faire lire à haute voix, faire rappeler sa nature (NC) et afficher au-dessus la figurine correspondante.
• Écrire le déterminant « *ton* » devant le nom « *travail* » et faire lire le groupe nominal. Faire trouver le genre et le nombre (masculin singulier).
• Demander aux élèves de proposer d'autres déterminants (appartenant ou non à la liste écrite au tableau) qui pourraient remplacer le déterminant « *ton* » en respectant l'accord avec le nom.
• Recueillir les propositions, faire valider et écrire les déterminants les uns en dessous des autres devant le nom.
• Procéder de la même façon avec les groupes nominaux « *des photos* » et « *la maitresse* ».
On obtient :

ton	travail	des	photos	la	maitresse
un		trois		sa	
mon		ses		ma	
le		leurs		une	

Séance 2 | Réactivation des connaissances

Objectifs

- Comprendre le rôle du déterminant dans le groupe nominal en lien avec la compréhension en lecture.
- Utiliser des déterminants et les associer à des noms communs.

Matériel

Individuel

- Cahier d'essai.

Pour chaque binôme

- Une feuille de recherche à compléter. 9. Feuille de recherche pour binôme

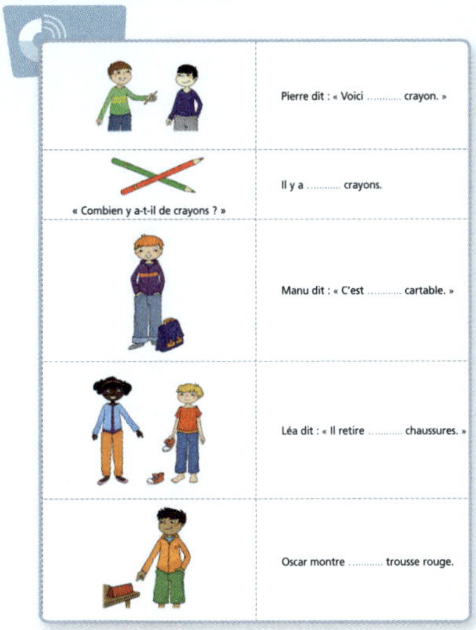

Pierre dit : « Voici .... crayon. »
« Combien y a-t-il de crayons ? » Il y a .... crayons.
Manu dit : « C'est .... cartable. »
Léa dit : « Il retire .... chaussures. »
Oscar montre .... trousse rouge.

David dit : « .... trousse est jaune. »
Elle dit : « .... livre est intéressant. »
Il montre .... livres abîmés.
Maria lit .... livre.
.... enfants caressent .... chat.
Il y a .... chat.

Collectif

- Étiquettes des déterminants : 9. Étiquettes phrases collectives

ma	ta	sa	mon	ton	son	mes	tes	ses	un
une	des	le	la	l'	les	ce	cette	ces	
notre	votre	leur	deux	trois	cinq				

- Phrases de la feuille de recherche reproduites au tableau.

Déroulement

Rappel de la notion

Faire relire la liste des déterminants relevés lors de la séance précédente en les associant oralement à un nom commun.

Mise en scène

• Faire venir trois élèves au tableau et leur demander de disposer sur une table, de manière visible, quelques objets qui leur appartiennent (ex. : un cahier, trois feutres, des trousses, une règle).

Donner un ordre à l'un deux : « *Donne* ***une*** *trousse à ton camarade.* » L'élève donne une trousse et dit : « *Voici une trousse.* »

Puis donner un autre ordre : « *Donne* ***la*** *trousse rouge.* »

Bien insister sur les déterminants ***une*** / ***la*** pour faire sentir la différence.

• Continuer avec « *Donne* ***ta*** *trousse.* », « *Donne* ***la*** *trousse de Paul.* », « *Donne* ***un*** *cahier.* »

• Poursuivre en organisant un échange oral rapide entre les enfants qui se donnent des ordres. Les enfants exécutent l'ordre et disent ce qu'ils font : « *Je donne* ***ce*** *cahier.* » / « *Je donne* ***le*** *cahier bleu.* » / « *Je donne* ***mon*** *cahier.* » / « *Je donne* ***les*** *feutres verts.* » / « *Je donne* ***des*** *feutres.* » / « *Je donne* ***un*** *feutre.* », etc.

• Faire utiliser différents déterminants un, une, des / le, la, les / mon, ma, mes / ce, cette, ces, etc. Insister sur la différence entre une / la, un / le, des / les :

– **une** trousse (n'importe laquelle) / **la** trousse (pas n'importe laquelle, ex. : la trousse rouge, la trousse de Paul, la petite trousse...)

– **ma** trousse (la mienne)

– **cette** trousse, (celle que je montre...)

– **des** crayons (on ne dit pas lesquels, ni combien) / **les** crayons (les crayons qui sont sur la table, tous les crayons...).

• À la fin des échanges, écrire au tableau les déterminants utilisés et afficher la figurine correspondante : le, la, les / un, une, des / ma, ta, sa / mon, ton, son / mes, tes, ses / ce, cette, ces.

• Rappeler que tous ces petits mots appartiennent à la classe des déterminants.

Le déterminant accompagne le nom et forme avec lui le groupe nominal.

Faire relire les déterminants et faire entourer seulement les articles.

Faire rappeler qu'il y a deux sortes d'articles :

les articles définis ➜ le, la, l', les

les articles indéfinis ➜ un, une, des

Recherche en binôme

• Faire distribuer la feuille de recherche à compléter (une par binôme) et, pendant ce temps, afficher ou reproduire le tableau collectif.

• Demander aux élèves de compléter le tableau avec des déterminants qui conviennent (éventuellement compléter collectivement la première ligne.)

• Laisser un temps de recherche et circuler auprès des binômes pour apporter une aide éventuelle.

• Appeler un élève au tableau et organiser une correction collective à l'aide des étiquettes des déterminants.

Faire constater que, souvent, plusieurs déterminants peuvent convenir pour un même nom et faire observer la différence au niveau du sens :

Exemples :

ma trousse / **ses** chaussures / **son** cahier ➜ les déterminants expriment la possession

ce livre / **cette** trousse / **ces** crayons ➜ les déterminants expriment ce que l'on montre

un livre / **trois** trousses / **deux** cahiers ➜ les déterminants expriment le nombre d'objet

Séance 3 | Approfondissement de la notion

Objectifs
- Comprendre le rôle du déterminant dans le groupe nominal en lien avec la compréhension en lecture.
- Identifier des déterminants.
- Identifier les articles définis et les articles indéfinis.
- Connaitre la règle d'accord en genre et en nombre entre un déterminant et le nom qu'il accompagne.

Matériel

Individuel
- Cahier d'essai.

Collectif
- Figurines collectives Nom commun et Déterminant. Figurines

- Étiquettes déterminants de la séance précédente pour affichage collectif : 9. Étiquettes déterminants collectives

Déroulement

Recherche individuelle et collective

- Écrire le texte suivant au tableau :

.... enfants de .... école sont en visite au zoo.

Ils observent .... caméléon dans ...... cage.

.... animal grimpe sur .... branche.

- Faire recopier le texte en demandant aux enfants de remplacer les pointillés par un déterminant qui convient.
- Après un temps de recherche suffisant, organiser une synthèse et afficher les différentes propositions en utilisant les étiquettes collectives.
- On obtient en suivant les règles d'accord :

[Les] [Des] [Ces] enfants de [l'] école sont en visite au zoo.

Ils observent [un] [le] caméléon dans [une] [la] [sa] cage.

[L'] [Un] animal grimpe sur [une] [la] branche.

• Faire analyser :
– L'usage de l'article élidé « *l'* » qui précède un nom commençant par une voyelle.
– Les différences de sens des phrases qui varient en fonction du choix de l'article :

Les enfants de l'école sont en visite au zoo. ➜ Tous les enfants de l'école.

Des enfants de l'école sont en visite au zoo. ➜ Quelques enfants de l'école, pas tous.

Ces enfants de l'école sont en visite au zoo. ➜ Les enfants que je montre.

Ils observent un caméléon. ➜ Ils n'en observent qu'un, on ne sait pas lequel, il y en a peut-être d'autres.

Ils observent le caméléon. ➜ Il n'y a qu'un seul caméléon dans la cage.

Dans une cage. ➜ On ne sait pas laquelle.

Dans la cage. ➜ Il n'y en a qu'une.

Dans sa cage ➜ C'est la cage du caméléon.

L' animal grimpe sur une branche. ➜ Il s'agit du caméléon dont on vient de parler.

Un animal grimpe sur la branche. ➜ On ne sait pas de quel animal il s'agit.

la branche ➜ Il n'y a qu'une seule branche.

une branche ➜ Il y a sûrement plusieurs branches.

• Conclure en écrivant au tableau quelques déterminants appartenant à différentes classes de déterminants :

➜ *le, la, les, l'*

qui sont des articles définis qui désignent quelque chose ou quelqu'un de précis ;

➜ *un, une, des*

qui sont des articles indéfinis qui désignent quelque chose ou quelqu'un sans précision ;

➜ *mon, ton, son, ma, ta, sa, mes, tes, ses, notre, votre, leur...*

qui sont des déterminants qui indiquent ce que l'on possède ;

➜ *ce, cette, ces ...*

qui sont des déterminants qui indiquent que l'on montre quelque chose ;

➜ *deux, trois, cinq ....*

qui sont des déterminants qui indiquent le nombre.

Synthèse, mémo et carte mentale

Des déterminants

Le déterminant est un petit mot qui accompagne le nom.
Il existe plusieurs sortes de déterminants :

- **le, la, les, l'** (articles définis)
- **un, une, des** (articles indéfinis)
- **ma, ta, sa, mon, ton, son, mes, tes, ses…**
- **ce, cette, ces…**
- **deux, trois, cinq…**

Exemples :

le *travail*	***un*** *caméléon*	***mon*** *crayon*	***ce*** *livre*	***deux*** *copains*
la *maitresse*	***une*** *queue*	***ma*** *trousse*	***cette*** *trousse*	***trois*** *jours*
les *photos*	***des*** *pattes*	***ses*** *livres*	***ces*** *jouets*	***cinq*** *canards*
l'*école*		***ton*** *frère*		

9. Mémo

Des déterminants

- **le, la, les, l'** (articles définis)
  Ex. : ***le*** *travail*, ***la*** *fille*, ***les*** *photos*, ***l'****école*
- **un, une, des** (articles indéfinis)
  Ex. : ***un*** *caméléon*, ***une*** *queue*, ***des*** *pattes*
- **ma, ta, sa, mon, ton, son, mes, tes, ses**
  Ex. : ***mon*** *crayon*, ***ma*** *trousse*, ***ses*** *livres*, ***ton*** *frère*
- **ce, cette, ces**
  Ex. : ***ce*** *livre*, ***cette*** *trousse*, ***ces*** *jouets*
- **deux, trois, cinq**
  Ex. : ***deux*** *copains*, ***trois*** *jours*, ***cinq*** *canards*

→ **Le déterminant est un petit mot qui accompagne le nom.**

9. Carte mentale

Séances 4 et 5 | Entrainement et réinvestissement

Objectifs	- Mémoriser les notions essentielles. - Réinvestir ses connaissances dans une courte production d'écrit.
Organisation	- Travail individuel, correction individuelle ou collective.
Matériel	- Fiche élève n° 9. Fiche 9 - Cahier d'essai et / ou du jour.

Objectifs visés :

Ex. 1 : Identifier et classer des déterminants.
Ex. 2 et 4 : Connaitre des déterminants et les utiliser.
Ex. 3 : Connaitre la règle d'accord en genre et nombre entre déterminant et nom.
Ex. 5 et 6 : Connaitre et utiliser les articles définis et indéfinis.

9 Les déterminants

Prénom : ....

Je m'entraine

❶ **Souligne les déterminants et recopie les groupes nominaux en les classant dans le tableau.**

ma tortue – un aquarium – ce serpent – sa morsure – la vipère – deux caméléons – ses œufs – cette fleur – quatre pattes – le lézard – des insectes

Le déterminant est un article.	Le déterminant indique ce que l'on possède.	Le déterminant indique ce que l'on montre.	Le déterminant indique le nombre.
....	....	....	....
....	....	....	....
....	....	....	....
....	....	....	....

❷ **Récris les phrases en ajoutant les déterminants qui manquent.**

.... femelles caméléons pondent .... œufs dans .... terre.

.... petits sortent de .... coquille au bout de huit mois.

.... cousins sont effrayés par .... serpent.

❸ **Utilise les déterminants et les noms qui s'accordent pour écrire des groupes nominaux.**

mon •	• genou
leur •	• oreilles
sa •	• jambe
nos •	• doigts
leurs •	• nez

....

....

....

....

....

9

❹ **Écris chaque phrase en utilisant le déterminant qui convient.**

Exemple : Le livre est à toi. → C'est ton livre.

Le cahier est à lui. → C'..

Le chat est à eux. → ....

La maison est à nous. → ....

Les chaussures sont à elles. → Ce ....

Les chiens sont à eux. → ....

❺ **Complète ce texte uniquement avec des articles (le, les, l', un, une, des).**

Le mamba noir est .... serpent extrêmement dangereux.

On le rencontre au sud de .... Afrique.

Il peut atteindre .... longueur de 4 mètres.

.... crochets de ce serpent sont impressionnants.

Il possède .... venin qui attaque .... système nerveux .... proies qu'il mord.

❻ **Récris chaque nom en utilisant deux articles différents (défini et indéfini).**

Attention aux accords !

insecte : ....

sauterelles : ....

mouche : ....

moustique : ....

grillons : ....

J'écris

Oscar a 3 ans : il fait encore des erreurs quand il parle.

Récris les phrases en les corrigeant.

La petite sœur de nous pleure. ....

C'est ma papa et ma maman. ....

À l'école de moi, on fait du vélo. ....

La mamie de toi est gentille. ....

Conjuguer les verbes *être, avoir, aller, prendre, venir* au présent

Programmes 2016, ajustements 2018 – connaissances et compétences associées :

- Maitriser l'orthographe grammaticale de base.
- Identifier le radical et la terminaison du verbe.
- Trouver l'infinitif d'un verbe conjugué.
- Mémoriser le présent, l'imparfait, le futur, le passé composé pour :
  - *être* et *avoir* ;
  - les verbes irréguliers du 3e groupe (*faire, aller, dire, venir, pouvoir, voir, vouloir, prendre*).
- Distinguer temps simples et temps composés.

En lien avec les compétences abordées en CE1 :

- Mémoriser le présent, l'imparfait, le futur, le passé composé pour :
  - *être* et *avoir* ;
  - les verbes irréguliers du 3e groupe (*faire, aller, dire, venir, pouvoir, voir, vouloir, prendre*).
- Différencier les principales classes de mots : le nom, l'article défini et l'article indéfini, le verbe, le pronom personnel sujet.

Séance 1 | Lecture, compréhension du texte et approche de la notion

Objectifs
- Comprendre un texte.
- Lire à haute voix.

Matériel

Individuel
- Photocopie individuelle du texte *La visite au musée.* 10. Texte individuel
- Reproductions d'œuvres d'art. 10. Œuvres d'art individuelles
- Crayons de couleur.

Collectif
- Facultatif : le même texte reproduit ou vidéoprojeté collectivement au tableau. 10. Texte collectif
- Reproductions d'œuvres d'art pour affichage collectif. 10. Œuvres d'art collectives

Déroulement

La visite au musée

Aujourd'hui, la classe de CE2 est de sortie.
« Bienvenue au musée du Louvre de Paris, les enfants ! Vous avez de la chance car vous êtes ici dans l'un des plus grands et des plus célèbres musées au monde… Je m'appelle Mylène, je suis votre guide et je vais vous faire découvrir de somptueuses œuvres d'art… Suivez-moi, nous allons d'abord admirer les sculptures de l'Antiquité grecque et romaine.
Sur le chemin, les enfants sont impressionnés par la taille des statues, elles ont des pieds énormes ! Les élèves admirent des bustes de femmes, la *Vénus de Milo* dont les bras n'ont jamais été retrouvés, ou encore l'effrayante statue du *Guerrier combattant* !
– Les enfants, vous venez de pénétrer dans la salle des peintures italiennes.
Des touristes du monde entier viennent ici pour contempler une œuvre célèbre de Léonard de Vinci. Je prends le pari que vous la connaissez… J'ai le plaisir de vous présenter Mona Lisa, plus connue sous le nom de *La Joconde*.
Les élèves étudient en détail le portrait, ils prennent le temps d'observer les couleurs, les ombres et les lumières, le regard et le mystérieux sourire de la jeune dame. Puis Mylène déclare :
– Maintenant, nous prenons l'escalier pour rejoindre la salle des antiquités égyptiennes. Vous allez voir des sarcophages datant du temps des pyramides…
En route, sur la trace de Champollion ! »

- Faire lire silencieusement le texte.
- Questionner les élèves pour contrôler la compréhension :

Quels sont les personnages de l'histoire ? Où se trouvent les enfants ?
Quel musée visitent-ils ? Que voient-ils pendant leur visite ?
(Présenter les photos des œuvres d'art.)
Quel est le parcours de visite des élèves ?

- Faire une lecture magistrale du texte et le faire lire à haute voix par des élèves.
- Faire chercher les phrases dans lesquelles on trouve le verbe « *être* », les faire lire à haute voix :

➜ *Aujourd'hui, la classe de CE2 est de sortie... / vous êtes ici... / je suis votre guide... / les enfants sont impressionnés...*

- Faire relire les phrases en remplaçant les groupes sujets « *la classe de CE2* » et « *les enfants* » par le pronom personnel de conjugaison.
- De la même manière, faire chercher les phrases dans lesquelles on trouve le verbe « *avoir* ».

➜ *Vous avez de la chance... / elles ont des pieds énormes... / J'ai le plaisir...*

- Et le verbe « *aller* ».

➜ *Je vais vous faire découvrir... / Nous allons d'abord admirer... / Vous allez voir des sarcophages...*

Séance 2 | Réactivation des connaissances

Objectifs
- Connaitre la conjugaison des verbes *être*, *avoir* et *aller* au présent.

Matériel

Individuel
- Photocopie individuelle du texte *La visite au musée.* 10. Texte individuel
- Crayons de couleur ou surligneur.
- Ardoise et matériel associé.

Pour chaque binôme
- Photocopie de la feuille de recherche 1. 10. Feuille de recherche pour binôme (1)

	 ÊTRE	 AVOIR	 ALLER

Collectif
- Figurines collectives Verbe à l'infinitif et Pronom personnel. Figurines

- Étiquettes des formes infinitives des verbes pour affichage collectif : 10. Étiquettes verbes à l'infinitif collectives (1)

ÊTRE AVOIR ALLER

Déroulement

Recherche en binôme et collective

1re étape : Compléter le tableau avec les formes verbales du texte

• Faire distribuer aux binômes la feuille de recherche 1 (*cf.* annexe) et faire sortir le texte « *La visite au musée* ».

• Pendant ce temps, tracer quatre colonnes au tableau et afficher la figurine collective Pronom personnel en haut à gauche de la première colonne.

• Faire rappeler oralement les pronoms personnels sujets du verbe utilisés pour la conjugaison d'un verbe.

• Demander aux élèves de les écrire sur leur feuille de recherche dans la colonne prévue à cet effet.

• Afficher au tableau en haut de chacune des trois autres colonnes les étiquettes verbes [ÊTRE] [AVOIR] [ALLER].

• Faire rappeler que ces mots sont des verbes à l'infinitif et afficher au-dessus de chacun la figurine correspondante.

• Faire trouver à quel temps sont écrits les verbes du texte et écrire en haut du tableau « Verbes *être*, *avoir*, *aller* au présent »

• Demander aux enfants de chercher dans le texte les formes conjuguées du verbe ÊTRE au présent (éventuellement les faire surligner au fluo). Les faire écrire au bon endroit dans le tableau.

• Après un court temps de recherche, organiser une synthèse collective :

– relever les propositions et les écrire dans le tableau (ou inviter un enfant à venir le faire) en faisant épeler les verbes. Faire remplacer le groupe sujet par le pronom personnel : *elle (la classe) est, vous êtes, je suis, ils (les enfants) sont*.

– De la même manière, faire rechercher les formes conjuguées du verbe AVOIR. (*vous avez, elles / ils ont, j'ai*) et celles du verbe ALLER (*je vais, nous allons, vous allez*).

• À la fin de la recherche, faire relire toutes les formes verbales écrites au tableau (accompagnées du pronom personnel).

On obtient :

Verbes *être*, *avoir*, *aller* au présent			
	 ÊTRE	 AVOIR	 ALLER
je / j'	je suis	j'ai	je vais
tu			
il / elle / on	elle est		
nous			nous allons
vous	vous êtes	vous avez	vous allez
ils / elles	ils sont	elles ont	

2e étape : Compléter le tableau avec les formes verbales manquantes

• Faire relire les formes conjuguées de la première ligne (*je suis / j'ai / je vais*). Faire trouver trois phrases incluant ces trois formes verbales (exemple : *Je suis malade. J'ai de la fièvre. Je vais chez le docteur.*).

• Demander aux élèves de trouver oralement (en s'appuyant sur la pratique langagière) comment se conjuguent les verbes avec le pronom personnel « tu ». Conserver les trois mêmes phrases (ex. : *Tu es malade. Tu as de la fièvre. Tu vas chez le docteur.*).

• Puis faire écrire les verbes sur l'ardoise. Pendant ce temps, circuler dans les rangs pour repérer les différentes propositions.

• Envoyer au tableau les auteurs de ces propositions. Faire valider en justifiant et compléter la deuxième ligne du tableau (*tu es / tu as / tu vas*).

• Poursuivre de la même manière pour les lignes suivantes.

• Lorsque le tableau est complet, demander à un élève de relire verticalement la conjugaison entière de chaque verbe en indiquant son infinitif.

• Puis faire relire horizontalement les verbes conjugués à la même personne et faire comparer les terminaisons :

➜ Avec « tu », le verbe se termine toujours par « s ».

➜ Avec « ils » ou « elles », le verbe se termine toujours par « nt ».

➜ Faire observer les similitudes : tu vas / tu as ; il va / il a ; ils vont / ils ont / ils sont.

Séance 3 | Familiarisation

Objectifs
- Se familiariser avec la conjugaison des verbes *prendre* et *venir* au présent.
- Découvrir les régularités de terminaisons avec nous ➜ ons, vous ➜ ez, ils / elles ➜ ent.

Matériel

Individuel
- Photocopie individuelle du texte *La visite au musée.* 10. Texte individuel
- Ardoise et matériel associé.

Pour chaque binôme
- Photocopie de la feuille de recherche 2. 10. Feuille de recherche pour binôme (2)

	 VENIR	 PRENDRE

Collectif
- Figurines collectives Verbe à l'infinitif et Pronom personnel. Figurines

- Étiquettes des formes infinitives des verbes pour affichage collectif : 10. Étiquettes verbes à l'infinitif collectives (2)

PRENDRE VENIR

Déroulement

Recherche en binôme et collective

1re étape : Compléter le tableau avec les formes verbales du texte

• Faire distribuer aux binômes la feuille de recherche 2 (*cf.* annexe) et faire sortir le texte « *La visite au musée* ».

• Pendant ce temps, tracer trois colonnes au tableau et afficher la figurine collective Pronom personnel en haut à gauche de la première colonne.

• Faire rappeler oralement les pronoms personnels sujets du verbe utilisés pour la conjugaison d'un verbe.

• Demander aux élèves de les écrire sur leur feuille de recherche dans la colonne prévue à cet effet.

• Afficher au tableau en haut de chacune des deux autres colonnes les étiquettes verbes [PRENDRE] [VENIR].

• Faire rappeler que ces mots sont des verbes à l'infinitif et afficher au-dessus de chacun la figurine correspondante.

• Faire trouver à quel temps sont écrits les verbes du texte et écrire en haut du tableau « Verbes *prendre* et *venir* au présent ».

• Demander aux enfants de chercher dans le texte les formes conjuguées du verbe PRENDRE au présent (éventuellement les faire souligner). Les faire écrire au bon endroit dans le tableau.

• Après un court temps de recherche, organiser une synthèse collective :

– relever les propositions et les écrire au tableau (ou inviter un enfant à venir le faire) en faisant épeler les verbes. Faire remplacer le groupe sujet par le pronom personnel (*je prends / ils prennent / nous prenons*).

– de la même manière, faire rechercher les formes conjuguées du verbe VENIR (*des touristes (...) viennent / ils viennent / vous venez*).

• À la fin de la recherche, faire relire toutes les formes verbales écrites au tableau (accompagnées du pronom personnel).

On obtient :

Verbes *prendre* et *venir* au présent		
	 PRENDRE	 VENIR
je	je prends	
tu		
il / elle / on		
nous	nous prenons	
vous		vous venez
ils / elles	ils prennent	ils viennent

2e étape : Compléter le tableau avec les formes verbales manquantes

- Faire relire la première ligne (*je prends*) et faire trouver « *je viens* ».
- Faire trouver deux phrases incluant ces deux formes verbales (exemple : *Je prends le bus et je viens chez toi*).
- Demander aux élèves de trouver oralement (en s'appuyant sur la pratique langagière) comment se conjuguent les verbes avec le pronom personnel « tu ».
- Les faire inclure dans les mêmes phrases (ex. : *Tu prends le bus et tu viens.*).
- Puis faire écrire les verbes sur l'ardoise. Pendant ce temps, circuler dans les rangs pour repérer les propositions différentes.
- Envoyer au tableau les auteurs de ces différentes propositions avec leur ardoise. Faire valider en justifiant, puis compléter la deuxième ligne du tableau (*tu prends et tu viens*).
- Poursuivre de la même manière pour les lignes suivantes.
- Lorsque le tableau est complet, demander à un élève de relire verticalement la conjugaison entière de chaque verbe en indiquant son infinitif.
- Puis faire relire horizontalement les verbes conjugués à la même personne et faire comparer les terminaisons :

➜ Avec « tu », le verbe se termine toujours par « s » (*tu prend**s** / tu vien**s***).

➜ Avec « nous », le verbe se termine toujours par « ons » (*nous pren**ons** / nous ven**ons***).

➜ Avec « vous », le verbe se termine toujours par « ez » (*vous pren**ez** / vous ven**ez***).

➜ Avec « ils » ou « elles », le verbe se termine toujours par « ent » (*ils prenn**ent** / ils vienn**ent***).

Séance 4 | Approfondissement et systématisation

Objectifs
- Connaitre les terminaisons au présent de l'indicatif des verbes *être / avoir / aller.*
- Repérer les régularités dans la conjugaison des verbes *avoir, aller, venir, prendre* au présent.

Matériel

Individuel
- Ardoise et matériel associé.

Collectif
- Pochettes bleues et rouges.
- Étiquettes des pronoms personnels pour affichage dans les pochettes : 10. Étiquettes pronoms personnels collectives

je | j' | tu | il | elle | on | nous | vous | ils | elles

Pour le zoom : 10. Étiquettes collectives pour le zoom
- Étiquettes des formes conjuguées pour affichage dans les pochettes :

prends x 2 | prend x 2 | viens x 2 | vient

Pour la systématisation : 10. Étiquettes collectives pour la systématisation
- Étiquettes pour affichage dans les pochettes :

all | pren | av | ven | nous | vous

on | ons | ont | é | ez | er

Déroulement

Travail individuel et collectif

1. Zoom sur les difficultés

• Faire sortir l'ardoise. Pendant ce temps, afficher les pochettes bleues et rouges, et à côté, en désordre, les étiquettes des pronoms personnels de conjugaison et celles des verbes prends | prend | viens | vient.

• Faire lire à haute voix les étiquettes et demander à un premier élève de venir placer dans les pochettes les pronoms personnels du singulier puis, à un second, les pronoms personnels du pluriel.

• Faire chercher les deux étiquettes du verbe dont l'infinitif est PRENDRE et faire remarquer que l'on entend la même chose (prends / prend).

• Demander aux enfants quels pronoms peuvent être associés à la forme [prends] ; les faire écrire sur l'ardoise.

• Faire lever les ardoises pour recueillir les propositions, faire valider et envoyer un élève placer les étiquettes dans les pochettes rouges (je prends – tu prends).

• Procéder de la même manière avec la forme verbale [prend].

• Faire remarquer :

– qu'avec « je » et « tu », le verbe PRENDRE se termine toujours par « s ».

– qu'avec « il », « elle », « on », on ne met pas le « s » à la fin.

• Procéder de la même manière avec les formes verbales [viens] [vient].

• Faire remarquer :

– qu'avec « je » et « tu », le verbe VENIR se termine toujours par « s ».

– qu'avec « il », « elle », « on », on ne met pas de « s » à la fin.

➜ Conclure qu'avec « je », « tu » et « il », les terminaisons sont « s », « s », « d » pour le verbe PRENDRE et « s », « s », « t » pour le verbe VENIR.

2. Systématisation et synthèse

• Conserver l'ardoise et les pochettes bleues et rouges affichées les unes à côté des autres au tableau.

• Afficher au tableau les étiquettes [all] [pren] [av] [ven] [nous] [vous] [on] [ons] [ont] [é] [ez] [er].

• Glisser dans les pochettes bleues le pronom [nous].

• Demander aux élèves de conjuguer, oralement, le verbe « aller » avec la personne de conjugaison [nous] ; puis le faire écrire sur l'ardoise.

• Faire lever les ardoises et valider en envoyant un élève glisser dans les pochettes rouges les étiquettes en veillant à faire justifier le bon choix pour la terminaison.

• Faire relire à haute voix la forme verbale conjuguée ainsi formée. ➜ *nous allons*

• Poursuivre de la même manière avec le pronom personnel [vous]. ➜ *vous allez*

• Puis changer de verbe :

➜ *nous prenons / vous prenez*

➜ *nous avons / vous avez*

➜ *nous venons / vous venez*

• Faire conclure en rappelant que :

– tous les verbes se terminent par « ons » quand ils sont conjugués avec « nous » (sauf ÊTRE : *nous sommes*).

– tous les verbes se terminent par « ez » quand ils sont conjugués avec « vous » (sauf ÊTRE : *vous êtes*).

Synthèse, mémo et tableau de conjugaison

Le présent des verbes *être, avoir, aller, prendre* et *venir*

Quand ils sont conjugués avec **« tu »**, tous les verbes se terminent par **« S »**.

Quand ils sont conjugués avec **« nous »**, tous les verbes se terminent par **« ONS »**.
(Attention : sauf ÊTRE ➜ *nous sommes*)

Quand ils sont conjugués avec **« vous »**, tous les verbes se terminent par **« EZ »**.
(Attention : sauf ÊTRE ➜ *vous êtes*)

10. Mémo

Verbes *être, avoir, aller* au présent			
	 ÊTRE	 AVOIR	 ALLER
je / j'	je **suis**	j'**ai**	je **vais**
tu	tu **es**	tu **as**	tu **vas**
il / elle / on	il **est**	il **a**	il **va**
nous	nous **sommes**	nous **avons**	nous **allons**
vous	vous **êtes**	vous **avez**	vous **allez**
ils / elles	ils **sont**	ils **ont**	ils **vont**

10. Tableau de conjugaison : Le présent des verbes *être, avoir, aller*

Verbes *prendre*, *venir* au présent		
	 PRENDRE	 VENIR
je	je prends	je viens
tu	tu prends	tu viens
il / elle / on	il prend	il vient
nous	nous prenons	nous venons
vous	vous prenez	vous venez
ils / elles	ils prennent	ils viennent

10. Tableau de conjugaison : Le présent des verbes *prendre*, *venir*

Séances 5 et 6 | Entrainement et réinvestissement

Objectifs
- Mémoriser les notions essentielles.
- Réinvestir ses connaissances dans une courte production d'écrit.

Organisation
- Travail individuel, correction individuelle ou collective.

Matériel
- Fiche élève n° 10. Fiche 10
- Cahier d'essai et / ou du jour.

Objectifs visés :

Ex. 1, 3 et 7 : Accorder le pronom personnel de conjugaison et le verbe.
Ex. 2, 4, 5 et 6 : Savoir conjuguer au présent les verbes *être*, *avoir*, *aller*, *prendre*, *venir*.

10

Conjuguer les verbes *être, avoir, aller, prendre, venir* au présent

Prénom : ....

Je m'entraine

❶ Entoure tous les verbes qui s'accordent avec le pronom personnel sujet.

elle	est – va – prends – vient – a
nous	avons – allons – venons – sommes
je	vais – viens – va – suis – prend
on	prends – est – ont – viennent
tu	vient – es – vas – as
vous	êtes – prenez – allez – avez

❷ Entoure tous les sujets qui s'accordent avec le verbe.

Il / Mon frère / Elles / Tu / On	va au musée.
Je / Ma mère / Tu / Il / Nous	prends les billets d'entrée.
Tu / On / Le guide / Je / Elle	vient accueillir les visiteurs.
Nous / Vous / Il / Ils / Le groupe	va à la découverte de la vie des pharaons.
Vous / On / Je / Tu / Ils / Les touristes	sont admiratifs devant toutes les œuvres d'art.

❸ Récris les phrases en les accordant avec le pronom personnel sujet indiqué.

Je vais enfin voir la célèbre *Vénus de Milo*.

Nous ....

Est-ce que tu viens visiter le musée avec moi ?

Est-ce que vous ....

As-tu déjà vu le portrait de *La Joconde* ?

.... vous ....

Il va visiter les pyramides dès demain matin.

Ils ....

❹ Complète les phrases en conjuguant au présent les verbes *être, avoir* ou *aller*.

Tu .... en admiration devant les trésors égyptiens.

Champollion .... celui qui .... déchiffré les hiéroglyphes.

Mes parents .... régulièrement visiter le Louvre.

Nous .... une reproduction de *La Joconde* affichée en classe.

Vous .... passionnés par l'Égypte antique.

10

❺ Complète les verbes en conjuguant au présent les verbes *venir, aller* ou *prendre*.

Tu .... une photo de la pyramide du Louvre.

Ce matin, vous .... visiter le musée.

Elles .... voir la momie égyptienne.

Il .... un billet d'entrée pour le musée.

❻ Complète les phrases avec les verbes *être, avoir* ou *aller* conjugués au présent.

La pyramide du Louvre .... une pyramide de verre et de métal.

Les touristes .... se faire photographier devant.

On l' .... construite au milieu de la cour Napoléon du musée du Louvre à Paris.

Nous .... voir la sculpture du *Guerrier combattant*.

L'autre nom de la sculpture .... le *Gladiateur Borghèse*.

❼ Récris les formes conjuguées en les accordant avec le pronom personnel indiqué.

tu es	➜ vous	je viens	➜ vous ....
elle a	➜ elles	nous allons	➜ on ....
je vais	➜ nous	ils sont	➜ il ....
il va	➜ ils	vous venez	➜ je ....
je prends	➜ nous	elles prennent	➜ tu ....

J'écris

Sur ton cahier, écris une phrase pour chaque image. Utilise les verbes *être, prendre, aller, venir*.

11

Conjuguer les verbes *pouvoir, vouloir, dire, faire, voir* au présent

Programmes 2016, ajustements 2018 – connaissances et compétences associées :

– Maitriser l'orthographe grammaticale de base.

– Identifier le radical et la terminaison du verbe.

– Trouver l'infinitif d'un verbe conjugué.

– Mémoriser le présent, l'imparfait, le futur, le passé composé pour les verbes irréguliers du 3e groupe (*faire, aller, dire, venir, pouvoir, voir, vouloir, prendre*).

– Distinguer temps simples et temps composés.

En lien avec les compétences abordées en CE1 :

– Mémoriser le présent pour les verbes irréguliers du 3e groupe (*faire, aller, dire, venir, pouvoir, voir, vouloir, prendre*).

– Différencier les principales classes de mots : le nom, l'article défini et l'article indéfini, le verbe, le pronom personnel sujet.

Séance 1 | Lecture, compréhension du texte et approche de la notion

Objectifs
- Comprendre un texte.
- Lire à haute voix.
- Se familiariser avec les formes verbales orales des verbes *pouvoir*, *vouloir*, *dire*, *faire*, *voir*, en s'appuyant sur la pratique langagière.

Matériel

Individuel
- Photocopie individuelle du texte *Les personnes non-voyantes*. 11. Texte individuel

Collectif
- Facultatif : le même texte reproduit ou vidéoprojeté collectivement au tableau. 11. Texte collectif

Déroulement

Les personnes non-voyantes

Éric, un jeune homme aveugle, vient parler de son handicap dans notre classe. Nous sommes tous impatients et nous voulons tous lui poser des questions !
« Quand je vais dans la rue, je prends toujours ma canne blanche. Comme je ne vois pas le chemin, je fais des mouvements de gauche à droite avec ma canne et je peux ainsi détecter à temps les obstacles.
– Vous dites que vous ne voyez pas si le feu est rouge, alors comment vous faites pour traverser la rue ? interroge Héléna.
– Certains feux sont équipés d'un signal sonore qui prévient les non-voyants quand le feu passe au vert. Certaines personnes possèdent un chien guide, elles peuvent se déplacer plus facilement, monter et descendre les escaliers en confiance car leur chien est dressé et il peut éviter tous les obstacles : les marches, les trottoirs, les poteaux…
– Est-ce que vous pouvez vous servir d'un ordinateur ? dit Jules.
– Nous ne voyons pas, mais grâce à un clavier particulier qui a un alphabet en braille dans lequel chaque lettre est représentée par des points en relief, nous passons nos doigts dessus pour lire. Si tu veux, mon garçon, je l'apporterais à ma prochaine visite. »

- Faire lire silencieusement le texte.
- Questionner les élèves pour contrôler la compréhension :

De qui parle-t-on ? Qui est Éric ?
De quel handicap souffre-t-il ? Comment se dirige-t-il ?
Quelle est la particularité de l'alphabet en braille ? Etc.

- Faire une lecture magistrale du texte.
- Organiser une lecture dialoguée avec quatre élèves : un narrateur, Éric, Héléna et Jules.
- Faire relire à haute voix la 2e phrase :

« *Nous sommes tous impatients et nous voulons tous lui poser des questions !* »

- Demander aux enfants :

Qui parle ? Qui est « nous » ? (C'est un élève parmi les autres.)

- Demander aux élèves de trouver :

– Ce que dirait le maitre, en s'adressant à tous ses élèves.
➜ « *Vous êtes tous impatients et vous voulez tous lui poser des questions !* »
– Ce que dirait Héléna en parlant de tous ses camarades.
➜ « *Ils sont tous impatients et ils veulent tous lui poser des questions !* »

- Procéder de la même manière avec la phrase :

« *Il peut éviter tous les obstacles.* »
– Qui est « il » ? ➜ *un chien*

- Demander aux élèves de changer la phrase :

– en parlant de plusieurs chiens.
➜ « *Ils peuvent éviter tous les obstacles.* »
– en s'adressant à plusieurs enfants de la classe :
➜ « *Vous pouvez éviter tous les obstacles.* »

- Poursuivre de la même manière avec la phrase « *Comme je ne vois pas, je fais des mouvements avec ma canne…* » :

– en s'adressant à un ami :
➜ « *Comme tu ne vois pas, tu fais des mouvements avec ta canne…* »
– en s'adressant à un adulte (vouvoiement) :
➜ « *Comme vous ne voyez pas, vous faites des mouvements avec votre canne…* »
– en parlant d'Éric (la personne non-voyante du texte) :
➜ « *Comme il ne voit pas, il fait des mouvements avec sa canne…* »
– en parlant des personnes non-voyantes en général :
➜ « *Comme ils / elles ne voient pas, ils / elles font des mouvements avec leur canne…* »

Séance 2 | Réactivation des connaissances

Objectifs

- Connaitre les terminaisons au présent des verbes *pouvoir, vouloir.*
- Connaitre les régularités de terminaisons avec nous ➜ ons, vous ➜ ez, ils / elles ➜ ent.
- Connaitre les similitudes dans la conjugaison des verbes *pouvoir* et *vouloir.*

Matériel

Individuel

- Photocopie individuelle du texte *Les personnes non-voyantes.*
  11. Texte individuel
- Ardoise et matériel associé.

Pour chaque binôme

- Photocopie de la feuille de recherche 1. 11. Feuille de recherche pour binôme (1)

	 POUVOIR	 VOULOIR

Collectif

- Figurines collectives Verbe à l'infinitif et Pronom personnel. Figurines

- Étiquettes des formes infinitives des verbes pour affichage collectif :
  11. Étiquettes verbes à l'infinitif collectives (1)

POUVOIR VOULOIR

Déroulement

Recherche en binôme et collective

1re étape : Compléter le tableau avec les formes verbales du texte

• Faire distribuer la feuille de recherche 1 (*cf.* annexe) et faire sortir le texte « *Les personnes non-voyantes* ».

• Pendant ce temps, tracer trois colonnes au tableau et afficher la figurine collective Pronom personnel en haut à gauche de la première colonne.

• Faire rappeler oralement les pronoms personnels sujets utilisés pour la conjugaison d'un verbe ; les faire écrire sur la feuille de recherche dans la colonne prévue à cet effet. Les écrire au tableau les uns en dessous des autres dans la première colonne, sous la figurine Pronom personnel.

• Afficher les étiquettes POUVOIR VOULOIR en haut de chacune des deux autres colonnes. Les faire lire à voix haute.

• Faire rappeler que ces mots sont des verbes à l'infinitif et afficher les deux figurines correspondantes.

• Demander aux élèves de trouver à quel temps est écrit le texte ; écrire en haut du tableau « Présent ».

• Demander aux enfants de chercher dans le texte les formes conjuguées du verbe « pouvoir » au présent et de les écrire dans le tableau.

• Après un court temps de recherche, recueillir les propositions et les écrire dans la première colonne du tableau (ou inviter un élève à le faire) en faisant épeler les verbes.

• De la même manière, faire rechercher dans le texte les formes conjuguées du verbe « vouloir ». À la fin de la recherche, faire relire toutes les formes verbales écrites au tableau (accompagnées du pronom personnel).

On obtient :

Verbe *pouvoir* et *vouloir* au présent		
	 POUVOIR	 VOULOIR
je	je peux	
tu		tu veux
il / elle / on	il peut	
nous		nous voulons
vous	vous pouvez	
ils / elles	elles peuvent	

2e étape : Compléter le tableau avec les formes verbales manquantes

• Expliquer que ces deux verbes se conjuguent de la même manière et que cela va nous aider pour compléter leur conjugaison.

• Faire relire « je peux » et faire trouver, oralement d'abord, comment se conjugue le verbe *vouloir* avec le pronom personnel « je » puis le faire écrire dans le tableau. Circuler dans les rangs pour repérer les différentes propositions.

• Envoyer au tableau, avec leur ardoise, les auteurs des propositions : faire valider en justifiant et compléter la première ligne du tableau (*je peux*, *je veux*).

• Poursuivre de la même manière pour les lignes suivantes.

• Demander à un élève de relire chaque colonne et d'entourer les terminaisons en couleur en épelant la terminaison (ex. : *je peux... x / tu peux... x / il peut... t / nous pouvons... o-n-s / vous pouvez... e-z / ils peuvent... e-n-t*).

• Faire constater que l'on retrouve les régularités de terminaisons avec nous ➜ ons, vous ➜ ez, ils / elles ➜ ent.

• Faire relire horizontalement les formes verbales (*je peux / je veux* ; *tu peux / tu veux* ; etc.) et faire remarquer les similitudes dans la conjugaison des deux verbes.

Séance 3 | Familiarisation

Objectifs

- Découvrir la conjugaison des verbes *dire, faire, voir* au présent.
- Connaitre les irrégularités de terminaisons avec vous ➜ dites, faites

Matériel

Individuel

- Photocopie individuelle du texte *Les personnes non-voyantes.* 11. Texte individuel
- Ardoise et matériel associé.

Pour chaque binôme

- Photocopie de la feuille de recherche 2. 11. Feuille de recherche pour binôme (2)

	 DIRE	 FAIRE	 VOIR

Collectif

- Figurines collectives Verbe à l'infinitif et Pronom personnel. Figurines

- Étiquettes des formes infinitives des verbes pour affichage collectif : 11. Étiquettes verbes à l'infinitif collectives (2)

DIRE FAIRE VOIR

Déroulement

Recherche en binôme et collective

1re étape : Compléter le tableau avec les formes verbales du texte

• Faire distribuer aux binômes la feuille de recherche 2 (*cf.* annexe) et faire sortir le texte « *Les personnes non-voyantes* ».

• Pendant ce temps, tracer quatre colonnes au tableau et afficher la figurine collective Pronom personnel en haut à gauche de la première colonne.

• Faire rappeler oralement les pronoms personnels sujets utilisés pour la conjugaison d'un verbe.

• Demander aux élèves de les écrire sur leur feuille de recherche dans la colonne de gauche prévue à cet effet. Les écrire également dans la colonne correspondante au tableau.

• Afficher au tableau en haut de chacune des trois autres colonnes les étiquettes verbes DIRE FAIRE VOIR.

• Faire rappeler que ces mots sont des verbes à l'infinitif et afficher au-dessus de chacun la figurine correspondante.

• Faire trouver à quel temps sont écrits les verbes du texte et écrire en haut du tableau « présent ».

• Faire relever dans le texte les formes conjuguées des verbes *dire*, *faire*, *voir* au présent (éventuellement les faire souligner). Les faire écrire au bon endroit dans le tableau.

(Aider les élèves pour trouver la forme « dit » avec le sujet inversé « Jules ».)

• Après un court temps de recherche, organiser une synthèse collective : relever les propositions et les écrire dans le tableau (ou inviter un enfant à venir le faire) en faisant épeler les verbes.

On obtient :

Verbes *dire*, *faire*, *voir* au présent			
	 DIRE	 FAIRE	 VOIR
je		je fais	je vois
tu			
il / elle / on	il dit		
nous			nous voyons
vous	vous dites	vous faites	vous voyez
ils / elles			

2e étape : Compléter le tableau avec les formes verbales manquantes

• Faire relire les formes conjuguées de la première ligne (*je fais, je vois*).

• Faire trouver deux phrases incluant ces deux formes verbales (exemple : « *Je fais des mouvements.* » / « *Je vois mal.* »).

• Demander aux élèves de trouver oralement (en s'appuyant sur la pratique langagière) comment se conjugue le verbe « dire » avec les autres personnes. L'utiliser au sein d'une phrase (ex. : « *Je dis bonjour.* », « *Tu dis bonjour.* »).

• Puis faire écrire les formes manquantes dans le tableau. Pendant ce temps, circuler dans les rangs pour repérer les propositions différentes.

• Procéder à une mise en commun : envoyer au tableau un élève pour le compléter. Faire valider en justifiant.

• Poursuivre de la même manière pour les lignes suivantes.

• Lorsque le tableau est complet, demander à un élève de relire verticalement la conjugaison entière de chaque verbe en indiquant son infinitif.

• Puis faire relire horizontalement les verbes conjugués à la même personne et faire ressortir les similitudes des terminaisons :

– Je dis, je fais, je vois ➜ « s »

– Tu dis, tu fais, tu vois ➜ « s »

– Il dit, il fait, il voit ➜ « t »

– Vous di<u>tes</u> / vous fai<u>tes</u>.

– Pour le verbe « voir », insister sur la présence du « y » dans les formes « nous voyons » / « vous voyez ».

• Attirer l'attention des élèves sur la prononciation de « nous f<u>ai</u>sons ».

Séance 4 | Approfondissement et systématisation

Objectifs

- Connaitre les terminaisons au présent de l'indicatif des verbes *pouvoir*, *vouloir*, *faire*, *dire*, et *voir*.
- Connaitre les irrégularités de la forme avec « vous » des verbes *dire* et *faire*.
- Connaitre les similitudes des verbes *vouloir* et *pouvoir*.
- Connaitre les marques régulières (-ent) des verbes conjugués à la 3e personne du pluriel.

Matériel

Individuel

- Ardoise et matériel associé.

Collectif

- Pochettes bleues et rouges.
- Étiquettes des pronoms personnels pour affichage dans les pochettes : Étiquettes pronoms personnels collectives

| je | j' | tu | il | elle | on | nous | vous | ils | elles |

Pour le zoom :

- Étiquettes des formes conjuguées pour affichage dans les pochettes : 11. Étiquettes collectives pour le zoom

| veux | x 2 | peux | x 2 | veut | peut | dites | faites |

Pour la systématisation :

- Étiquettes pour affichage dans les pochettes : 11. Étiquettes collectives pour la systématisation

| f | v | s | chant | saut | march | veul | voi | peuv |

| ont | ent |

Déroulement

Travail individuel et collectif

1. Zoom sur les difficultés

• Faire sortir l'ardoise. Pendant ce temps, afficher les pochettes bleues et rouges, et à côté, en désordre, les étiquettes des pronoms personnels de conjugaison et celles des verbes [veux] [veut] [peux] [peut] [dites] [faites].

• Faire lire à haute voix les étiquettes et demander à un premier élève de venir placer dans les pochettes les pronoms personnels au singulier puis, à un second, les pronoms personnels au pluriel.

• Faire chercher les deux étiquettes du verbe dont l'infinitif est VOULOIR et faire remarquer que l'on entend la même chose (veux / veut).

• Demander aux enfants quels pronoms peuvent être associés à la forme [veux] ; les faire écrire sur l'ardoise.

• Faire lever les ardoises pour recueillir les propositions, faire valider et envoyer un élève placer les étiquettes dans les pochettes rouges à côté du pronom correspondant (je veux – tu veux).

• Procéder de la même manière avec la forme verbale [peux].

➜ Faire constater qu'avec « je » et « tu », les verbes *vouloir* et *pouvoir* se ressemblent et se terminent par « x ».

• Procéder de la même manière avec les formes verbales [veut] et [peut].

➜ Faire constater qu'avec « il », « elle », « on », on ne met pas de « x » à la fin mais un « t ».

• Adopter la même démarche avec les formes verbales [dites] et [faites].

➜ Faire constater que les deux formes se terminent par « tes » et non pas par « ez ».

• Faire trouver oralement quelques phrases utilisant les formes « vous dites » et « vous faites ».

2. Systématisation et synthèse

• Conserver l'ardoise et les pochettes bleues et rouges affichées les unes à côté des autres au tableau.

• Afficher au tableau les étiquettes :

[f] [v] [s] [chant] [saut] [march] [veul] [voi] [peuv] [ont] [ent]

• Glisser dans les pochettes bleues les pronoms [elles] ou [ils].

• Demander aux élèves de conjuguer, oralement, le verbe « chanter » avec le pronom de conjugaison [ils] ; puis le faire écrire sur l'ardoise.

• Faire lever les ardoises et valider en envoyant un élève glisser dans les pochettes rouges les étiquettes en veillant à faire justifier le bon choix pour la terminaison ent.

• Poursuivre de la même manière avec les verbes *sauter*, *marcher*, *vouloir*, *voir*, *pouvoir*.

➜ Faire conclure que tous ces verbes se terminent par ent.

• Poursuivre de la même manière avec les verbes *avoir*, *faire*, *être*, *aller*.

On obtient :

Avoir ➜ *ils ont*

Faire ➜ *ils font*

Être ➜ *ils sont*

Aller ➜ *ils vont*

Faire remarquer la grande similitude de ces 4 verbes qui ne diffèrent que par une lettre.

➜ Faire conclure que tous les verbes conjugués au présent avec « ils » ou « elles » se terminent par « ent » SAUF ces 4 verbes qui se terminent par « ont » (ils ont / ils sont / ils font / ils vont).

Synthèse, mémo et tableau de conjugaison

Le présent des verbes *pouvoir, vouloir, dire, faire* et *voir*

Quand ils sont conjugués avec « vous », presque tous les verbes se terminent par « ez ».
Exemple : *vous pouvez – vous voulez – vous allez – vous voyez – vous chantez*

Sauf 3 verbes : faire ➜ *vous faites* dire ➜ *vous dites* être ➜ *vous êtes*

Quand ils sont conjugués avec « ils ou elles », presque tous les verbes se terminent par « ent ».
Exemples : *ils peuvent – ils veulent – ils disent – ils voient – ils chantent*

Sauf 4 verbes : avoir ➜ *ils ont* être ➜ *ils sont* faire ➜ *ils font* aller ➜ *ils vont*

11. Mémo

Verbes *pouvoir* et *vouloir* au présent		
	 POUVOIR	 VOULOIR
je	je peux	je veux
tu	tu peux	tu veux
il / elle / on	il peut	il veut
nous	nous pouvons	nous voulons
vous	vous pouvez	vous voulez
ils / elles	ils peuvent	ils veulent

11. Tableau de conjugaison : Le présent des verbes *pouvoir, vouloir*

Verbes *dire, faire* et *voir* au présent			
	 DIRE	 FAIRE	 VOIR
je	je dis	je fais	je vois
tu	tu dis	tu fais	tu vois
il / elle / on	il dit	il fait	il voit
nous	nous disons	nous faisons	nous voyons
vous	vous dites	vous faites	vous voyez
ils / elles	ils disent	ils font	ils voient

11. Tableau de conjugaison : Le présent des verbes *dire, faire, voir*

Séances 5 et 6 | Entrainement et réinvestissement

Objectifs	– Mémoriser les notions essentielles. – Réinvestir ses connaissances dans une courte production d'écrit.
Organisation	– Travail individuel, correction individuelle ou collective.
Matériel	– Fiche élève n° 11. Fiche 11 – Cahier d'essai et / ou du jour.

Objectifs visés :

Ex. 1, 2, 5, 6 : Accorder le pronom personnel de conjugaison et le verbe.
Ex. 3, 4, 7, 8 : Savoir conjuguer au présent les verbes *pouvoir*, *vouloir*, *dire*, *faire* et *voir*.

11

Conjuguer les verbes *pouvoir*, *vouloir*, *dire*, *faire*, *voir* au présent

Prénom : ....

Je m'entraine

1 Entoure tous les verbes qui s'accordent avec le pronom personnel sujet.

elle	dis – voit – peut – fais – dit – veulent
nous	pouvons – disent – voyons – veux – faisons
je	veut – vois – fait – peux – dis
ils	voient – font – peut – veulent – disent
tu	fais – dit – veux – voit – peux
vous	dites – peuvent – faites – voyez – voulons
on	peux – fait – voient – dit – veut

2 Récris les phrases en les accordant avec le pronom personnel sujet indiqué.

Je ne vois rien.

Nous...

Est-ce que tu peux nous aider ?

Est-ce que vous...

Ils font traverser la rue aux enfants.

Il..

Elle veut s'occuper des enfants handicapés.

Elles...

3 Complète les phrases en conjuguant au présent les verbes *dire* et *faire*.

Tous les matins, je .... bonjour à mes parents et je leur .... une bise.

Tu .... un gâteau et tu .... : « C'est bon ! »

Elle .... le petit-déjeuner et elle .... : « C'est prêt ! »

Vous .... au revoir à vos amis, et vous leur .... un signe amical.

4 Complète les phrases en conjuguant au présent les verbes *vouloir* et *pouvoir*.

Si tu .... , tu .... venir avec moi au cinéma.

Quand elle .... quelque chose, elle .... tout obtenir de sa grand-mère.

Si vous ...., je .... vous conduire à la gare.

Nous .... souvent ce que nous ne .... pas avoir.

11

5 Écris un pronom personnel sujet qui peut s'accorder avec le verbe.

.... dites toujours la vérité.

.... veulent apprendre la langue des signes.

.... peut pratiquer un sport même en étant non-voyant.

.... faisons une partie de dames.

.... vois mieux avec des lunettes.

6 Récris les verbes conjugués en changeant de personne.

tu dis	→	vous	je fais	→	vous ....
elle fait	→	elles	nous pouvons	→	on ....
je vois	→	nous	ils disent	→	il ....
il peut	→	ils	je veux	→	nous.............................

7 Complète les verbes avec les terminaisons correctes du présent.

Vous pouv......... aider les personnes non-voyantes à traverser la rue.

Les non-voyants ne voi......... pas mais peuv......... lire grâce au toucher.

Un sportif non-voyant peu......... participer aux jeux paralympiques.

Je fai......... un stage pour apprendre à lire en braille.

Nous voul......... accueillir un chien guide pour l'éduquer.

8 Complète les phrases en conjuguant au présent les verbes entre parenthèses.

Benoît .... regarder le match de tennis. (vouloir)

Les handicapés .... jouer au basket en fauteuil roulant. (pouvoir)

Vous .... que vous aimez le sport (dire)

mais vous n'en .... jamais ! (faire)

Nous .... des enfants jouer au football. (voir)

J'écris

Modifie le texte en remplaçant les verbes soulignés par un des verbes suivants, conjugué comme il convient : dire – faire – voir – vouloir – pouvoir. Les verbes peuvent être mis à la forme négative.

C'est la nuit. Dans leur chambre, Émile et sa sœur ne réussissent pas à dormir : ils aperçoivent des ombres sur les rideaux.
– Tu aperçois la gueule ouverte du monstre sur le rideau ? déclare Rosalie, tremblante.
– Au secours Papa, Maman ! Le monstre souhaite nous manger !

L'adjectif (qualificatif)

Programmes 2016, ajustements 2018 – connaissances et compétences associées :

– Identifier la phrase, en distinguer les principaux constituants et les hiérarchiser.

– Reconnaitre les principaux constituants de la phrase : le sujet, le verbe (connaissance des propriétés permettant de l'identifier).

– Différencier les principales classes de mots : le nom, l'article défini et l'article indéfini, l'adjectif, le verbe, le pronom personnel sujet.

– Reconnaitre le groupe nominal.

– Comprendre le fonctionnement du groupe nominal dans la phrase.

– Comprendre la notion de « chaines d'accords » pour déterminant / nom / adjectif (singulier / pluriel ; masculin / féminin).

– Utiliser des marques d'accord pour les noms et adjectifs épithètes : nombre (-s) et genre (-e).

En lien avec les compétences abordées en CE1 :

– Reconnaitre le groupe nominal.

– Comprendre la notion de « chaines d'accords » pour déterminant / nom / adjectif (singulier / pluriel ; masculin / féminin).

Séance 1 | Lecture, compréhension du texte et approche de la notion

Objectifs
- Comprendre un texte.
- Lire à haute voix.
- Retrouver les groupes fonctionnels dans une phrase.
- Identifier le déterminant et le nom dans un groupe nominal.
- Repérer le groupe nominal.
- Découvrir, de manière implicite, l'adjectif et son rôle par rapport au nom.

Matériel
Individuel
- Photocopie individuelle du texte *La fête de la Chandeleur.* 12. Texte individuel
- Crayons de couleur.

Collectif
- Facultatif : le même texte reproduit ou vidéoprojeté collectivement au tableau. 12. Texte collectif

Déroulement

La fête de la Chandeleur

Le 2 février, c'est le jour de la Chandeleur. Une tradition gourmande nous invite à faire des crêpes.
En famille ou avec ses meilleurs amis, on déguste des crêpes délicieuses…
Il y en a pour tous les gouts ! Des petites crêpes ou des grandes crêpes, des crêpes sucrées ou des crêpes salées, des crêpes moelleuses, des crêpes croustillantes, des crêpes fines, des crêpes épaisses…
Mais d'où vient cette tradition des crêpes ?
En France, cette coutume s'est développée au Moyen Âge.
La crêpe, avec sa forme ronde et sa belle couleur dorée, symbolisait le soleil, source de lumière.
En faisant les crêpes, il fallait respecter la coutume de la pièce d'or : faire sauter la première crêpe en tenant la poêle dans la main droite et une pièce d'or dans la main gauche. La crêpe devait se retourner en l'air et retomber à plat dans la poêle sans se plier. Si l'on réussissait, on était assuré de ne pas manquer d'argent dans l'année.
Parfois, on enroulait la pièce d'or dans la crêpe ; puis on déposait la crêpe en haut de l'armoire où elle restait jusqu'à l'année suivante. On récupérait alors les débris de la crêpe de l'an passé pour donner la pièce d'or au premier pauvre venu.

• Faire lire silencieusement le texte et vérifier sa compréhension en posant quelques questions :
De quelle fête parle-t-on ? Quel jour a-t-elle lieu ?
Ce jour-là, que cuisine-t-on dans de nombreuses familles ?
À quoi ressemble une crêpe ? Que signifient les mots « tradition », « coutume » ?
(Les faire chercher dans le dictionnaire.)
En quoi consistait la coutume de la pièce d'or ?
• Faire une lecture magistrale expressive.
• Faire relire à haute voix par plusieurs élèves.
• Chercher dans le texte, faire souligner ou surligner des mots qui indiquent :
– comment sont les crêpes
➜ *« délicieuses – petites – grandes – sucrées – salées – moelleuses – croustillantes – fines – épaisses »*
– la couleur de la crêpe
➜ *« belle – dorée »*
– la forme de la crêpe
➜ *« ronde »*
• Faire observer la place de ce mot par rapport au nom « *crêpes* ». ➜ Il est à côté du nom, devant ou derrière.

Séance 2 | Construction de la notion

Objectifs

- Identifier la nature et les caractéristiques de l'adjectif (qualificatif).
- Substituer un adjectif à un autre dans un groupe nominal.
- Supprimer ou ajouter un adjectif dans un groupe nominal.

Matériel

Individuel

- Photocopie individuelle du texte *La fête de la Chandeleur.* 12. Texte individuel
- Ardoise et matériel associé.

Collectif

- Facultatif : le même texte vidéoprojeté au tableau. 12. Texte collectif
- Figurines collectives Déterminant, Nom commun, Adjectif, Pronom personnel, Verbe. Figurines

- Étiquettes mots pour affichage collectif : 12. Étiquettes mots collectives

[délicieuse] [sucrée] [salée] [petite] [grande] [croustillante] [fine]

[Mon frère] [déguste] [une] [crêpe] [sucrée]

- Pochettes bleue et rouge.
- Des feuilles A4 pour faire des étiquettes vierges à insérer dans les pochettes.
- Gros feutre.

Déroulement

Recherche collective

- Afficher au tableau les étiquettes mots pour écrire la phrase.

  [Mon frère] [déguste] [une] [crêpe] [sucrée].

- Faire lire silencieusement puis à haute voix.
- Faire chercher le verbe et le sujet du verbe.

• Afficher la pochette bleue et la pochette rouge et glisser l'étiquette du sujet [Mon frère] dans la pochette bleue et celles du groupe verbal [déguste] [une] [crêpe] [sucrée] dans la pochette rouge.
• Faire relire toute la phrase à haute voix.
• Faire identifier la nature des mots de la phrase (Déterminant / Nom commun / Verbe / Déterminant / Nom commun) et au fur et à mesure, coller la figurine au-dessus de chaque mot.
• Retirer le mot [sucrée] et faire relire la phrase. Faire constater que, sans ce mot, la phrase a toujours du sens et faire conclure que ce mot n'est pas indispensable.
• Faire analyser le rôle de ce mot :
– il indique le gout de la crêpe,
– il donne une information sur la crêpe,
– il précise, on dit aussi « il qualifie », le nom « crêpe ».
• Introduire le terme : « adjectif » (qualificatif). Présenter la nouvelle figurine et la coller au-dessus du mot « sucrée ».
• Demander aux élèves de trouver un autre adjectif qui pourrait remplacer l'adjectif « sucrée » (en s'aidant du texte).
• À chaque proposition, remplacer, dans la pochette rouge, l'étiquette de l'adjectif et faire relire la phrase entière.
➜ *Mon frère déguste une crêpe sucrée.*
salée.
délicieuse.
fine.
croustillante.
etc.
• Faire remarquer que l'on peut dire « *une crêpe <u>délicieuse</u>* » ou « *une <u>délicieuse</u> crêpe* » en déplaçant l'adjectif.
• Faire relire à haute voix le groupe nominal sujet « *Mon frère* », faire identifier le déterminant et le nom.
• Faire constater qu'il n'y a pas d'adjectif dans ce groupe nominal et demander de chercher un ou des adjectifs qui puissent compléter le nom « frère ». Écrire les différentes propositions sur des étiquettes vierges et les glisser au fur et à mesure dans la pochette bleue :
➜ *Mon <u>petit</u> frère / mon <u>grand</u> frère / mon frère <u>gourmand</u> / mon frère <u>impatient</u> / mon frère <u>affamé</u> / mon <u>petit</u> frère <u>gourmand</u>*

Appropriation individuelle

• Faire sortir les ardoises et écrire au tableau le groupe nominal « *une crêpe ronde* » puis le faire copier.

• Demander aux élèves de trouver le déterminant, le nom, l'adjectif (le faire souligner) et faire écrire D, NC et Adj. au-dessus de chacun des mots.

• Faire une correction collective en envoyant un élève au tableau et en faisant coller les petites figurines.

Procéder de la même façon pour les groupes « *ma main droite* » et « *sa belle couleur dorée* ».

• Faire conclure :

– que l'adjectif peut être avant ou après le nom ;

– que le nom peut être complété par plusieurs adjectifs.

Séance 3 | Approfondissement de la notion

Objectifs

- Manipuler deux types d'expansion du groupe nominal.
- Approcher implicitement la substitution d'un complément de nom par un adjectif.

Matériel

Individuel

- Ardoise et matériel associé.

Pour chaque binôme

- Une feuille de recherche. 12. Feuille de recherche pour binôme
- Étiquettes pour recherche en binôme : 12. Étiquettes pour binôme

de famille	fruité	scolaire	abandonnée
de soleil	de printemps	monstrueux	à l'abandon
d'école	multicolore	aux fruits	solaires
familiale	de trois couleurs	printanier	de toutes les couleurs
de monstre	à pied	pédestre	tricolore

Collectif

- Le même jeu d'étiquettes pour affichage collectif. 12. Étiquettes collectives

Déroulement

Recherche en binôme

- Distribuer la feuille de recherche et la faire lire silencieusement.
- Faire découper les petites étiquettes. Pendant ce temps, afficher les étiquettes collectives au tableau et écrire les noms communs les uns sous les autres (*une fête, des lunettes, une année, un yaourt,* etc.) suivant la même disposition que la feuille de recherche.
- Faire lire à haute voix les noms communs.
- Demander aux élèves de coller à côté de chaque nom les deux étiquettes signifiant la même chose et faire surligner l'adjectif.
- Faire compléter, en commun, la première ligne à titre d'exemple (*une fête de famille* ➜ *une fête familiale*).
- Pendant le temps de recherche, circuler auprès des élèves pour apporter une aide éventuelle et relever les difficultés.
- Organiser une synthèse collective en envoyant des élèves au tableau afficher les étiquettes au bon endroit.
- Faire valider au fur et à mesure par le groupe classe et faire souligner l'adjectif qualificatif.

On obtient :

une fête	*de famille / familiale*	*un masque*	*de monstre / monstrueux*
des lunettes	*de soleil / solaires*	*un soleil*	*de printemps / printanier*
une année	*d'école / scolaire*	*une chemise*	*de toutes les couleurs/multicolore*
un yaourt	*aux fruits / fruité*	*un drapeau*	*de trois couleurs / tricolore*
une randonnée	*à pied / pédestre*	*une maison*	*à l'abandon / abandonnée*

Appropriation individuelle

- Faire sortir l'ardoise et écrire au tableau le groupe nominal « *du lait au chocolat* ».
- Demander aux élèves de trouver l'adjectif correspondant et d'écrire le nouveau groupe du nom.
- Faire lever l'ardoise, faire valider et écrire la bonne réponse au tableau (➜ *du lait chocolaté*).
- Faire souligner l'adjectif.
- Poursuivre de la même façon avec les groupes :

un yaourt au sucre ➜ *un yaourt <u>sucré</u>*
un bonbon au caramel ➜ *un bonbon <u>caramélisé</u>*
l'époque du Moyen Âge ➜ *l'époque <u>moyenâgeuse</u>*
une source de lumière ➜ *une source <u>lumineuse</u>*

Synthèse, mémo et carte mentale

L'adjectif

Les adjectifs sont des mots qui donnent des renseignements, des précisions, sur le nom. Ils font partie du groupe du nom.

Ils peuvent être placés **avant** ou **après** le nom.

On peut **ajouter** un ou plusieurs adjectifs pour préciser le nom.

Exemples :

Une belle crêpe dorée.

12. Mémo

Un groupe nominal

la crêpe

complété par des adjectifs

un gâteau

la **délicieuse** crêpe.

→ Adjectif placé avant le nom qu'il qualifie.

un gâteau **sucré**.

→ Adjectif placé après le nom qu'il qualifie.

12. Carte mentale

Séances 4 et 5 | Entrainement et réinvestissement

Objectifs	- Mémoriser les notions essentielles. - Réinvestir ses connaissances dans une courte production d'écrit.
Organisation	- Travail individuel, correction individuelle ou collective.
Matériel	- Fiche élève n° 12. Fiche 12 - Cahier d'essai et / ou du jour.

Objectifs visés :

Ex. 1 : Distinguer l'adjectif.

Ex. 2, 3, 4 : Identifier les adjectifs (qualificatifs) dans une phrase.

Ex. 5 : Remplacer un adjectif par un complément du nom de même sens et inversement.

Ex. 6 : Différencier le nom et l'adjectif.

12 L'adjectif (qualificatif)

Prénom : ....

Je m'entraine

1 Relie d'un trait l'adjectif et le nom qu'il complète.

une	boisson •		• fondue
du	café •		• appétissante
un	citron •		• pressé
une	galette •		• brulant
la	glace •		• pétillante

2 Pour chaque nom souligné, recopie l'adjectif.

La galette est une spécialité bretonne. Elle est fabriquée avec de la farine de sarrasin, appelée aussi blé noir. C'est une délicieuse crêpe épaisse, de couleur brune.

– spécialité .... – crêpe ....

– blé .... – couleur ....

3 Entoure tous les adjectifs qualificatifs et relie-les d'une flèche au nom qu'ils précisent.

Ma grand-mère cuisine de la bonne pâtisserie légère.

Mathéo mange une gaufre croustillante.

Mon dessert préféré est la crème anglaise vanillée avec des iles flottantes.

4 Récris le texte en supprimant les adjectifs qualificatifs.

Pour réussir des crêpes succulentes, il faut faire une pâte fluide sans grumeaux, en mélangeant de la farine tamisée avec des œufs frais. Il faut ajouter du lait, une petite pincée de sel, un peu de beurre fondu et mélanger tous ces ingrédients.

12

5 Récris les groupes nominaux en remplaçant l'adjectif par un groupe nominal (GN) qui a le même sens. Puis remplace le groupe nominal par un adjectif qui a le même sens.

Adjectif → GN

une spécialité bretonne → une spécialité ....

une glace caramélisée → une ....

du sel marin → du ....

GN → adjectif

un sentier de montagne → un sentier ....

une randonnée à pied → une ....

un transport par la mer → un ....

6 Sous chacun des mots soulignés, écris s'il s'agit d'un nom ou d'un adjectif.

Maman casse des œufs et sépare les jaunes des blancs pour faire son gâteau.

....

Mario porte des chaussettes jaunes.

....

Léonie utilise des œufs et bat les blancs en neige pour faire des iles flottantes.

....

Couverts de neige, les sapins blancs sont magnifiques.

....

Je dois ranger ces nombres dans l'ordre croissant.

....

Le dimanche, Papa m'achète un croissant pour le petit-déjeuner.

....

J'écris

Récris ce texte en remplaçant chaque adjectif par un adjectif de sens contraire et continue la description du village.

Dans le village Cradouille, on vit mal ! On se promène dans des rues sales, tristes et sombres. On ne voit que des fleurs laides et puantes. On y rencontre des gens coléreux, méchants, violents. Les maisons ont des murs noirs et des volets de couleurs ternes…

Dans le village Nickel, on vit bien ! On se promène dans des rues ....

Réussir son entrée en grammaire au CE2 © Retz, 2019

Les accords dans le groupe du nom

Programmes 2016, ajustements 2018 – connaissances et compétences associées :

– Identifier la phrase, en distinguer les principaux constituants et les hiérarchiser.

– Reconnaitre les principaux constituants de la phrase : le sujet, le verbe (connaissance des propriétés permettant de l'identifier).

– Différencier les principales classes de mots : le nom, l'article défini et l'article indéfini, l'adjectif, le verbe, le pronom personnel sujet.

– Reconnaitre le groupe nominal.

– Comprendre le fonctionnement du groupe nominal dans la phrase.

– Comprendre la notion de « chaines d'accords » pour déterminant / nom / adjectif (singulier / pluriel ; masculin / féminin).

– Utiliser des marques d'accord pour les noms et adjectifs épithètes : nombre (-s) et genre (-e).

– Utiliser des marques du féminin quand elles s'entendent dans les noms et les adjectifs.

En lien avec les compétences abordées en CE1 :

– Reconnaitre le groupe nominal.

– Comprendre la notion de « chaines d'accords » pour déterminant / nom / adjectif (singulier / pluriel ; masculin / féminin).

Séance 1 | Lecture, compréhension du texte et approche de la notion

Objectifs
- Comprendre un texte.
- Lire à haute voix.
- Identifier les éléments du groupe nominal (déterminant, nom, adjectif).
- Approcher la notion d'accords dans le groupe nominal.

Matériel
Individuel
- Photocopie individuelle du texte *D'où vient le mot "Chandeleur" ?* 13. Texte individuel
- Crayons de couleur.
- Une illustration du dieu Pan. 13. Illustration du dieu Pan individuelle

Collectif
- Facultatif : le même texte reproduit ou vidéoprojeté collectivement au tableau. 13. Texte collectif
- Illustration collective du dieu Pan. 13. Illustration du dieu Pan collective

Déroulement

D'où vient le mot « Chandeleur » ?

Le mot « Chandeleur » vient du mot chandelle.
À l'époque des Romains, il s'agissait d'une fête en l'honneur du dieu des bergers et de la nature : le dieu Pan.
Au début du mois de février, le soleil se lève de plus en plus tôt et se couche de plus en plus tard. Pour fêter l'arrivée du printemps et l'allongement du jour, les gens parcouraient les rues romaines toute la nuit en agitant des flambeaux.
Plus tard encore, au Moyen Âge, le jour de la Chandeleur, les gens organisaient des processions aux chandelles. Chaque croyant devait aller chercher, à l'église, un cierge allumé et le rapporter chez lui en faisant bien attention qu'il ne s'éteigne pas. Ce cierge devait leur porter bonheur pendant toute l'année.
Aujourd'hui, ces coutumes anciennes n'existent plus mais on a conservé la tradition des crêpes.

• Faire lire silencieusement le texte et vérifier sa compréhension en posant quelques questions :

Que fait le soleil à la fin de l'hiver, au début du mois de février ?

Que faisaient les Romains, la nuit, dans les rues de Rome ?

Qu'est-ce que les croyants devaient rapporter chez eux ?

Que symbolisent les flambeaux, les cierges ? (la lumière du soleil)

Que signifie le mot « chandelle » ? (Le faire chercher dans le dictionnaire.)

• Faire observer l'illustration du dieu Pan.

• Faire relire le titre et demander aux élèves de répondre à la question : *D'où vient le mot « Chandeleur » ?*

• Faire une lecture magistrale expressive.

• Organiser une lecture poursuite en faisant lire une phrase par élève et en désignant à l'avance l'ordre de passage des différents lecteurs.

• Faire rechercher et souligner en couleur les groupes nominaux :

– *les rues romaines*

– *un cierge allumé*

– *ces coutumes anciennes*

• Faire nommer oralement le déterminant, le nom et l'adjectif.

• Écrire au tableau les trois groupes nominaux : *les rues romaines / un cierge allumé / ces coutumes anciennes.*

• Faire observer que :

– « *les rues romaines* » et « *ces coutumes anciennes* » sont des groupes au pluriel et faire rappeler que le « s » est la marque du pluriel des noms.

– « *un cierge allumé* » est un groupe au singulier donc sans « s ».

Séance 2 | Construction de la notion

Objectifs
- Identifier l'adjectif (qualificatif).
- Repérer les accords dans le groupe nominal D + NC + Adj.

Matériel

Individuel
- Photocopie individuelle du texte *D'où vient le mot "Chandeleur" ?* 13. Texte individuel
- Ardoise et matériel associé.

Collectif
- Facultatif : le même texte vidéoprojeté au tableau. 13. Texte collectif
- Figurines collectives Déterminant, Nom commun, Adjectif, Pronom personnel, Verbe. Figurines

- Étiquettes mots pour affichage collectif : 13. Étiquettes mots collectives

[Les] [gens] [rapportent] [un] [cierge] [allumé] [des] [cierges] [allumés] [une] [bougie] [allumée] [des] [bougies] [allumées]

Déroulement

Recherche collective

• Afficher au tableau les étiquettes mots pour écrire la phrase :

[Les] [gens] [rapportent] [un] [cierge] [allumé].

• Faire trouver les deux groupes nominaux de la phrase :

Les gens / un cierge allumé

• Faire rechercher la nature des mots et afficher les figurines au-dessus de chacun d'eux.

Puis demander aux élèves ce qu'il faut dire et modifier si les gens rapportent :

– une seule bougie ➜ *une bougie allumée*

– plusieurs cierges (le nom « cierge » est masculin) ➜ *des cierges allumés*
– plusieurs bougies (le nom « bougie » est féminin) ➜ *des bougies allumées*
• Afficher et observer à chaque fois les modifications.
• Faire conclure que l'adjectif s'accorde toujours avec le nom.
– Si le nom est au féminin, l'adjectif est au féminin (on ajoute le plus souvent « e » à la fin).
– Si le nom est au pluriel, l'adjectif est au pluriel (on ajoute le plus souvent « s » à la fin).
– Si le nom est au féminin et au pluriel, l'adjectif est au féminin pluriel (on ajoute le plus souvent « e » et « s » à la fin).

Les	gens	rapportent	un	cierge	allumé.
			des	cierges	allumés.
			une	bougie	allumée.
			des	bougies	allumées.

Appropriation individuelle

• Faire sortir les ardoises et, pendant ce temps, écrire au tableau le groupe nominal « *les rues romaines* », le faire lire à haute voix et le faire copier.
• Faire constater qu'il est au pluriel (déterminant : les).
• Demander aux élèves de remplacer le déterminant « les » par « la » et d'écrire le nouveau groupe nominal.
• Faire lever les ardoises et recueillir les différentes propositions.
• Organiser une correction collective en envoyant un élève au tableau et faire justifier les changements : « *la rue romaine* » (singulier).
• Procéder de la même façon pour les groupes :
« *des coutumes anciennes* » ➜ « *une coutume ancienne* »
« *un cierge éteint* » ➜ « *trois cierges éteints* »

Séance 3 | Approfondissement de la notion

Objectif : – Connaitre et appliquer l'accord dans le groupe nominal D / NC / Adj.

Matériel

Pour chaque binôme

– Une feuille de recherche et la liste de mots associés.

13. Feuille de recherche pour binôme

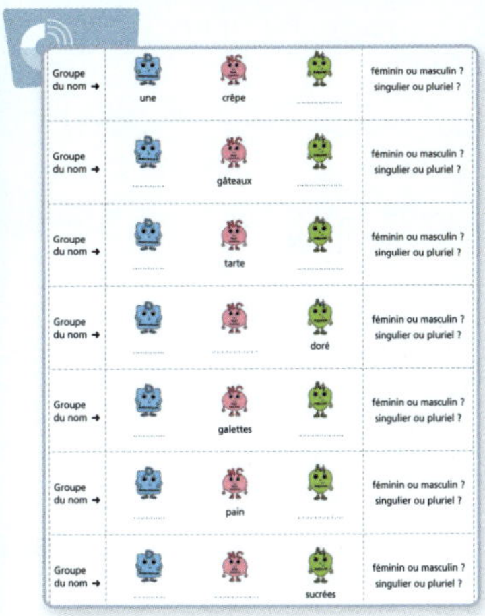

	D	NC	Adj	
Groupe du nom →	une	crêpe	....	féminin ou masculin ? singulier ou pluriel ?
Groupe du nom →	....	gâteaux	....	féminin ou masculin ? singulier ou pluriel ?
Groupe du nom →	....	tarte	....	féminin ou masculin ? singulier ou pluriel ?
Groupe du nom →	....	....	doré	féminin ou masculin ? singulier ou pluriel ?
Groupe du nom →	....	galettes	....	féminin ou masculin ? singulier ou pluriel ?
Groupe du nom →	....	pain	....	féminin ou masculin ? singulier ou pluriel ?
Groupe du nom →	....	....	sucrées	féminin ou masculin ? singulier ou pluriel ?

D	NC	Adj
un la les mon trois des	croissant galettes pain brioches	sucrés chaude croustillantes chaud dorée
un la les mon trois des	croissant galettes pain brioches	sucrés chaude croustillantes chaud dorée
un la les mon trois des	croissant galettes pain brioches	sucrés chaude croustillantes chaud dorée
un la les mon trois des	croissant galettes pain brioches	sucrés chaude croustillantes chaud dorée

Collectif

– Figurines collectives Déterminant, Nom commun, Adjectif. Figurines

– Étiquettes collectives 13. Étiquettes collectives

un | la | le | les | mon | trois | des

croissant | galettes | pain | brioches

sucrés | chaude | croustillantes | chaud | dorée

Déroulement

Manipulations et recherches en binôme

• Faire distribuer les feuilles de recherche avec les listes de mots aux binômes et, pendant ce temps, afficher les grandes étiquettes au tableau dans trois colonnes : Déterminant, Nom commun, Adjectif.

• Faire lire les mots de chaque colonne à haute voix, faire identifier leur nature et coller les figurines en haut de chaque colonne.

• Laisser les élèves observer leur feuille de recherche : faire repérer le « groupe du nom » composé de trois mots (D / NC / Adj).

• Expliquer aux élèves :

- qu'ils devront compléter le groupe du nom avec des mots de la liste.
- que chaque mot ne pourra être utilisé qu'une seule fois et qu'il faudra le barrer dans la liste pour ne plus s'en servir.

• Procéder à un rappel :

Dans le groupe du nom, tous les mots doivent s'accorder :

- si le nom est au singulier ➜ l'adjectif doit être au singulier ;
- si le nom est au pluriel ➜ l'adjectif doit être au pluriel ;
- si le nom est au féminin ➜ l'adjectif doit être au féminin ;
- si le nom est au féminin et au pluriel ➜ l'adjectif doit être au féminin et au pluriel ;
- on ajoute le plus souvent un « s » pour marquer le pluriel ;
- on ajoute le plus souvent un « e » pour marquer le féminin.

• Faire d'abord compléter et accorder le groupe D + NC (l'adjectif sera trouvé après) et faire entourer « *féminin ou masculin* » et « *singulier ou pluriel* » suivant le cas.

• Donner un exemple, si besoin en complétant le premier groupe D + NC + Adj (« *une crêpe dorée* ») avec les enfants.

• Pendant le temps de recherche, circuler auprès des élèves pour observer et apporter de l'aide.

• Organiser une mise en commun :

- faire lire les groupes de mots et envoyer au tableau des élèves placer les étiquettes.
- faire justifier les choix en insistant sur les marques d'accord en genre et en nombre.

Synthèse, mémo et carte mentale

Les accords dans le groupe du nom

Dans le groupe du nom, tous les mots doivent **s'accorder** :
le déterminant, le nom et le (ou les) adjectifs

Exemples :

D	NC	Adj.	
un	*croissant*	*chaud*	(masculin / singulier)
→ *des*	*croissants*	*chauds*	(masculin / pluriel)
une	*brioche*	*chaude*	(féminin / singulier)
→ *des*	*brioches*	*chaudes*	(féminin / pluriel)

13. Mémo

Les accords dans le groupe du nom

Dans le groupe du nom, tous les mots doivent s'accorder
en genre et en nombre : déterminant, nom et adjectif(s).

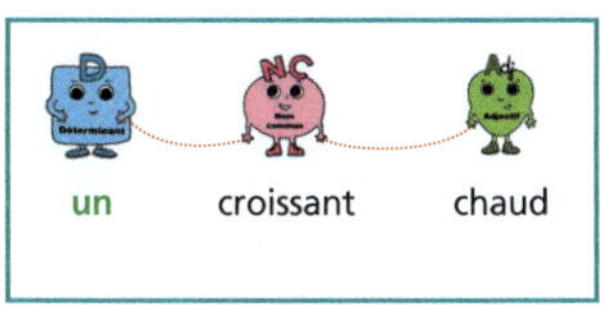

masculin / singulier

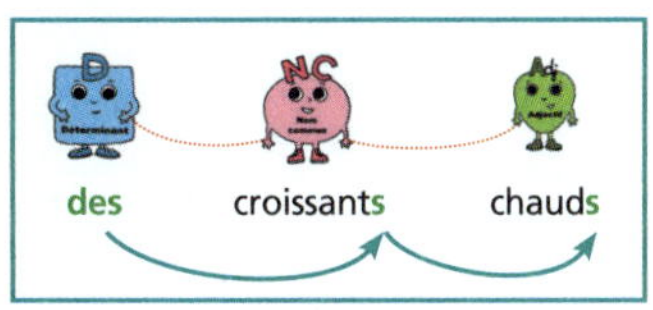

masculin / pluriel

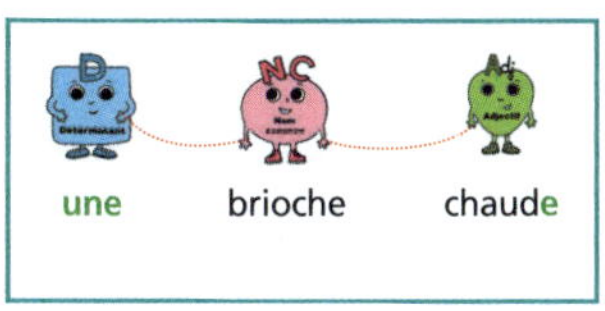

féminin / singulier

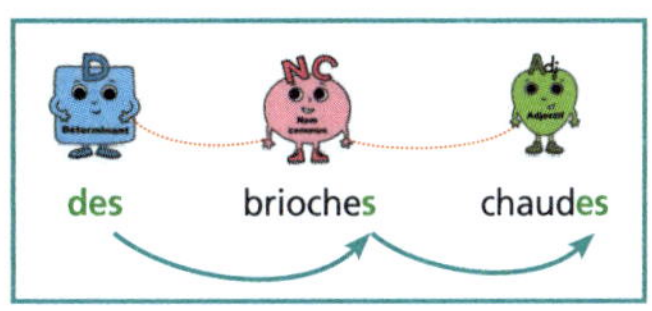

féminin / pluriel

13. Carte mentale

Synthèse animée : pour compléter la synthèse, il est possible de présenter à la classe les deux petits films d'animation « Les accords de l'adjectif qualificatif au féminin » et « Les accords de l'adjectif qualificatif au pluriel », réalisés par Canopé (Les Fondamentaux) et disponibles dans les ressources numériques.

© Canopé

13. Animation : Les accords de l'adjectif qualificatif au féminin

© Canopé

13. Animation : Les accords de l'adjectif qualificatif au pluriel

Séances 4 et 5 | Entrainement et réinvestissement

Objectifs	– Mémoriser les notions essentielles. – Réinvestir ses connaissances dans une courte production d'écrit.
Organisation	– Travail individuel, correction individuelle ou collective.
Matériel	– Fiche élève n° 13. Fiche 13 – Cahier d'essai et / ou du jour.

Objectifs visés :

Ex. 1 : Relier les mots d'un même groupe nominal en respectant les accords.
Ex. 2 : Identifier les adjectifs qualificatifs dans une phrase.
Ex. 3, 4 : Compléter un texte avec des adjectifs en respectant les accords.
Ex. 5 : Compléter un groupe nominal en respectant les accords.

13 **Les accords dans le groupe du nom** Prénom : ....

Je m'entraine

❶ **Relie d'un trait le déterminant, le nom et l'adjectif puis écris les groupes nominaux.**

cinq •	• café •	• salés
une •	• boisson •	• gazeuse
un •	• gâteaux •	• chaud
mes •	• tarte •	• moelleuses
cette •	• crème •	• caramélisée
ta •	• madeleines •	• citronnée

❷ **Entoure tous les adjectifs qualificatifs et relie-les d'une flèche au nom qu'ils précisent.**

Pan était un dieu joyeux et bruyant. C'était le dieu des bergers.

Il vivait dans les endroits sauvages, dans les forêts épaisses et les buissons touffus.

Pan était aussi un jeune dieu qui jouait de la flute.

13

❸ **Complète le texte avec les adjectifs suivants en respectant les accords dans le groupe du nom.**

poilues – jeunes – frisés – recourbées – laid – gros – longue – longs

Pan est souvent représenté comme un homme .... avec des cuisses .... Il porte une .... barbe et des .... cheveux .... Sur la tête, il a deux cornes .... comme celles des béliers. À la place des pieds, il a des .... sabots de bouc. La légende dit que les .... filles qui le rencontraient dans la forêt avaient très peur de lui ; elles étaient paniquées !

❹ **Récris les groupes nominaux en faisant les accords.**

un homme laid → des hommes ....
une femme .... → des ....

une longue barbe → des ....
un ongle .... → des ....

un ventre poilu → des ....
une cuisse .... → des ....

❺ **Complète les groupes nominaux en ajoutant le mot qui manque (soit l'article, soit le nom, soit un ou plusieurs adjectifs).**

Exemples :

des cheveux ....
une .... longue
la forêt ....
une .... fille
le .... épais

.... hommes forts
une .... tordue
les dents ....
un .... effrayant
la .... déesse

J'écris

Imagine comment serait le dieu des gourmands s'il existait.

Écris un petit texte pour le décrire (aide-toi du texte de l'exercice 3). Utilise des adjectifs.

Les compléments

Programmes 2016, ajustements 2018 – connaissances et compétences associées :

– Identifier la phrase, en distinguer les principaux constituants et les hiérarchiser.
– Reconnaitre les principaux constituants de la phrase :
- le sujet
- le verbe (connaissance des propriétés permettant de l'identifier)
- les compléments

– Comprendre le fonctionnement du groupe nominal dans la phrase.

En lien avec les compétences abordées en CE1 :

– Identifier la phrase, en distinguer les principaux constituants et les hiérarchiser.
– Reconnaitre les principaux constituants de la phrase : le sujet, le verbe (connaissance des propriétés permettant de l'identifier).
– Reconnaitre le groupe nominal.
– Différencier les principales classes de mots : le nom, l'article défini et l'article indéfini, l'adjectif, le verbe, le pronom personnel sujet.

Séance 1 | Lecture, compréhension du texte et approche de la notion

Objectifs
– Comprendre un texte.
– Lire à haute voix.
– Approche des compléments.

Matériel
– Photocopie individuelle du texte *La tour Eiffel.*
– Crayons de couleur ou surligneurs

Individuel
– Photocopie individuelle du texte *La tour Eiffel.* 14. Texte individuel
– Crayons de couleur.

Collectif
– Facultatif : le même texte reproduit ou vidéoprojeté collectivement au tableau. 14. Texte collectif

Déroulement

La tour Eiffel

Dans l'autocar, la guide donne des explications.
« Nous arrivons sur le Champ-de-Mars. Vous voyez la célèbre tour Eiffel, à votre droite. Nous allons monter au deuxième étage. »
Les touristes descendent du car. Au pied de la tour Eiffel, la guide distribue les tickets. Pendant ce temps, les touristes photographient la tour Eiffel.
La guide continue ses explications :
« En 1889, la France célèbre le centenaire de la Révolution. À cette occasion, on organise une grande exposition à Paris. Gustave Eiffel a l'idée d'un projet fou ! Il fait bâtir une très grande tour de fer, près de la Seine. Les ingénieurs terminent la construction deux ans plus tard.
À cette époque, c'est la plus haute tour du monde ! La tour Eiffel donne des idées à de nombreux sportifs : des alpinistes escaladent la tour courageusement. Un cascadeur monte au troisième étage et il saute en parachute. Un homme descend les escaliers à moto.
Le cirque Bouglione réussit même à faire monter sa plus vieille éléphante au premier étage !
De nos jours, la "Dame de fer" est l'un des monuments les plus visités au monde.
Bon courage à tous pour la montée ! Les moins courageux peuvent prendre l'ascenseur ! … »

• Faire lire silencieusement le texte.

• Questionner les élèves pour contrôler la compréhension :

Quelle ville visitent les touristes ? À quel endroit arrivent-ils ?

Quel monument célèbre viennent-ils visiter ?

Qui a eu l'idée de construire cette grande tour métallique ? Pour quelle occasion ? Combien de temps a duré la construction ?

• Faire lire le texte à voix haute par plusieurs élèves.

• Faire une lecture magistrale du texte et poser les questions après les phrases ci-dessous, au fur et à mesure. Demander aux enfants de souligner la réponse dans le texte.

« *Nous arrivons sur le Champ-de-Mars.* »

➜ Les touristes arrivent… où ?

« *Au pied de la tour Eiffel, la guide distribue les tickets.* »

➜ La guide distribue les tickets… où ?

« *Pendant ce temps, les touristes photographient la tour Eiffel.* »

➜ Les touristes photographient la tour Eiffel… quand ?

« *À cette occasion, on organise une grande exposition à Paris.* »
➜ On organise… quoi ?
« *Il fait bâtir une très grande tour de fer, près de la Seine.* »
➜ Il fait bâtir une grande tour… où ?
« *Les ingénieurs terminent la construction deux ans plus tard.* »
➜ Les ingénieurs terminent la construction… quand ?
« *Un homme descend les escaliers à moto.* »
➜ Un homme descend les escaliers… comment ?

Séance 2 | Réactivation des connaissances

Objectifs
- Rappeler la notion de groupes dans une phrase.
- Repérer le groupe sujet et le groupe du verbe.
- Distinguer les groupes non supprimables (verbe + complément du verbe) et les groupes supprimables (complément de phrase).

Matériel

Individuel
- Cahier d'essai.

Collectif
- 1 pochette rouge, 1 pochette bleue, 1 pochette verte
- Pâte adhésive.
- Phrases reproduites sur grande bande de papier.
14. Étiquettes phrases collectives

Dans l'autocar, la guide donne des explications.

Vous voyez la célèbre tour Eiffel, à votre droite.

- Figurines collectives Verbe conjugué et Verbe à l'infinitif. Figurines

Déroulement

Mise en scène

• Afficher au tableau les pochettes bleue, rouge et verte ainsi que la phrase :

Dans l'autocar, la guide donne des explications.

• Faire lire la phrase à haute voix et poser des questions pour faire découvrir les groupes qui la constituent :

– le groupe sujet : *De qui parle-t-on ? / Qui est-ce qui donne des explications ?* ➜ la guide

Faire découper le groupe et le glisser dans la pochette bleue.

– le groupe du verbe : *Que fait la guide ?* ➜ donne des explications.

Faire découper le groupe et le glisser dans la pochette rouge.

• Faire identifier le verbe (« donne ») et envoyer un élève coller la figurine Verbe conjugué au-dessus.

• Faire lire le groupe nominal situé après le verbe et le faire découper ➜ « des explications ».

• Faire relire la phrase en supprimant ce groupe. Faire constater qu'il est indispensable et faire trouver quel renseignement il donne : il indique ce que donne la guide. Il répond à la question « *Que donne la guide ?* » ou « *La guide donne... quoi ?* » Il complète le verbe. On dit que c'est un **complément du verbe**.

• Faire lire le groupe de mots restant ➜ Dans l'autocar, et le glisser dans la pochette verte.

• Faire relire la phrase en supprimant, puis en déplaçant ce groupe. Faire constater qu'il n'est pas indispensable et faire trouver quel renseignement il donne : il indique le lieu où se trouve la guide qui donne des explications. Il répond à la question « où ? ».

• Conclure que ces deux groupes nominaux, « des explications » et « dans l'autocar », servent à donner des renseignements complémentaires ; on les appelle des **compléments**.

Certains compléments sont indispensables, d'autres non.

• Poursuivre de la même manière avec la phrase :

Vous voyez la célèbre tour Eiffel, à votre droite.

Appropriation individuelle

• Écrire au tableau la phrase : « *Avant la visite, la guide distribue les tickets.* » La faire lire à haute voix par un élève.

• Demander aux enfants de recopier la phrase sur leur cahier d'essai puis :

– faire encadrer en bleu le groupe sujet du verbe et faire écrire « *sujet* » en dessous.

– faire souligner le verbe, faire écrire V en dessous. Faire encadrer en rouge le groupe du verbe et faire une vague sous le complément du verbe. Faire écrire « *complément* » en dessous.

– faire encadrer en vert le complément que l'on peut déplacer. Faire une vague sous le complément. Faire écrire « *complément* » en dessous.

• Faire une correction collective au tableau. On obtient :

Avant la visite,	la guide	distribue	les tickets.
complément	sujet	V	complément du verbe

Séance 3 | Approfondissement de la notion

Objectif

- Identifier les compléments dans une phrase.
- Distinguer les compléments du verbe non déplaçables et les compléments de phrase déplaçables et / ou supprimables.
- Savoir trouver des compléments qui répondent aux questions : Quoi ? Qui ? Où ? Quand ? Comment ?

Matériel

Pour chaque binôme

- Étiquettes phrases : 14. Étiquettes phrases pour binôme

Au pied de la tour Eiffel, des marchands vendent des souvenirs.

Pendant ce temps, les touristes photographient la tour Eiffel.

Des alpinistes escaladent la tour courageusement.

- Une feuille de recherche. 14. Feuille de recherche pour binôme

Collectif

- Un même jeu d'étiquettes pour affichage collectif (imprimées ou reproduites sur des bandes de papier). 14. Étiquettes phrases collectives

Déroulement

Manipulations et recherches en binôme

• Constituer des binômes et leur distribuer les trois étiquettes phrases ; les faire lire silencieusement. Pendant ce temps, afficher les étiquettes phrases collectives au tableau.

• Faire lire à haute voix la première phrase :

Au pied de la tour Eiffel, des marchands vendent des souvenirs.

• Faire encadrer en bleu le groupe sujet, en rouge le groupe du verbe et faire découper les groupes.

• Faire identifier, dans le groupe verbal, le complément du verbe et le faire découper. On obtient :

Au pied de la tour Eiffel,	des marchands	vendent des souvenirs.

• Faire identifier et relire les deux groupes compléments. Faire chercher à quelle question répond chaque groupe complément :

– « *des souvenirs* » ➜ « *Des marchands vendent...* ***quoi*** *?* »

Demander aux élèves de déplacer ce complément et de relire la phrase. Confirmer que le complément du verbe ne peut pas être déplacé.

– « *au pied de la tour Eiffel* » ➜ « *Des marchands vendent des souvenirs...* ***où*** *?* »

Le complément indique le lieu : « ***Où ?*** »

Demander aux élèves de déplacer ce complément et de relire la phrase. Confirmer que ce complément (le complément de phrase), lui, peut être déplacé et même supprimé.

• Distribuer la feuille de recherche, la faire observer et faire coller les groupes compléments dans la colonne correspondante.

• Demander aux binômes de poursuivre seuls en adoptant la même démarche avec les deux phrases suivantes. Laisser un temps de recherche et de manipulation suffisant. Pendant ce temps, circuler auprès des élèves pour observer et apporter de l'aide.

• Organiser une synthèse collective.

On obtient :

Phrase	Compléments non déplaçables	Compléments déplaçables
1	« *des souvenirs* » répond à la question... *quoi ?*	« *au pied de la tour Eiffel* » répond à la question... *où ?*
2	« *la tour Eiffel* » répond à la question... *quoi ?*	« *pendant ce temps* » répond à la question... *quand ?*
3	« *la tour* » répond à la question... *quoi ?*	« *courageusement* » répond à la question... *comment ?*

Appropriation individuelle

• Faire sortir les cahiers d'essai.
• Écrire au tableau les groupes de mots suivants :
Antoine / mon père
préparer / regarder / faire
un gâteau / ses devoirs / son cartable / le repas / la télévision / un livre
ce matin / dans la cuisine / en silence
• Les faire lire à haute voix.
• Expliquer aux élèves qu'ils doivent inventer et écrire sur leur cahier une phrase en respectant le schéma :
Groupe sujet | Groupe du verbe | Groupe complément
puis récrire la même phrase en déplaçant le groupe vert complément.
• Après le temps de recherche, organiser une correction collective : recueillir les différentes propositions et les faire valider. Écrire quelques-unes des phrases au tableau en faisant trouver à quelle question répondent les compléments.
Exemples :
Mon père prépare le repas dans la cuisine.
Dans la cuisine, mon père prépare le repas.

Synthèse, mémo et carte mentale

Les compléments

Dans une phrase, il existe :

Des compléments qui peuvent être déplacés. Ils donnent des précisions sur le lieu, le temps, la manière.

- Le complément qui répond à la question *où ?* précise le lieu.
  On organise une exposition à Paris.
- Le complément qui répond à la question *quand ?* précise le temps.
  Tous les jours, les touristes font des visites.
- Le complément qui répond à la question *comment ?* précise la manière.
  Il escalade la tour Eiffel courageusement.

Des compléments qui ne peuvent pas être déplacés. Ils se trouvent presque toujours derrière le verbe. On les appelle des **compléments du verbe.**
La guide distribue les billets.

14. Mémo

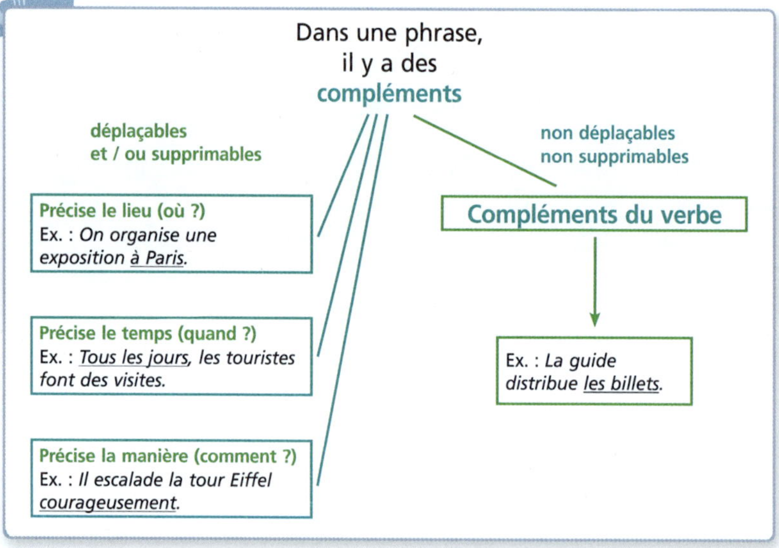

14. Carte mentale

Séances 4 et 5 | Entrainement et réinvestissement

Objectifs	– Mémoriser les notions essentielles. – Réinvestir ses connaissances dans une courte production d'écrit.
Organisation	– Travail individuel, correction individuelle ou collective.
Matériel	– Fiche élève n° 14. Fiche 14 – Cahier d'essai.

Objectifs visés :

Ex. 1, 2, 3 : Reconnaître les compléments déplaçables et indiquer à quelle question ils répondent (où ?, quand ?, comment ?).
Ex. 4 : Transformer les phrases en déplaçant le complément.
Ex. 5 : Identifier le complément du verbe non déplaçable.
Ex. 6 : Compléter une phrase avec un complément du verbe.
Ex. 7 : Compléter une phrase avec un complément déplaçable.

14 Les compléments

Prénom : ....

Je m'entraine

❶ Répondre par « oui » ou « non » à cette question : peut-on déplacer les groupes compléments écrits en gras ?

À la fin du 19e siècle, Gustave Eiffel construit sa tour. ....

Gustave Eiffel installe son laboratoire **au troisième étage de la tour.** ....

On devait démolir **la tour** au bout de vingt ans. ....

Une équipe de peintres travaille **patiemment.** ....

On repeint la tour Eiffel **tous les 7 ans.** ....

Un homme descend les escaliers **à moto.** ....

❷ Recopie tous les compléments déplaçables en gras de l'exercice 1 et écris à quelle question ils répondent (Où ?, Quand ?, Comment ?).

....

....

....

....

....

❸ Dans chaque phrase, encadre en rouge le groupe du verbe, encadre en bleu le groupe sujet du verbe, et encadre en vert le groupe complément qui peut se déplacer.

Nous monterons la tour Eiffel, dimanche prochain.

Les vacanciers découvrent Paris à bord d'un bateau-mouche.

La nuit, les touristes admirent les monuments illuminés.

Devant le musée du Louvre, tu photographies la pyramide.

❹ Récris chaque phrase de l'exercice 3 en déplaçant le complément.

....

....

....

....

14

❺ Dans chaque phrase, encadre en bleu le groupe sujet du verbe, souligne en rouge le verbe et fais une vague en rouge (~~~~~~) sous le complément du verbe.

Les vacanciers achètent des cartes postales.

Les enfants écrivent à leurs amis.

Mes grands-parents possèdent un camping-car.

❻ Complète les phrases avec un complément de verbe non déplaçable.

De retour de vacances, Cécile montre ....

Ma sœur a perdu ....

Tous les matins, je mange ....

Mes parents ont acheté ....

❼ Complète les phrases avec un complément déplaçable. Choisis où mettre le complément. N'oublie pas les majuscules, les virgules et les points.

Quand ? .... Léo téléphone à son amie ....

Où ? .... Marie joue au ballon ....

Comment ? .... Lucas écrit une lettre ....

J'écris

Écris un petit texte pour raconter ce qui se passe dans la cour.
Utilise des compléments pour préciser : où se passe l'histoire ; quand se passe l'histoire ; à quoi jouent les enfants ; que font les enseignants.

15

Conjuguer les verbes *être*, *avoir*, *aller* et les verbes du 1er groupe à l'imparfait

Programmes 2016, ajustements 2018 – connaissances et compétences associées :

– Maitriser l'orthographe grammaticale de base.
– Identifier le radical et la terminaison du verbe.
– Trouver l'infinitif d'un verbe conjugué.
– Mémoriser le présent, l'imparfait, le futur, le passé composé pour :
- *être* et *avoir* ;
- les verbes du 1er groupe ;
- les verbes irréguliers du 3e groupe (*faire*, *aller*, *dire*, *venir*, *pouvoir*, *voir*, *vouloir*, *prendre*).

– Distinguer temps simples et temps composés.

En lien avec les compétences abordées en CE1 :

– Trouver l'infinitif d'un verbe conjugué.
– Identifier le radical et la terminaison du verbe.
– Mémoriser le présent, l'imparfait, le futur, le passé composé pour :
- *être* et *avoir* ;
- les verbes du 1er groupe.

– Différencier les principales classes de mots : le nom, l'article défini et l'article indéfini, l'adjectif, le verbe, le pronom personnel sujet.

Séance 1 | Lecture, compréhension du texte et approche de la notion

Objectifs
- Comprendre un texte.
- Lire à haute voix.
- Rappel du temps « passé » et découverte intuitive de l'imparfait.

Matériel

Individuel
- Photocopie individuelle du texte *La buche de Noël.* 15. Texte individuel
- Crayons de couleur.

Collectif
- Facultatif : le même texte reproduit ou vidéoprojeté collectivement au tableau. 15. Texte collectif

Déroulement

La buche de Noël

Les enfants de la classe ont préparé une petite fête de Noël et ils ont invité l'arrière-grand-mère d'Agathe. Elle vient d'avoir cent ans ! Agathe s'approche de son aïeule et dit :
« Raconte-nous, grand-mère, comment tu fêtais Noël quand tu étais petite.
– Ce temps-là est bien loin, mes enfants ! Autrefois, quand j'avais votre âge, j'habitais avec mes parents et mes dix frères et sœurs, dans une ferme.
– Est-ce que vous décoriez un sapin de Noël ? Est-ce que les enfants avaient des cadeaux ? interroge Émile.
– Non ! Ni sapin, ni cadeau !
Maï s'étonne :
– Agathe, ta grand-mère n'avait pas de cadeau à Noël !
– Même si vous étiez sages ? interroge Émile.
– Oui, d'ailleurs nous étions toujours sages… ! dit grand-mère en riant. Nous avions parfois une orange dans nos sabots. Quelques jours avant Noël, nous allions tous ensemble chercher une buche pour le feu de cheminée. On ne choisissait pas n'importe quel bois ! Mon père coupait le tronc d'un arbre fruitier en bois très dur… »

• Faire lire silencieusement le texte.

• Questionner les élèves pour contrôler la compréhension :
Où se passe la scène ? Qui est invitée ?
Quel âge a l'arrière-grand-mère d'Agathe ?
Quelles questions posent les enfants ?
Que répond l'arrière-grand-mère ?

• Faire une lecture magistrale du texte.

• Organiser une lecture dialoguée en désignant cinq élèves : *un narrateur, Agathe, l'arrière-grand-mère, Émile, Maï.*

• Faire chercher le mot « aïeule » dans le dictionnaire.

• Faire entourer en couleur, dans le texte, le mot qui indique que ce que raconte la grand-mère se passait il y a très longtemps (« *Autrefois* »).

• Faire relire uniquement les paroles de l'arrière-grand-mère et demander quel temps elle utilise pour raconter ses souvenirs :

➜ C'est un temps du « passé ». L'écrire en haut du tableau et préciser que ce temps s'appelle « l'imparfait ». Écrire le mot.

• Faire relire phrase par phrase le dialogue et à chaque fois faire repérer le verbe écrit à l'imparfait, le faire lire à haute voix.

Séance 2 | Construction de la notion

Objectifs

- Découvrir les terminaisons de l'imparfait des verbes *être, avoir, aller* et des verbes du 1er groupe (*habiter, fêter, couper*).
- Repérer les régularités des terminaisons de l'imparfait.

Matériel

Individuel

- Photocopie individuelle du texte *La buche de Noël.* 15. Texte individuel
- Crayons de couleur.

Pour chaque binôme

- Photocopie de la feuille de recherche pour chaque binôme.
  15. Feuille de recherche pour binôme

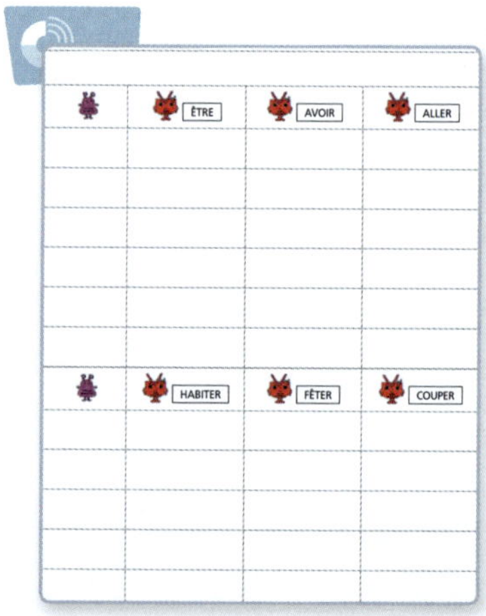

Collectif

- Figurines collectives Verbe à l'infinitif et Pronom personnel. Figurines

- Étiquettes des formes infinitives des verbes pour affichage collectif :
  15. Étiquettes verbes à l'infinitif collectives

ÊTRE | AVOIR | ALLER | HABITER | FÊTER | COUPER

Déroulement

Recherche en binôme et collective

1re étape : Compléter le tableau avec les formes verbales du texte

• Faire distribuer aux binômes la feuille de recherche et faire sortir le texte « *La buche de Noël.* »

• Pendant ce temps, tracer sept colonnes au tableau et afficher la figurine collective Pronom personnel en haut à gauche de la première colonne.

• Faire rappeler oralement les pronoms personnels sujets du verbe utilisés pour la conjugaison d'un verbe. Les écrire au tableau sous la figurine Pronom personnel et les faire écrire en même temps sur la feuille de recherche.

• Afficher au tableau en haut de chacune des six autres colonnes les étiquettes des verbes

ÊTRE	AVOIR	ALLER	HABITER	FÊTER	COUPER

et les figurines Verbes.

• Faire lire à voix haute ces verbes, et faire rappeler qu'ils sont à l'infinitif.

• Demander aux enfants de chercher dans leur texte les formes conjuguées de ces verbes. Faire rappeler que tous ces verbes sont conjugués à un temps du passé, l'imparfait, et écrire en haut du tableau « *Temps du passé* : *l'imparfait* ».

• Demander aux élèves d'écrire ces verbes au bon endroit dans leur tableau.

• Après un temps de recherche, organiser une synthèse collective : relever les propositions et les écrire dans le tableau en demandant à des élèves d'épeler les verbes.

• Faire remplacer le groupe sujet par le pronom personnel :

les enfants avaient ➜ *ils avaient*

ta grand-mère n'avait pas .... ➜ *elle n'avait pas* ➜ *elle avait*

mon père coupait ➜ *il coupait*

• À la fin de la recherche, faire relire toutes les formes verbales écrites au tableau (accompagnées du pronom personnel).

On obtient :

Temps du passé : l'imparfait			
	 ÊTRE	 AVOIR	 ALLER
je / j'		j'av**ais**	
tu	tu ét**ais**		
il / elle / on		elle av**ait**	
nous	nous ét**ions**	nous av**ions**	nous all**ions**
vous	vous ét**iez**		
ils / elles		ils av**aient**	
	 HABITER	 FÊTER	 COUPER
je / j'	j'habit**ais**		
tu		tu fêt**ais**	
il / elle / on			il coup**ait**
nous			
vous			
ils / elles			

2e étape : Compléter le tableau avec les formes verbales manquantes

- Faire relire les verbes *avoir* et *habiter* conjugués avec « je » (*j'avais – j'habitais).*
- Faire trouver, oralement d'abord, comment se conjuguent les verbes *être, aller, fêter, couper* avec le pronom personnel « je / j' » en les incluant dans une phrase.
- Exemples : « *Quand j'étais petit..., j'étais souvent malade..., j'allais à l'école à pied..., je fêtais mon anniversaire..., je coupais ma viande...* ».
- Indiquer aux enfants que ces verbes se conjuguent comme *j'avais* et *j'habitais* et leur demander de compléter leur tableau au crayon. Pendant ce temps, circuler dans les rangs pour observer.
- Envoyer un ou plusieurs élèves au tableau pour écrire les formes verbales et faire valider en justifiant. Faire corriger, si besoin, sur la feuille de recherche.

➜ Faire conclure qu'avec « je », le verbe se termine toujours par « ais » à l'imparfait.

• Adopter la même démarche pour faire découvrir la conjugaison entière de tous les verbes et conclure :

→ Avec « tu », le verbe se termine toujours par « ais ».

→ Avec « il » ou « elle », le verbe se termine toujours par « ait ».

→ Avec « nous », le verbe se termine toujours par « ions ».

→ Avec « vous », le verbe se termine toujours par « iez ».

→ Avec « ils » ou « elles », le verbe se termine toujours par « aient ».

• Lorsque le tableau est complet, demander à un élève de relire verticalement la conjugaison entière de chaque verbe en indiquant son infinitif.

• Puis faire relire horizontalement les verbes conjugués à la même personne et faire comparer les terminaisons (ais-ais-ait-ions-iez-aient). Les faire entourer en couleur.

Séance 3 | Approfondissement et systématisation

Objectif
- Connaitre les terminaisons à l'imparfait de l'indicatif des verbes *être* – *avoir* – *aller* et des verbes du 1er groupe.

Matériel

Individuel
- Ardoise et matériel associé.

Collectif
- Pochettes bleues et rouges.
- Étiquettes pour affichage dans les pochettes :

Pour le zoom : 15. Étiquettes collectives pour le zoom
- Étiquettes des formes verbales :

étais x 2 | était | étaient | avais x 2 | avait | avaient
- Étiquettes des pronoms personnels pour affichage dans les pochettes :
  15. Étiquettes pronoms personnels collectives

je x 2 | j' x 2 | tu x 2 | il x 2 | elle x 2 | ils x 2 | elles x 2

Pour la systématisation : 15. Étiquettes collectives pour la systématisation
- Étiquettes des verbes à l'infinitif :

inviter | préparer | couper | décorer | raconter | chanter
- Étiquettes des terminaisons de l'imparfait :

ais | ais | ait | ions | iez | aient
- Étiquettes des pronoms personnels :
  15. Étiquettes pronoms personnels collectives

je | tu | il / elle | nous | vous | ils / elles

Déroulement

Travail individuel et collectif

1. Zoom sur les difficultés

• Faire sortir l'ardoise. Pendant ce temps, afficher les pochettes bleues et rouges, et à côté, en désordre, les étiquettes des pronoms de conjugaison et celles des formes verbales [étais] [était] [étaient] [avais] [avait] [avaient].

• Faire lire à haute voix toutes les étiquettes.

• Faire chercher les étiquettes du verbe dont l'infinitif est ÊTRE et faire remarquer que l'on entend la même chose (étais / était / étaient) d'où les risques d'erreurs.

• Demander aux enfants quels pronoms peuvent être associés à la forme [étais] ; les faire écrire sur l'ardoise.

• Faire lever les ardoises pour recueillir les propositions, faire valider et envoyer un élève placer les étiquettes dans les pochettes bleues et rouges : [j'] [étais] / [tu] [étais].

• Puis, de la même façon, faire trouver quels pronoms peuvent être associés à la forme [avais].

• Faire entourer la terminaison « ais ».

• Faire relire à haute voix les verbes affichés et faire conclure qu'avec les pronoms « je » et « tu », la terminaison « ais » est la même.

On obtient :

• Retirer toutes les étiquettes et afficher les formes verbales [avait] [était].

• Faire écrire sur l'ardoise les pronoms personnels qui peuvent s'associer, recueillir les propositions, faire valider et envoyer un élève les afficher dans les pochettes bleues (*il / elle*).

• Faire rappeler que ces pronoms sont au singulier (on ne parle que d'une seule personne).

• Demander aux enfants d'écrire sur leur ardoise les pronoms au pluriel (on parle de plusieurs personnes ➜ *ils / elles*).

• Faire afficher les pronoms dans les pochettes bleues et faire écrire la forme verbale associée (*ils avaient / elles avaient / ils étaient / elles étaient*).

• Faire comparer les terminaisons :

Avec il ou elle ➜ les verbes se terminent par « ait ».

Avec ils ou elles ➜ les verbes se terminent par « aient » ; faire rappeler que « ent » est la marque du pluriel des verbes.

On obtient :

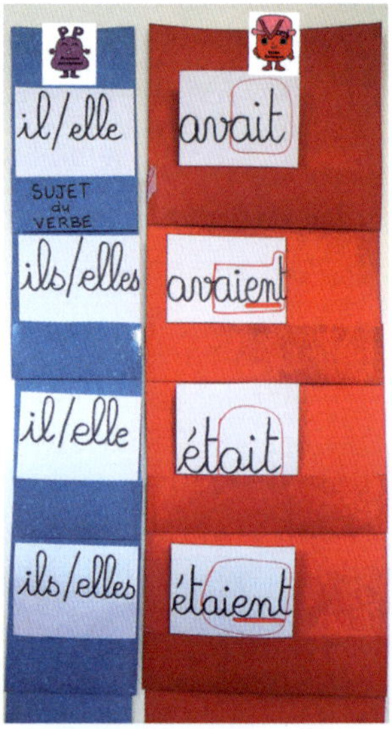

2. Systématisation et synthèse

• Conserver l'ardoise et les pochettes bleues et rouges affichées les unes à côté des autres au tableau.

• Afficher les étiquettes des terminaisons de l'imparfait et les étiquettes des verbes à l'infinitif [inviter] [préparer] [couper] [décorer] [raconter] [chanter]. Les faire lire à voix haute.

• Faire chercher le radical de chaque verbe en faisant découper la terminaison ER.

➜ *invit / prépar / coup / décor / racont / chant*.

• Glisser les étiquettes obtenues (radical de chaque verbe) dans les pochettes rouges de manière aléatoire.

• Au fur et à mesure, glisser un pronom personnel devant un radical et demander aux élèves d'écrire, sur l'ardoise, le verbe conjugué à l'imparfait à la personne demandée en ajoutant la terminaison exacte (il n'est pas indispensable de procéder dans l'ordre habituel des pronoms).

• Faire lever les ardoises et valider en envoyant un élève ajouter l'étiquette de la terminaison.

• Faire lire à haute voix la forme verbale conjuguée ainsi formée.

• Poursuivre de la même manière avec tous les verbes.

Synthèse, mémo et tableau de conjugaison

Conjuguer les verbes à l'imparfait

L'imparfait est un temps utilisé pour parler du **passé**.

À l'imparfait, tous les verbes ont les terminaisons suivantes :

je … **ais**	tu … **ais**	il / elle … **ait**
nous … **ions**	vous … **iez**	ils / elles … **aient**

Exemples : *je coup**ais*** *tu chant**ais*** *il / elle racont**ait***
*nous invit**ions*** *vous ét**iez*** *ils / elles av**aient***

15. Mémo

Temps du passé : l'imparfait			
	ÊTRE	AVOIR	ALLER
je / j'	j'ét**ais**	j'av**ais**	j'all**ais**
tu	tu ét**ais**	tu av**ais**	tu all**ais**
il / elle / on	il ét**ait**	il av**ait**	il all**ait**
nous	nous ét**ions**	nous av**ions**	nous all**ions**
vous	vous ét**iez**	vous av**iez**	vous all**iez**
ils / elles	ils ét**aient**	ils av**aient**	ils all**aient**
	HABITER	FÊTER	COUPER
je / j'	j'habit**ais**	je fêt**ais**	je coup**ais**
tu	tu habit**ais**	tu fêt**ais**	tu coup**ais**
il / elle / on	il habit**ait**	il fêt**ait**	il coup**ait**
nous	nous habit**ions**	nous fêt**ions**	nous coup**ions**
vous	vous habit**iez**	vous fêt**iez**	vous coup**iez**
ils / elles	ils habit**aient**	ils fêt**aient**	ils coup**aient**

15. Tableau de conjugaison

Séances 4 et 5 | Entrainement et réinvestissement

Objectifs	– Mémoriser les notions essentielles. – Réinvestir ses connaissances dans des exercices d'application.
Organisation	– Travail individuel, correction individuelle ou collective.
Matériel	– Fiche élève n° 15. Fiche 15 – Cahier d'essai et / ou du jour.

Objectifs visés :

Ex. 1, 2, 4 et 5 : Accorder le pronom personnel et la forme verbale.
Ex. 3 et 7 : Conjuguer un verbe à l'imparfait.
Ex. 6 : Connaitre les terminaisons de l'imparfait.

15

Conjuguer les verbes *être, avoir, aller* et les verbes du 1er groupe à l'imparfait

Prénom : ....

Je m'entraine

1 Entoure tous les verbes qui s'accordent avec le pronom personnel sujet.

elle	avait – décorait – regardaient – étais – chantait – coupait
nous	habitions – fêtais – allumions – déposait – passions
je	déposais – décorait – balayait – chantais – passais
ils	avaient – avait – invitaient – parlais – étaient
tu	sautais – aidais – étais – invitait – habitais
vous	chantiez – racontaient – décoriez – parlais – coupiez
on	préparait – aimait – étais – avait – écoutais

2 Récris la phrase en changeant le pronom personnel sujet.

Est-ce que tu décorais un sapin ?

Est-ce que vous..

Ils invitaient toute la famille pour le repas du réveillon.

Nous ....

Elles attachaient des rubans roses.

Elle ....

Nous chantions devant la cheminée.

Tu ....

3 Complète les phrases en conjuguant à l'imparfait les verbes *être, aider, aller, planter, attacher, accrocher* et *fixer*.

Quand nous .... petits, nous .... notre grand-mère à décorer le sapin.

Grand-père .... l'acheter au marché. Il le .... dans un pot.

J' .... les guirlandes, mon frère .... les boules

et grand-mère .... l'étoile à la cime de l'arbre.

15

4 Récris les formes conjuguées en changeant de personne.

tu travaillais	→ vous.............................	je mangeais	→ tu ....
elle nettoyait	→ elles.............................	nous étions	→ on ....
je regardais	→ nous.............................	ils travaillaient	→ il ....
il avait	→ ils.............................	je lavais	→ nous ....

5 Écris un pronom personnel sujet qui peut s'accorder avec le verbe.

.... allumait la buche le soir de Noël.

.... chantaient devant la cheminée.

.... décorais la buche avec des rubans.

.... invitions les pauvres gens à manger avec nous.

.... étais très jeune en ce temps-là.

6 Dans ce texte, complète les verbes avec les terminaisons correctes de l'imparfait.

Quand j'ét........... enfant, mes parents déménage........... souvent. Dans chaque pays que nous visit........... , je découvr........... des traditions de Noël différentes. En Allemagne, le père Noël ne pass........... pas ; tous les enfants attend........... la venue de Saint Nicolas, il distribu........... des cadeaux. En Italie, c'ét........... une gentille sorcière, « la Befana », elle apport........... des friandises aux enfants sages le jour de l'Épiphanie. De nos jours, ces traditions sont encore bien vivantes !

7 Complète ces phrases en conjuguant à l'imparfait les verbes entre parenthèses.

Le Père fouettard .... le compagnon de Saint Nicolas. (être)

Saint Nicolas .... des bonbons. (apporter)

Le Père fouettard .... des coups de baguette aux enfants méchants. (donner)

Les enfants .... très peur du Père fouettard. (avoir)

La Befana .... du charbon aux enfants polissons. (distribuer)

Le jour de l'Épiphanie, nous .... la galette des rois. (manger)

Conjuguer les verbes *dire*, *faire*, *venir*, *vouloir*, *voir*, *prendre* et *pouvoir* à l'imparfait

Programmes 2016, ajustements 2018 – connaissances et compétences associées :

– Maitriser l'orthographe grammaticale de base.

– Identifier le radical et la terminaison du verbe.

– Trouver l'infinitif d'un verbe conjugué.

– Mémoriser le présent, l'imparfait, le futur, le passé composé pour les verbes irréguliers du 3e groupe (*faire*, *aller*, *dire*, *venir*, *pouvoir*, *voir*, *vouloir*, *prendre*).

– Distinguer temps simples et temps composés.

En lien avec les compétences abordées en CE1 :

– Trouver l'infinitif d'un verbe conjugué.

– Identifier le radical et la terminaison du verbe.

– Mémoriser le présent, l'imparfait, le futur, le passé composé pour :
- *être* et *avoir* ;
- les verbes du 1er groupe.

– Différencier les principales classes de mots : le nom, l'article défini et l'article indéfini, l'adjectif, le verbe, le pronom personnel sujet.

Séance 1 | Lecture, compréhension du texte et approche de la notion

Objectifs
- Comprendre un texte.
- Lire à haute voix.
- Retrouver des verbes conjugués à l'imparfait.

Matériel

Individuel
- Photocopie individuelle du texte *La buche de Noël (suite).* 16. Texte individuel
- Crayons de couleur ou surligneurs.

Collectif
- Facultatif : le même texte reproduit ou vidéoprojeté collectivement au tableau. 16. Texte collectif

Déroulement

La buche de Noël (suite)

L'arrière grand-mère d'Agathe continue son récit :
« Toute la famille venait assister à la coupe de la buche.
Petits et grands, nous voulions tous aider mon père à transporter la buche de Noël dans la ferme.
Ensuite, les enfants prenaient des feuillages et des rubans et décoraient la buche puis les parents la déposaient dans la cheminée.
Le 24 décembre, veille de Noël, avant de partir à la messe de minuit, mon père allumait la buche. On disait qu'une bonne buche de Noël devait bruler lentement, sans s'éteindre, au moins jusqu'à la fin du repas de réveillon !
Je venais m'assoir devant la cheminée, je voyais danser les étincelles ! J'étais émerveillée ! »
Puis, émue, l'arrière-grand-mère ajoute :
« Autrefois, nous faisions bruler une vraie buche en bois ; de nos jours, c'est un gâteau roulé en forme de buche que nous mangeons ! »

• Faire lire silencieusement le texte.

• Questionner les élèves pour contrôler la compréhension :
À quoi assistait toute la famille ? Qui coupait la buche de bois ?
Que faisaient les enfants ? À quel moment le père de famille allumait-il la buche ?
Quelle qualité devait avoir une bonne buche ?
Pour quelle raison mange-t-on à Noël des gâteaux en forme de buche ?

• Faire une lecture magistrale du texte.

• Faire rappeler que les verbes sont conjugués à l'imparfait.

• Relire la phrase « *Toute la famille venait assister à la coupe de la buche.* » et demander aux élèves de la transformer oralement en remplaçant le groupe « toute la famille » par « nous » ➜ « *Nous venions assister à la coupe de la buche.* ».

• De la même manière, faire transformer les phrases :
– « ... *nous voulions tous aider...* » en remplaçant « nous » par « vous ».
➜ « *Vous vouliez tous aider...* »
– « ... *les enfants prenaient des feuillages et des rubans...* » en remplaçant « les enfants » par « nous ».
➜ « *Nous prenions des feuillages et des rubans.* »
– « *On disait qu'une bonne buche de Noël...* » en remplaçant « on » par « nous ».
➜ « *Nous disions qu'une bonne buche de Noël...* ».
– « *Nous faisions bruler une vraie buche...* » en remplaçant « nous » par « tu ».
➜ « *Tu faisais bruler une vraie buche...* ».

Séance 2 | Construction de la notion

Objectifs

- Rappeler les terminaisons de l'imparfait.
- Conjuguer à l'imparfait les verbes *dire, faire, venir, prendre, voir, vouloir, pouvoir.*

Matériel

Individuel

- Photocopie individuelle du texte *La buche de Noël* (suite).
  16. Texte individuel
- Crayons de couleur.

Pour chaque binôme

- Photocopie de la feuille de recherche n° 1 pour une moitié des binômes.
  16. Feuille de recherche pour binôme (1)

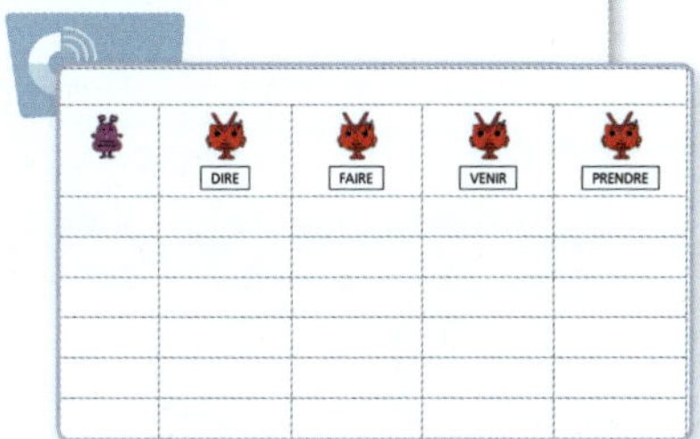

- Photocopie de la feuille de recherche n° 2 pour l'autre moitié des binômes.
  16. Feuille de recherche pour binôme (2)

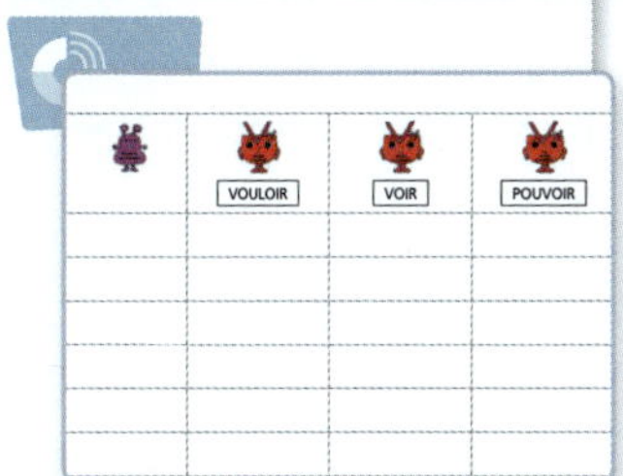

- Figurines collectives Verbe à l'infinitif et Pronom personnel. Figurines

- Étiquettes de pronoms personnels pour affichage collectif :
  16. Étiquettes pronoms personnels collectives

je | tu | il | elle | on | nous | vous | ils | elles

- Étiquettes des formes infinitives des verbes pour affichage collectif :
  16. Étiquettes verbes à l'infinitif collectives

DIRE | FAIRE | VENIR | PRENDRE | VOIR | VOULOIR | POUVOIR

Déroulement

Recherche en binôme et collective

1re étape : Compléter le tableau avec les formes verbales du texte

• Partager la classe en deux et faire distribuer à une moitié des binômes la feuille de recherche n° 1 et à l'autre moitié la feuille n° 2 (*cf.* annexe).

• Faire sortir le texte « *La buche de Noël.* » (suite), et le faire relire silencieusement. Pendant ce temps, reproduire au tableau les tableaux n° 1 et n° 2.

• Afficher les figurines collectives, les pronoms personnels et les verbes :

DIRE | FAIRE | VENIR | PRENDRE | VOIR | VOULOIR | POUVOIR

• Faire lire à voix haute ces verbes, et faire rappeler qu'ils sont à l'infinitif.

• Demander aux élèves de surligner dans leur texte les formes verbales de ces verbes conjugués à l'imparfait. Écrire en haut du tableau « *Temps du passé : l'imparfait* ».

• Demander aux élèves d'écrire ces verbes au bon endroit dans le tableau.

• Faire remplacer le groupe sujet par le pronom personnel :

Toute la famille venait ➜ *elle venait*

Les enfants prenaient ➜ *ils prenaient*

• Après un temps de recherche, organiser une synthèse collective : relever les propositions et les écrire dans le tableau en demandant à des élèves d'épeler les verbes.

• À la fin de la recherche, faire relire toutes les formes verbales écrites au tableau (accompagnées du pronom personnel).

On obtient :

– Feuille de recherche n° 1 :

Temps du passé : l'imparfait				
	 DIRE	 FAIRE	 VENIR	 PRENDRE
je			je ven**ais**	
tu				
il / elle / on	on dis**ait**		elle ven**ait**	
nous		nous fais**ions**		
vous				
ils / elles				ils pren**aient**

– Feuille de recherche n° 2 :

Temps du passé : l'imparfait			
	 VOULOIR	 VOIR	 POUVOIR
je		je voy**ais**	
tu			
il / elle / on			
nous	nous voul**ions**		
vous			
ils / elles			

2e étape : Compléter le tableau avec les formes verbales manquantes

• Faire rechercher, en les incluant dans une petite phrase, les formes verbales conjuguées avec « je » et les écrire au tableau au fur et à mesure dans les colonnes.

Exemples : *« je disais au revoir », « je faisais un dessin », « je venais en voiture », « je prenais mon sac », « je voulais un chien », « je voyais mal », « je pouvais grimper à l'arbre ».*

• Demander aux enfants de compléter leur tableau en s'aidant des formes déjà écrites. Envoyer des élèves au tableau pour faire le même travail sur les tableaux collectifs.

• Pendant ce temps, circuler dans les rangs pour observer, relever les difficultés et apporter une aide éventuelle.

• À la fin du temps de recherche, organiser une correction collective :

– Faire échanger les feuilles de recherche entre les binômes (n° 1 contre n° 2) en demandant aux élèves de corriger le travail de leurs camarades.

– Faire lire à haute voix la conjugaison de chaque verbe par les élèves qui ont travaillé au tableau.

– Faire valider par la classe.

• Faire conclure en faisant réaffirmer qu'à l'imparfait tous les verbes ont les mêmes terminaisons avec un même pronom personnel. Faire entourer ces terminaisons en couleur.

Séance 3 | Approfondissement et systématisation

Objectifs

- Conjuguer les verbes *faire, voir, venir, prendre, vouloir, pouvoir* à l'imparfait.
- Distinguer les terminaisons du verbe *voir* à l'imparfait et au présent avec « nous » et « vous ».

Matériel

Individuel

- Ardoise et matériel associé.

Collectif

- Pochettes bleues et rouges.
- Étiquettes pour affichage dans les pochettes :

Pour le zoom : 16. Étiquettes collectives pour le zoom

- Étiquettes des formes verbales :

[fais] x 2 [fait] [faisais] x 2 [faisait]

[voyions] [voyons] [voyez] [voyiez]

- Étiquettes des pronoms personnels pour affichage dans les pochettes :
16. Étiquettes pronoms personnels collectives

[je] x 2 [tu] x 2 [il] x 2 [elle] x 2

[nous] x 2 [vous] x 2 [ils] x 2 [elles] x 2

Pour la systématisation : 16. Étiquettes collectives pour la systématisation

- Étiquettes des verbes à l'infinitif :

[venir] [prendre] [vouloir] [pouvoir]

- Étiquettes des terminaisons de l'imparfait :

[ais] [ais] [ait] [ions] [iez] [aient]

- Étiquettes des pronoms personnels :
16. Étiquettes pronoms personnels collectives

[je] [tu] [il / elle] [nous] [vous] [ils / elles]

Déroulement

Travail individuel et collectif

1. Zoom sur les difficultés

• Faire sortir l'ardoise et faire écrire « *je fais / je faisais* ».

• Faire lever l'ardoise, pour recueillir les différentes écritures. Faire valider et afficher au tableau les étiquettes [je] [fais] / [je] [faisais].

• De la même manière, faire écrire « *tu fais / tu faisais* » et « *il fait / il faisait* ».

[tu] [fais] / [tu] [faisais]

[il] [fait] / [il] [faisait]

• Faire relire à haute voix et faire remarquer la prononciation différente du « ai » :

➜ ai se prononce **[è]** dans : *je fais / tu fais / il fait*

➜ ai se prononce **[e]** dans **:** *je faisais / tu faisais / il faisait*

• Conclure que l'on entend [e] mais que l'on doit écrire « ai ».

• Afficher au tableau les formes verbales [voyions] [voyons] [voyez] [voyiez].

• Demander au groupe classe de chercher quel(s) pronom(s) personnel(s) peuve(nt) être associé(s) à ces formes verbales et les faire écrire sur l'ardoise.

• Faire lever l'ardoise, faire valider et envoyer un élève afficher les pronoms personnels à côté de la forme verbale correspondante.

➜ « *nous* » avec « *voyions, voyons* » car ils se terminent par « ons ».

➜ « *vous* » avec « *voyiez, voyez* » car ils se terminent par « ez ».

• Demander ensuite aux élèves de trouver quels verbes ne sont pas conjugués à l'imparfait parmi eux. Les faire écrire sur l'ardoise accompagnés de leur pronom personnel.

• Faire trouver à quel temps ils sont conjugués :

– « *nous voyons, vous voyez* », sont conjugués au présent.

– « *nous voyions, vous voyiez* », sont conjugués à l'imparfait.

➜ Insister sur les terminaisons et les risques de confusion des formes « *voyons / voyions* » et « *voyez / voyiez* ».

• Les faire utiliser dans des courtes phrases.

2. Systématisation et synthèse

• Conserver l'ardoise et les pochettes bleues et rouges affichées les unes à côté des autres au tableau.

• Afficher les étiquettes des terminaisons de l'imparfait et les étiquettes des verbes à l'infinitif [venir] [prendre] [vouloir] [pouvoir]. Les faire lire à voix haute.

• Faire trouver le radical de chaque verbe en faisant découper la terminaison du verbe à l'infinitif (l'indiquer aux enfants) :

ven|ir| ➜ ven...
pren|dre| ➜ pren...
voul|oir| ➜ voul...
pouv|oir| ➜ pouv...

• Glisser les étiquettes obtenues (radical de chaque verbe) dans les pochettes rouges de manière aléatoire.

• Au fur et à mesure, glisser un pronom personnel devant un radical et demander aux élèves d'écrire, sur l'ardoise, le verbe conjugué à l'imparfait à la personne demandée en ajoutant la terminaison exacte (il n'est pas indispensable de procéder dans l'ordre habituel des pronoms).

• Faire lever les ardoises et valider en envoyant un élève accoler l'étiquette de la terminaison au radical. Faire lire à haute voix la forme verbale conjuguée ainsi formée.

• Poursuivre de la même manière avec tous les verbes.

Synthèse, mémo et tableau de conjugaison

Conjuguer les verbes à l'imparfait

À l'imparfait, tous les verbes conjugués se conjuguent avec les mêmes terminaisons :

ais **ais** **ait** **ions** **iez** **aient**

Exemples : *je disais, tu faisais, il venait, nous voulions, vous preniez, ils voyaient.*

16. Mémo

16

Conjuguer les verbes *dire*, *faire*, *venir*, *vouloir*, *voir*, *prendre* et *pouvoir* à l'imparfait

Conjuguer des verbes à l'imparfait

	 DIRE	 FAIRE	 VENIR
je	je disais	je faisais	je venais
tu	tu disais	tu faisais	tu venais
il / elle / on	il disait	il faisait	il venait
nous	nous disions	nous faisions	nous venions
vous	vous disiez	vous faisiez	vous veniez
ils / elles	ils disaient	ils faisaient	ils venaient
	 VOULOIR	 PRENDRE	 VOIR
je	je voulais	je prenais	je voyais
tu	tu voulais	tu prenais	tu voyais
il / elle / on	il voulait	il prenait	il voyait
nous	nous voulions	nous prenions	nous voyions
vous	vous vouliez	vous preniez	vous voyiez
ils / elles	ils voulaient	ils prenaient	ils voyaient

16. Tableau de conjugaison

Séances 4 et 5 | Entrainement et réinvestissement

Objectifs	- Mémoriser les notions essentielles. - Réinvestir ses connaissances dans une courte production d'écrit.
Organisation	- Travail individuel, correction individuelle ou collective.
Matériel	- Fiche élève n° 16. Fiche 16 - Cahier d'essai et / ou du jour.

Objectifs visés :

Ex. 1, 2, 4 et 5 : Accorder le pronom personnel et la forme verbale.
Ex. 3 et 7 : Conjuguer un verbe à l'imparfait.
Ex. 6 : Connaitre les terminaisons de l'imparfait.

16 **Conjuguer les verbes *dire, faire, venir, vouloir, voir, prendre* et *pouvoir* à l'imparfait** Prénom : ....

Je m'entraine

❶ Entoure tous les verbes qui s'accordent avec le pronom personnel sujet.

elle	disait – voyait – allait – voulait – prenaient – venais
nous	pouvions – disions – voyions – faisais – venions
je	faisais – voyais – prenais – voyaient – disais
ils	voyaient – voulait – prenaient – voulaient – faisaient
tu	faisais – disais – prenais – voyais – prenait
vous	disiez – veniez – faisiez – voyiez – vouliez
on	voyaient – faisait – voyait – disais – voulait

❷ Récris la phrase en changeant le pronom personnel sujet.

À Noël, elle voyait tous les cousins.

À Noël, elles ....

Est-ce que tu allais rendre visite aux voisins ?

Est-ce que vous ....

Nous faisions cuire une dinde pour le réveillon.

Il ....

Elle voulait toujours décorer la buche.

Nous ....

❸ Complète les phrases en conjuguant à l'imparfait les verbes écrits entre parenthèses.

Nous .... nous coucher très tard le soir du réveillon. (pouvoir)

Tu .... rendre visite à toute ta famille pour Noël. (venir)

Elle .... des gâteaux pour le repas de réveillon. (faire)

Je .... aider à transporter la buche dans la maison. (vouloir)

❹ Récris les formes conjuguées en changeant de personne.

tu disais	→ vous..............................	je venais	→ tu ....
elle faisait	→ elles	nous voulions	→ on ....
je voyais	→ nous..............................	ils disaient	→ il..........................
il prenait	→ ils	tu voyais	→ vous ....

16

❺ Écris un pronom personnel sujet qui peut s'accorder avec le verbe.

.... disait des poèmes devant toute la famille.

.... faisaient des jeux avec leurs cousins.

.... venais chez mes grands-parents à chaque Noël.

Quand .... voyions danser les étincelles, ... étions émerveillés.

❻ Complète les verbes avec les terminaisons correctes de l'imparfait.

Quand nous ét......... enfants, nous pren........... le train pour aller chez nos grands-parents.

Nous pass........... les vacances avec nos cousins.

Nous voul........... tous décorer le grand sapin du salon.

Je pren........... les guirlandes pour m'en faire des colliers !

Grand-mère s'occup........... de faire des truffes au chocolat.

De temps en temps, elle ven........... nous voir et elle dis........... : « Quel beau sapin nous allons avoir ! »

❼ Recopie ces phrases en mettant le verbe à l'imparfait.

Je <u>fais</u> des batailles de boules de neige avec mes cousins.

....

Ma tante <u>prend</u> le dernier train pour Paris.

....

Ma petite sœur <u>veut</u> construire un bonhomme de neige.

....

Nous <u>voyons</u> la neige tomber.

....

J'écris

Cherche dans le dictionnaire ces noms de métiers disparus :
le rémouleur, le colporteur, l'allumeur de réverbères, la lavandière, l'apothicaire.
Puis utilise ces noms pour écrire une phrase à l'imparfait.
Aide-toi de ces verbes : laver, fabriquer, vendre, allumer, se déplacer.
Exemple : Autrefois, le sabotier fabriquait des sabots en bois.

Des mots invariables

Programmes 2016, ajustements 2018 – connaissances et compétences associées :

– Identifier la phrase, en distinguer les principaux constituants et les hiérarchiser.

– Reconnaitre les principaux constituants de la phrase : le sujet, le verbe (connaissance des propriétés permettant de l'identifier), les compléments.

– Reconnaitre le groupe nominal.

– Différencier les principales classes de mots : le nom, l'article défini et l'article indéfini, l'adjectif, le verbe, le pronom personnel sujet, les mots invariables.

En lien avec les compétences abordées en CE1 :

– Identifier la phrase, en distinguer les principaux constituants et les hiérarchiser.

Séance 1 | Lecture, compréhension du texte et approche de la notion

Objectifs

– Comprendre un texte.

– Lire à haute voix.

– Repérer dans le texte des mots invariables qui modifient le sens d'un verbe dans la phrase (approche de l'adverbe).

Matériel

Individuel

– Photocopie individuelle du texte *Avant le téléphone.* 17. Texte individuel

– Crayons de couleur.

Collectif

– Facultatif : le même texte reproduit ou vidéoprojeté collectivement au tableau. 17. Texte collectif

Déroulement

Avant le téléphone

Paul, l'animateur scientifique, invite aimablement les visiteurs à pénétrer dans la salle : « Entrez et installez-vous, j'espère qu'il y aura assez de places pour tous ! »
Les enfants rentrent silencieusement. Ils se dirigent vite vers les bancs. Les petits s'assoient devant. Les grands s'assoient derrière. Les adultes s'installent confortablement sur les chaises.
Paul parle fort :
« Bonjour à tous. Nous allons commencer la conférence mais, avant, je vous remercie de bien vouloir éteindre vos téléphones portables. » Puis il continue :
« Aujourd'hui, presque tout le monde possède un téléphone mobile. Les gens téléphonent souvent et les jeunes envoient beaucoup de textos ; mais comment faisaient les hommes autrefois pour communiquer ?
Depuis le début de l'humanité, partout dans le monde, les hommes ont toujours inventé des moyens pour communiquer entre eux : ici, des signaux de fumée, là, le bruit des tam-tams, ailleurs, des roulements de tambours…
L'écriture a été inventée puis, après, les hommes ont pu s'échanger plus facilement des messages sur papier ; cependant, il fallait toujours quelqu'un pour porter les messages : à pied, à cheval, en diligence…
Alors, les hommes ont cherché des moyens pour transmettre leurs messages plus rapidement… »

À suivre.

• Faire lire silencieusement le texte et vérifier sa compréhension en posant quelques questions :
Où se passe la scène ? Quel métier exerce Paul ?
Où s'installent les enfants ? Que viennent faire les visiteurs ?
Quel est le thème (le sujet) de la conférence ? (Faire relire le titre.)
Comment les hommes communiquaient-ils avant l'invention de l'écriture ?
(Faire chercher le verbe *communiquer* dans le dictionnaire.)
• Faire une lecture magistrale expressive.
• Faire relire à haute voix par plusieurs élèves.
• Faire relire la phrase « *Les enfants rentrent silencieusement.* » et faire chercher le mot qui indique comment rentrent les enfants (*silencieusement*). Le faire entourer en couleur et faire préciser le sens de ce mot *(en silence)*.
• Poursuivre de la même manière avec les phrases :
– « *Paul, l'animateur scientifique invite* <u>*aimablement*</u> *les visiteurs.* » (de manière aimable)
– « *Les adultes s'installent* <u>*confortablement*</u> *sur les chaises.* » (de manière confortable)

– « *Les hommes ont pu s'échanger plus facilement des messages...* » (de manière facile, avec facilité)

- Faire remarquer oralement que ces mots se terminent tous par « ment ».

Séance 2 | Construction de la notion

Objectifs

- Préciser le sens d'un verbe en lui ajoutant un adverbe.
- Remarquer la formation des adverbes qui se terminent par « ment ».
- Comprendre qu'un mot invariable s'écrit toujours de la même façon.

Matériel

Individuel

- Photocopie individuelle du texte *Avant le téléphone.* 17. Texte individuel
- Cahier d'essai.
- Feuille de recherche individuelle. 17. Feuille de recherche individuelle

Des mots invariables qui indiquent : **la manière** → *Comment ?*	Des mots invariables qui indiquent : **le lieu** → *Où ?*	Des mots invariables qui indiquent : **le temps** → *Quand ?*	Des mots invariables qui indiquent : **la quantité** → *Combien ?*

Collectif

- Facultatif : le même texte vidéoprojeté au tableau. 17. Texte collectif
- Pochettes bleue, rouge, verte.
- Étiquettes collectives : 17. Étiquettes collectives

Les | enfants | rentrent | silencieusement

bruyamment | lentement | rapidement | joyeusement

Paul | parle | fort

Déroulement

Mise en scène

• Afficher au tableau les pochettes bleue, rouge, verte.

• Afficher au tableau les étiquettes de la phrase :
[Les] [enfants] [rentrent] [silencieusement].

• Faire lire la phrase à haute voix et faire identifier le verbe, puis le groupe sujet du verbe.

• Faire relire la phrase en supprimant le mot « *silencieusement* ».

• Faire conclure qu'il n'est pas indispensable, mais qu'il précise la manière dont les enfants rentrent.

• Faire placer les étiquettes dans les pochettes correspondantes :
[Les] [enfants] [rentrent] [silencieusement].

• Faire chercher d'autres mots qui pourraient se mettre à la place de « *silencieusement* » et les afficher au fur et à mesure sous l'étiquette du groupe vert.
On obtient :

[*Les enfants*] [*rentrent*] [*silencieusement*].
[*bruyamment*].
[*lentement*].
[*rapidement*].
[*joyeusement*].

• Poursuivre en affichant la phrase [Paul] [parle] [fort] et faire remplacer le mot « *fort* » par d'autres adverbes en les écrivant au fur et à mesure en dessous.

➜ *Paul parle <u>fort</u> / vite / beaucoup / peu / bien / mal / lentement / doucement / gentiment / méchamment...*

• Demander aux élèves de choisir une phrase et de la mettre au singulier ; l'écrire au tableau. (ex. : *Les enfants rentrent silencieusement.* ➜ *L'enfant rentre silencieusement.*)

• Faire constater que seul le mot « *silencieusement* » s'écrit toujours de la même façon (il ne varie pas).

• Faire relire l'ensemble des adverbes trouvés et faire conclure à ce stade :

– que ces mots ne sont ni au féminin, ni au masculin, ni au singulier, ni au pluriel : ils s'écrivent toujours de la même manière, on dit qu'ils sont **invariables**. (La terminologie « adverbe » ne sera pas nécessairement proposée au CE2.)

– que ces mots précisent le verbe (ici, ils expriment la manière et répondent à la question « comment ? »).

– que ces mots se terminent souvent par « ment ».

Travail collectif

• Faire sortir le texte « *Avant le téléphone* ».

• Faire lire, phrase par phrase, le texte à haute voix, en changeant d'élève à chaque fois. Au fur et à mesure, faire souligner (ou surligner) les mots invariables suivants (les principaux adverbes) : *aimablement, assez, silencieusement, vite, devant, derrière, confortablement, fort, avant, aujourd'hui, souvent, beaucoup, bien, autrefois, presque, partout, toujours, ici, là, ailleurs, après, facilement, alors, rapidement.*

• Distribuer la feuille de recherche individuelle. Faire observer le tableau et faire lire à haute voix l'intitulé des colonnes.

• Demander aux élèves de chercher dans les mots soulignés les mots invariables qui indiquent la manière et qui répondent à la question « *Comment* ? ». Les faire lister oralement puis par écrit en les faisant écrire dans la première colonne du tableau. Poursuivre en faisant chercher les mots qui indiquent le lieu et qui répondent à la question « *Où* ? », puis les faire écrire dans la colonne correspondante. ➜ *devant / derrière / ici / là / ailleurs / partout.*

• Conserver la feuille de recherche pour la séquence suivante.

On obtient :

Des mots invariables qui indiquent : **la manière** ➜ *Comment ?*	Des mots invariables qui indiquent : **le lieu** ➜ *Où ?*	Des mots invariables qui indiquent : **le temps** ➜ *Quand ?*	Des mots invariables qui indiquent : **la quantité** ➜ *Combien ?*
aimablement silencieusement confortablement bien facilement rapidement fort vite	devant derrière ici là ailleurs partout	avant aujourd'hui autrefois souvent après alors toujours	beaucoup assez presque

Appropriation individuelle

• Faire sortir le cahier d'essai et demander aux élèves d'écrire deux phrases en employant un mot de chaque colonne.

• Après un temps de recherche, faire lire à voix haute quelques productions.

Séance 3 | Approfondissement de la notion

Objectifs

- Utiliser les adverbes pour se repérer dans la chronologie d'un texte.
- Connaitre quelques adverbes (mots de liaison) parmi les plus courants.

Matériel

Individuel

- Photocopie du texte intégral *Avant le téléphone.* 17. Texte intégral individuel
- Feuille de recherche individuelle (utilisée en séance 2). 17. Feuille de recherche individuelle

Pour chaque binôme

- 4 étiquettes phrases par binôme : 17. Étiquettes phrases pour binôme

Enfin, un siècle plus tard, en 1973, Martin Cooper a inventé le premier téléphone mobile.
Ensuite, en utilisant l'électricité, M. Morse a inventé un code secret avec des traits et des points.
On a d'abord inventé les sémaphores, des machines avec des bras articulés pour envoyer des messages secrets.
Plus tard, en 1876, Graham Bell a inventé le téléphone fixe qui fonctionnait avec un fil. Ce fut une véritable révolution technologique qui a changé la vie des gens.

Collectif

- Facultatif : le même texte vidéoprojeté au tableau. 17. Texte intégral collectif
- Le même jeu de 4 étiquettes phrases pour affichage collectif, plus 2 nouvelles phrases à reconstituer, à reproduire sur une bande de papier et à afficher au tableau (ou à écrire préalablement au tableau) : 17. Étiquettes phrases collectives

1. Alors, les hommes ont cherché des moyens pour transmettre leurs messages plus rapidement…
6. Depuis, les téléphones portables ne cessent de se moderniser… et de sonner pendant les conférences ! ironise Paul avec un petit sourire.

- Figurine collective Adverbe (facultative). Figurines

Déroulement

Avant le téléphone (version intégrale)

Paul, l'animateur scientifique, invite aimablement les visiteurs à pénétrer dans la salle : « Entrez et installez-vous, j'espère qu'il y aura assez de places pour tous ! »
Les enfants rentrent silencieusement. Ils se dirigent vite vers les bancs. Les petits s'assoient devant. Les grands s'assoient derrière. Les adultes s'installent confortablement sur les chaises.
Paul parle fort :
« Bonjour à tous. Nous allons commencer la conférence mais, avant, je vous remercie de bien vouloir éteindre vos téléphones portables. » Puis il continue :
« Aujourd'hui, presque tout le monde possède un téléphone mobile. Les gens téléphonent souvent et les jeunes envoient beaucoup de textos ; mais comment faisaient les hommes autrefois pour communiquer ?
Depuis le début de l'humanité, partout dans le monde, les hommes ont toujours inventé des moyens pour communiquer entre eux : ici, des signaux de fumée, là, le bruit des tam-tams, ailleurs, des roulements de tambours…
L'écriture a été inventée puis, après, les hommes ont pu s'échanger plus facilement des messages sur papier ; cependant, il fallait toujours quelqu'un pour porter les messages : à pied, à cheval, en diligence… »
Alors, les hommes ont cherché des moyens pour transmettre leurs messages plus rapidement…
On a d'abord inventé les sémaphores : des machines avec des bras articulés pour envoyer des messages secrets.
Ensuite, en utilisant l'électricité, M. Morse a inventé un code secret avec des traits et des points.
Plus tard, en 1876, Graham Bell a inventé le téléphone fixe qui fonctionnait avec un fil. Ce fut une véritable révolution technologique qui a changé la vie des gens.
Enfin, un siècle plus tard, en 1973, Martin Cooper a inventé le premier téléphone mobile.
Depuis, les téléphones portables ne cessent de se moderniser… et de sonner pendant les conférences ! » ironise Paul avec un petit sourire.

Recherche en binôme

- Faire rappeler le texte « *Avant le téléphone* » lu lors de la séance précédente.
- Afficher au tableau la première et la dernière phrase de la suite du texte (phrases 1 et 6) en laissant un espace suffisant pour insérer les quatre étiquettes phrases manquantes. Les faire lire à voix haute.
- Distribuer les étiquettes phrases à chaque binôme ; les faire découper et les faire lire silencieusement. Pendant ce temps, afficher les étiquettes collectives au tableau dans le désordre.

• Expliquer aux élèves qu'ils doivent remettre dans l'ordre les étiquettes pour trouver la suite du texte ; ils pourront s'aider des mots soulignés : les faire lire à haute voix.

• Laisser un temps de recherche suffisant et organiser une correction collective en utilisant les étiquettes phrases collectives.

• Faire justifier en insistant sur la stratégie utilisée pour remettre les phrases dans l'ordre chronologique. Faire émerger le rôle et l'importance des mots soulignés (➔ ils relient les phrases en situant les actions les unes par rapport aux autres dans le temps).

On obtient le texte :

On a d'abord inventé les sémaphores, des machines avec des bras articulés pour envoyer des messages secrets.

Ensuite, en utilisant l'électricité, M. Morse a inventé un code secret avec des traits et des points.

Plus tard, en 1876, Graham Bell a inventé le téléphone fixe qui fonctionnait avec un fil. Ce fut une véritable révolution technologique qui a changé la vie des gens.

Enfin, un siècle plus tard, en 1973, Martin Cooper a inventé le premier téléphone mobile.

• Distribuer le texte intégral « *Avant le téléphone* » et le faire lire à haute voix.

• Faire rappeler que tous les mots soulignés sont invariables. (Éventuellement donner la terminologie de cette classe de mots, « *adverbe* », et afficher la figurine correspondante.)

Travail individuel et collectif

• Demander aux enfants de reprendre le tableau de la séance précédente.

• Faire rechercher dans le texte intégral tous les mots soulignés qui précisent le temps. Au fur et à mesure, les faire lire à haute voix et les faire écrire dans la colonne correspondante.

• Procéder de la même manière pour les adverbes qui précisent la quantité (« *beaucoup / assez / presque* »).

• Faire conclure qu'il existe beaucoup de mots invariables dont il faut connaitre l'orthographe et que l'on pourra compléter ce tableau au fur et à mesure que l'on rencontrera des mots nouveaux.

On obtient :

Des mots invariables qui indiquent : **la manière** ➜ *Comment ?*	Des mots invariables qui indiquent : **le lieu** ➜ *Où ?*	Des mots invariables qui indiquent : **le temps** ➜ *Quand ?*	Des mots invariables qui indiquent : **la quantité** ➜ *Combien ?*
aimablement silencieusement confortablement bien facilement rapidement fort vite	devant derrière ici là ailleurs partout	avant autrefois aujourd'hui souvent depuis après enfin d'abord alors ensuite plus tard toujours	beaucoup assez presque

Synthèse, mémo et carte mentale

Des mots invariables

Certains mots invariables servent à **modifier** ou à **préciser le sens d'un verbe.**

Exemple : *Matisse parle.* ➜ *Matisse parle lentement. Matisse parle fort.*

D'autres mots invariables permettent de **relier des phrases en situant les actions dans le temps :**

Exemple : *Hier, Matisse a d'abord fait ses devoirs, puis il est parti jouer au foot.*

Il existe beaucoup de mots invariables.

Certains précisent **le lieu** (autour, devant, derrière, loin, etc.) ; d'autres précisent **la manière** (bien, mal, rapidement, doucement, etc.) ; d'autres **la quantité** (beaucoup, moins, plus, etc.).

17. Mémo

Des mots invariables

Il existe **beaucoup de mots invariables.**

→ certains précisent le lieu
Ex. : *autour, devant, derrière, loin…*

→ d'autres précisent la manière
Ex. : *bien, mal, rapidement, doucement…*

→ d'autres la quantité
Ex. : *beaucoup, moins, plus…*

À quoi servent-ils ?

Ils modifient ou précisent le sens d'un verbe.

Ex. : *Matisse parle.*
→ *Matisse parle lentement.*
→ *Matisse parle fort.*

Ils relient des phrases en situant les actions dans le temps.

Ex. : *Hier, Matisse a d'abord fait ses devoirs, puis il est parti jouer au foot.*

17. Carte mentale

Séances 4 et 5 | Entrainement et réinvestissement

Objectifs	– Mémoriser les notions essentielles. – Réinvestir ses connaissances dans une courte production d'écrit.
Organisation	– Travail individuel, correction individuelle ou collective.
Matériel	– Fiche élève n° 17. Fiche 17 – Cahier d'essai et / ou du jour.

Objectifs visés :

Ex. 1 et 2 : Compléter une phrase avec un mot invariable.
Ex. 3 : Identifier des adverbes.
Ex. 4 : Classer des adverbes suivant leur usage.
Ex. 5 : Trouver l'adverbe dérivé d'un nom.
Ex. 6 : Trouver le sens contraire d'un adverbe.

17 Des mots invariables

Prénom : ....

Je m'entraine

1 Complète avec le mot invariable qui convient. Aide-toi de cette liste :
aussitôt – déjà – enfin – toujours – depuis – avant – puis – après – alors – encore

Pour son anniversaire, mon frère a reçu son premier téléphone portable.

..................................., il est .... au téléphone !

.... réveillé, il prend son téléphone pour regarder ses messages.

.... déjeuner, il envoie un message à son copain.

.... déjeuner, il envoie un nouveau message.

.... il prend sa douche et s'habille et envoie ....

un message. Il reçoit .... la réponse.

..........................., il sort en courant et il retrouve son copain qui l'attend dans la rue.

Il est .... l'heure de partir au collège !

2 Complète avec le mot invariable qui convient. Aide-toi de cette liste :
soudain – autrefois – aussitôt – maintenant – pendant

Un Indien observe la montagne. ...., il aperçoit des signaux de fumée.

........................, il court avertir ses amis du danger.

........................, les téléphones étaient reliés à des fils, on ne pouvait pas se déplacer avec.

........................, on peut les emporter n'importe où.

.... la guerre, les soldats envoyaient des messages codés en morse.

3 Entoure le mot invariable dans chaque phrase.

Les enfants courent vite.

Demain, nous partirons en vacances.

Mon petit frère ira bientôt à l'école maternelle.

Auguste répond poliment à sa maitresse.

Victor parle fort.

Hier, Matilda a téléphoné à ses grands-parents.

Ma petite sœur écrit correctement.

17

4 Cherche dans l'exercice 3 deux phrases qui répondent aux questions suivantes et recopie-les.

Quand ? ....

....

Comment ? ....

....

5 Récris la phrase en remplaçant le groupe de mots soulignés par un mot invariable.

Le médecin parle <u>avec gentillesse</u>.

....

Les élèves travaillent <u>dans le calme</u>.

....

Les enfants dessinent <u>avec soin</u>.

....

La famille fête Noël <u>dans la joie</u>.

....

6 Récris chaque phrase en utilisant le mot invariable qui exprime le contraire du mot souligné.

Mes parents vont <u>rarement</u> au cinéma.

....

Fatima lit <u>beaucoup</u>.

....

Mon voisin se lève <u>tôt</u>.

....

Ma sœur part à l'école <u>avant</u> moi.

....

Gaston marche <u>devant</u> le maitre.

....

J'écris

Écris une recette de cuisine en utilisant les mots invariables suivants :

d'abord – puis – ensuite – enfin

Conjuguer les verbes *être*, *avoir* et les verbes du 1er groupe au futur

Programmes 2016, ajustements 2018 – connaissances et compétences associées :

– Maitriser l'orthographe grammaticale de base.

– Identifier le radical et la terminaison du verbe.

– Trouver l'infinitif d'un verbe conjugué.

– Mémoriser le présent, l'imparfait, le futur, le passé composé pour :

- *être* et *avoir* ;
- les verbes du 1er groupe.

– Distinguer temps simples et temps composés.

En lien avec les compétences abordées en CE1 :

– Trouver l'infinitif d'un verbe conjugué.

– Identifier le radical et la terminaison du verbe.

– Mémoriser le présent, l'imparfait, le futur, le passé composé pour :

- *être* et *avoir* ;
- les verbes du 1er groupe.

– Différencier les principales classes de mots : le nom, l'article défini et l'article indéfini, l'adjectif, le verbe, le pronom personnel sujet.

Séance 1 | Lecture, compréhension du texte et approche de la notion

Objectifs
- Comprendre un texte.
- Lire à haute voix.

Matériel
Individuel
- Photocopie individuelle du texte *Vivre en 2050*. 18. Texte individuel

Collectif
- Facultatif : le même texte reproduit ou vidéoprojeté collectivement au tableau. 18. Texte collectif

Déroulement

Vivre en 2050

Lors de la fête de la science, Victor et ses parents visitent un laboratoire scientifique. Une chercheuse leur explique comment nous vivrons probablement en 2050 :

« Les nouvelles technologies changeront certainement nos façons de vivre… Grâce aux écrans souples, nous aurons des écrans de télévision et d'ordinateur projetés tout autour de nous, sur n'importe quelle surface. Finis les blocs-notes, les cartes routières, nous afficherons n'importe quels texte ou image en couleur sur une simple feuille de papier.

Le miroir de la salle de bains, par exemple, sera transformé en écran d'ordinateur sur lequel nous pourrons lire des informations concernant notre état de santé. Ainsi, Victor, ce miroir affichera en quelques secondes ta taille et ton poids !

Côté vestimentaire, Monsieur, vous porterez une chemise odorante ; et elle changera de couleur en fonction du rayonnement du soleil.

Victor interrompt la chercheuse :

– Moi, j'aurai une chemise à l'odeur de la barbapapa !

La chercheuse sourit et poursuit :

– Quand les enfants saliront leurs vêtements, plus de dispute avec les parents ! Les vêtements se nettoieront tout seuls car ils contiendront des capsules chargées de produits nettoyants.

Victor s'exclame :

– C'est super, ça donne déjà envie d'y être… Par contre, je serai vieux en 2050 !

– Tu ne seras pas vieux ! Tu auras un peu plus de 40 ans ! réplique son papa.

– C'est vrai, mais vous, Papa, Maman, vous serez sûrement déjà grands-parents ! »

• Faire lire silencieusement le texte.

• Questionner les élèves pour contrôler la compréhension :
Où se passe la scène ? Quels sont les personnages ?
Qu'explique la chercheuse ? Quels changements prévoit-elle dans notre vie future ?
Quel âge auront les élèves de la classe en 2050 ?

• Faire une lecture magistrale du texte.

• Organiser une lecture dialoguée en désignant quatre élèves : un narrateur, la chercheuse, Victor, son père.

• Faire relire le titre et demander aux élèves de suggérer d'autres titres possibles (*Notre vie en 2050 – Notre vie future – Comment sera notre vie dans le futur ? – La vie dans le futur* – etc.)

• Écrire le mot « futur » au tableau et le faire définir précisément en cherchant le mot dans le dictionnaire.

• Faire relire les phrases une à une par des élèves différents et, pour chacune d'elle, faire préciser à quel temps elle est écrite.

Séance 2 | Réactivation des connaissances

Objectifs

– Connaitre les terminaisons du futur des verbes *être*, *avoir* et des verbes du 1er groupe en ER (*changer – afficher – porter*).
– Connaitre les régularités des terminaisons du futur.
– Comprendre la construction du futur.

Matériel

Individuel
– Photocopie individuelle du texte *Vivre en 2050.* 18. Texte individuel

Pour chaque binôme
– Photocopie de la feuille de recherche.
18. Feuille de recherche pour binôme

Collectif
– Figurines collectives Verbe à l'infinitif et Pronom personnel. Figurines

– Étiquettes des formes infinitives des verbes pour affichage collectif : 18. Étiquettes verbes à l'infinitif collectives

ÊTRE | AVOIR | CHANGER | AFFICHER | PORTER

Déroulement

Recherche en binôme et collective

1re étape : Compléter le tableau avec les formes verbales du texte

• Faire distribuer aux binômes la feuille de recherche et faire sortir le texte « *Vivre en 2050* ».

• Pendant ce temps, tracer six colonnes au tableau et afficher la figurine collective Pronom personnel en haut à gauche de la première colonne.

• Faire rappeler oralement les pronoms personnels sujets du verbe utilisés pour la conjugaison d'un verbe. Les écrire au tableau sous la figurine Pronom personnel et les faire écrire en même temps sur la feuille de recherche.

• Afficher au tableau en haut de chacune des cinq autres colonnes les étiquettes des verbes [ÊTRE] [AVOIR] [CHANGER] [AFFICHER] [PORTER] et les figurines.

• Faire lire à voix haute ces verbes, et faire rappeler qu'ils sont à l'infinitif.

• Faire rappeler que, dans le texte, beaucoup de verbes sont conjugués au futur : écrire en haut du tableau « *Futur* » et le faire écrire par les enfants dans leur tableau.

• Demander aux enfants de surligner dans leur texte les formes verbales de ces verbes, écrites au futur et les faire recopier dans le tableau au bon endroit.

• Après un temps de recherche, organiser une synthèse collective : relever les propositions et les écrire dans le tableau en demandant à des élèves d'épeler les verbes.

• Faire remplacer le groupe sujet par le pronom personnel :

Les nouvelles technologies changeront ➜ *elles changeront*

Le miroir de la salle de bains sera transformé ➜ *il sera transformé*

Ce miroir affichera ➜ *il affichera*

• À la fin de la recherche, faire relire toutes les formes verbales écrites au tableau (accompagnées du pronom personnel).

On obtient :

Futur		
	 ÊTRE	 AVOIR
je / j'	je serai	j'aurai
tu	tu seras	tu auras
il / elle	il sera	
nous		nous aurons
vous	vous serez	
ils / elles		

Futur			
	 CHANGER	 AFFICHER	 PORTER
je / j'			
tu			
il / elle	elle changera	il affichera	
nous		nous afficherons	
vous			vous porterez
ils / elles	elles changeront		

2e étape : Compléter le tableau avec les formes verbales manquantes

• Faire relire les formes verbales conjugués avec « je » (*je serai – j'aurai*).

• Faire trouver, oralement d'abord, comment se conjuguent les verbes *être – avoir – changer – afficher* et *porter* avec le pronom personnel « je / j' » en les incluant dans une phrase.

Exemples : « *Quand j'aurai douze ans, je serai au collège..., je changerai d'école..., j'afficherai des posters dans ma chambre..., je porterai des..., etc.*

• Insister oralement sur la terminaison « RAI » qui s'écrit r.a.i et indiquer aux enfants que ces verbes se terminent comme *je serai, j'aurai.*

• Faire compléter le tableau de la feuille de recherche au crayon à papier. Pendant ce temps, circuler dans les rangs pour observer.

• Envoyer successivement un ou plusieurs élèves au tableau pour écrire les formes verbales et faire valider en justifiant. Faire corriger, si besoin, sur la feuille de recherche.

➔ Faire conclure qu'avec « je », le verbe se termine toujours par « r.a.i ».

• Faire relire les formes verbales « *tu seras - tu auras* » et poursuivre de la même manière.

➔ Faire conclure qu'avec « tu » le verbe se termine toujours par « r.a.s ».

• Adopter la même démarche pour faire découvrir la conjugaison entière de tous les verbes.

• Lorsque le tableau est complet, demander à un élève de relire :

– verticalement, la conjugaison entière de chaque verbe en indiquant son infinitif ;

– horizontalement, les formes des verbes conjugués à la même personne.

• Faire analyser le mode de « construction » des verbes conjugués au futur :

– entourer les terminaisons (ai, as, a, ons, ez, ont) et faire constater qu'elles sont les mêmes pour tous les verbes ;

– faire remarquer la présence de la lettre « r » qui précède toujours les terminaisons et rapprocher du mot « FUTUR » qui se termine par « R » ;

– faire repérer l'infinitif dans la forme conjuguée des verbes en ER (ex. : je **changer +** ai – tu **couper +** as).

Séance 3 | Approfondissement et systématisation

Objectif

- Connaitre les terminaisons au futur des verbes *être*, *avoir* et des verbes du 1er groupe.
- Savoir écrire un verbe au futur (infinitif + ai, as…).

Matériel

Individuel

- Ardoise et matériel associé.

Collectif

- Pochettes bleue et rouge.
- Étiquettes pour affichage dans les pochettes :

Pour le zoom : 18. Étiquettes collectives pour le zoom

- Étiquettes des formes verbales :

sera | seras | serons | seront | auras | aura
aurons | auront | coupera | couperas | couperons | couperont

- Étiquettes des pronoms personnels pour affichage dans les pochettes :
18. Étiquettes pronoms personnels collectives

tu x 3 | il x 3 | elle x 3 | ils x 3 | elles x 3 | nous x 3

Pour la systématisation : 18. Étiquettes collectives pour la systématisation

- Étiquettes des verbes à l'infinitif :

changer | préparer | couper | décorer | raconter | chanter

- Étiquettes des terminaisons du futur :

ai | as | a | ons | ez | ont

- Étiquettes des pronoms personnels :
18. Étiquettes pronoms personnels collectives

je | tu | il / elle | nous | vous | ils / elles

Déroulement

Travail individuel et collectif

1. Zoom sur les difficultés

• Faire sortir l'ardoise. Pendant ce temps, afficher les pochettes bleues et rouges, et à côté, en désordre, les étiquettes des pronoms de conjugaison.

• Glisser les étiquettes des formes verbales [sera] [seras] [auras] [aura] [coupera] [couperas] dans les pochettes rouges et les faire lire à haute voix.

• Faire remarquer que l'on entend la même chose (sera / seras ; auras / aura ; coupera / couperas) d'où les risques d'erreurs.

• Demander aux enfants d'écrire sur l'ardoise quels pronoms peuvent être associés à la forme « *sera* » ; les faire écrire sur l'ardoise.

• Faire lever les ardoises pour recueillir les propositions, faire valider et envoyer un élève placer les étiquettes dans les pochettes bleues (*il / elle sera*).

• Puis de la même façon, faire trouver quels pronoms peuvent être associés à « *seras* » puis aux autres formes.

• Faire relire à haute voix les verbes affichés et faire rappeler qu'avec le pronom « tu » la terminaison est toujours « s » (*tu seras – tu auras – tu changeras* – etc.).

• Retirer toutes les étiquettes et afficher les formes verbales [serons] [seront] [aurons] [auront] [couperons] [couperont].

• Adopter la même démarche pour attirer l'attention sur les formes qui se prononcent de la même façon : serons / seront ; aurons / auront ; couperons / couperont.

• Conclure en rappelant que la terminaison « ons » est toujours liée au pronom « nous », exemple : « <u>nous</u> coup<u>ons</u> » (présent), « <u>nous</u> coupi<u>ons</u> » (imparfait) et « <u>nous</u> couper<u>ons</u> » (futur).

On obtient :

2. Systématisation et synthèse

• Conserver l'ardoise et les pochettes bleues et rouges affichées les unes à côté des autres au tableau.

• Afficher les étiquettes des terminaisons du futur et les étiquettes des verbes à l'infinitif changer préparer couper décorer raconter chanter.
Les faire lire à voix haute.

• Glisser les étiquettes des infinitifs dans les pochettes rouges de manière aléatoire.

• Faire rappeler la formation du futur de ces verbes : on ajoute les terminaisons à l'infinitif des verbes (ai - as - a - ons - ez - ont).

• Au fur et à mesure, glisser un pronom personnel devant un radical et demander aux élèves d'écrire, sur l'ardoise, le verbe conjugué au futur à la personne demandée en ajoutant la terminaison exacte. (Il n'est pas indispensable de procéder dans l'ordre habituel des pronoms.)

• Faire lever les ardoises et valider en envoyant un élève ajouter l'étiquette de la terminaison. Faire lire à haute voix la forme verbale conjuguée ainsi formée.

• Poursuivre de la même manière avec tous les verbes.

Synthèse, mémo et tableau de conjugaison

Conjuguer les verbes au futur

Au futur, tous les verbes conjugués s'écrivent avec les mêmes terminaisons :

r + ai **r + as** **r + a** **r + ons** **r + ez** **r + ont**

Exemples : *je serai, tu auras, il / elle coupera, nous changerons, vous porterez, ils / elles chanteront…*

18. Mémo

Conjuguer les verbes au futur

	 ÊTRE	 AVOIR	 CHANGER	 PORTER
je / j'	je serai	j'aurai	je changerai	je porterai
tu	tu seras	tu auras	tu changeras	tu porteras
il / elle / on	il sera	il aura	il changera	il portera
nous	nous serons	nous aurons	nous changerons	nous porterons
vous	vous serez	vous aurez	vous changerez	vous porterez
ils / elles	ils seront	ils auront	ils changeront	ils porteront

18. Tableau de conjugaison

Séances 4 et 5 | Entrainement et réinvestissement

Objectifs	– Mémoriser les notions essentielles. – Réinvestir ses connaissances dans des exercices d'application.
Organisation	– Travail individuel, correction individuelle ou collective.
Matériel	– Fiche élève n° 18. Fiche 18 – Cahier d'essai et / ou du jour.

Objectifs visés :

Ex. 1, 2, 5 et 6 : Accorder le pronom personnel et la forme verbale.
Ex. 3, 4 et 7 : Conjuguer au futur un verbe.

18

Conjuguer les verbes *être*, *avoir* et les verbes du 1er groupe au futur

Prénom : ....

Je m'entraine

1 Entoure tous les verbes qui s'accordent avec le pronom personnel sujet.

elle sera – aura – portera – grossiras – chantera – seras
nous parlerons – mangeront – serons – auront – regarderont – marcherons
je / j' serez – serai – chantera – travaillerai – aurai – porterai
ils auront – aurons – porterons – seront – joueront
tu seras – aura – parlera – changeras – auras
vous aurez – chanterez – serez – changera – aurai – serai
on écoutera – sera – déplaceras – aura – inventeras – regardera

2 Récris la phrase en changeant le pronom personnel sujet.

Dans vingt ans, j'aurai des écrans sur tous les murs.

Dans vingt ans, nous ....

Nous aurons tous des robots.

Ils..

Ils travailleront à notre place.

Il ....

Est-ce qu'ils soigneront les personnes malades ?

Est-ce que vous ....

3 Complète les phrases en conjuguant les verbes entre parenthèses au futur.

En 2050, tu (avoir) .... plus de 45 ans, tu (être) .... peut-être père !

Tes amis et toi, vous (être) .... tous équipés de super robots et vous (avoir) .... des métiers actuellement inexistants.

Moi, je (être) .... très âgée, mais mon espérance de vie (augmenter) .... encore grâce au progrès !

18

4 Complète les phrases en conjuguant les verbes entre parenthèses au futur.

Moi, plus tard, s'exclame Louise, je (être) .... ingénieure en robotique !

J' (imaginer) .... et j' (inventer) .... de nouvelles sortes de robots :

ils (voyager) .... dans des endroits inconnus de l'espace.

Grâce à mes ordres, mes robots (explorer) .... de nouvelles planètes et nous (découvrir) .... sûrement d'autres formes de vie !

5 Écris un pronom personnel sujet qui peut s'accorder avec le verbe.

.... serez surpris par les nouvelles inventions.

.... aura des jouets robotisés.

.... possèderas un micro-ordinateur sur tes lunettes.

.... jouerons au football avec des robots.

.... seront peut-être plus forts que les humains !

6 Récris les formes conjuguées en changeant de personne.

tu parleras → il ....
elle sera → elles ....
je parlerai → nous ....
il aura → ils ....
je serai → vous ....
ils fabriqueront → nous ....
vous serez → il ....
nous marcherons → je ....

7 Complète ces phrases en conjuguant au futur les verbes entre parenthèses.

Des robots-gardiens .... tout ce qui se passe dans la maison. (surveiller)

Est-ce qu'il y .... des robots-maitresses dans les écoles ? (avoir)

Est-ce que les robots .... mieux que les hommes ? (travailler)

Les robots .... -ils plus intelligents que les humains ? (être)

Conjuguer les verbes *aller, dire, faire, voir, venir, vouloir, prendre* et *pouvoir* au futur

Programmes 2016, ajustements 2018 – connaissances et compétences associées :

– Maitriser l'orthographe grammaticale de base.

– Identifier le radical et la terminaison du verbe.

– Trouver l'infinitif d'un verbe conjugué.

– Mémoriser le présent, l'imparfait, le futur, le passé composé pour les verbes irréguliers du 3e groupe (*faire, aller, dire, venir, pouvoir, voir, vouloir, prendre*).

– Distinguer temps simples et temps composés.

En lien avec les compétences abordées en CE1 :

– Trouver l'infinitif d'un verbe conjugué.

– Identifier le radical et la terminaison du verbe.

– Mémoriser le présent, l'imparfait, le futur, le passé composé pour :

- *être* et *avoir* ;
- les verbes du 1er groupe.

– Différencier les principales classes de mots : le nom, l'article défini et l'article indéfini, l'adjectif, le verbe, le pronom personnel sujet.

Séance 1 | Lecture, compréhension du texte et approche de la notion

Objectifs
- Comprendre un texte.
- Lire à haute voix.
- Retrouver des verbes conjugués au futur.

Matériel

Individuel
- Photocopie individuelle du texte *Vivre en 2050* (suite). 19. Texte individuel

Collectif

Facultatif : le même texte reproduit ou vidéoprojeté collectivement au tableau. 19. Texte collectif

Déroulement

Vivre en 2050 (suite)

La chercheuse continue ses explications :
« En 2050, tu verras des robots de toutes sortes ! Tout le monde voudra en avoir !
– Des robots, ce sera formidable ! s'exclame Victor. J'aurai un ami robot et j'irai partout avec lui !
– Un ami, je ne sais pas… réagit la chercheuse. Mais il est vrai qu'il y aura des robots compagnons de jeu, comme la poupée-robot qui jouera, dormira, reconnaitra ton visage ; elle pourra même répondre à tes questions…
Mais, ce qui est important, c'est que nous pourrons utiliser des robots dans une multitude de domaines et dépasser nos limites… Par exemple, certains robots iront explorer l'espace pour découvrir de nouvelles planètes… En médecine, il existera des nanorobots, si petits que les médecins pourront les injecter dans le corps des malades pour les soigner.
Certains robots serviront aussi à nous simplifier la vie. Par exemple, à la maison, un robot fera le ménage pendant que nous ferons la sieste !
Et pour rendre visite à tes parents, Victor, tu n'auras pas besoin de conduire, tu prendras ta voiture sans chauffeur ; elle se déplacera toute seule, comme les avions en pilotage automatique !
– Et vous aussi, Papa et Maman, vous viendrez me voir ! Vous direz à votre voiture : “Va chez Victor !” Vous m'apporterez mon gâteau préféré, cuisiné par mon super… Papa ! » ajoute Victor en riant.

• Faire lire silencieusement le texte.

• Questionner les élèves pour contrôler la compréhension :
Dans quels domaines les robots pourront-ils être utilisés ?
Quels services pourront-ils nous rendre ?
Faire préciser le sens de l'expression « dépasser nos limites ».

• Faire une lecture magistrale du texte.

• Faire relire le texte à haute voix phrase par phrase et, au fur et à mesure, faire surligner les verbes conjugués au futur.

• Relire la phrase : « *En 2050, tu verras des robots...* » et demander aux élèves de la transformer oralement en remplaçant le pronom sujet « *tu* » par « *nous* ».

• De la même manière, faire transformer les phrases :
– « *Tout le monde voudra en avoir...* » en remplaçant le groupe « *Tout le monde* » / « *le monde* » par le pronom personnel équivalent :
➜ *il voudra en avoir...*
– puis par « *tous les enfants* » :
➜ *ils voudront en avoir...*
– « *Les médecins pourront les injecter dans le corps...* » en remplaçant « *Les médecins* » par « *ils* » :
➜ *ils pourront...*

Séance 2 | Construction de la notion

Objectifs

- Rappeler les terminaisons du futur.
- Conjuguer au futur les verbes irréguliers *aller, dire, faire, voir, vouloir, venir, prendre, pouvoir.*

Matériel

Individuel

- Photocopie individuelle du texte *Vivre en 2050* (suite). 19. Texte individuel
- Crayons de couleur.

Pour chaque binôme

- Photocopie de la feuille de recherche n° 1 pour une moitié des binômes. 19. Feuille de recherche pour binôme (1)

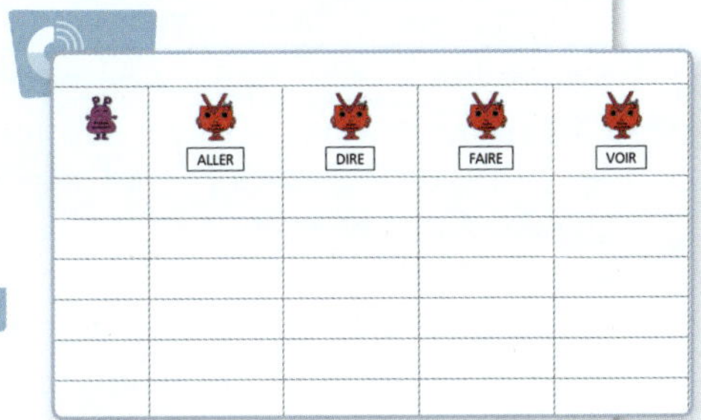

- Photocopie de la feuille de recherche n° 2 pour l'autre moitié des binômes. 19. Feuille de recherche pour binôme (2)

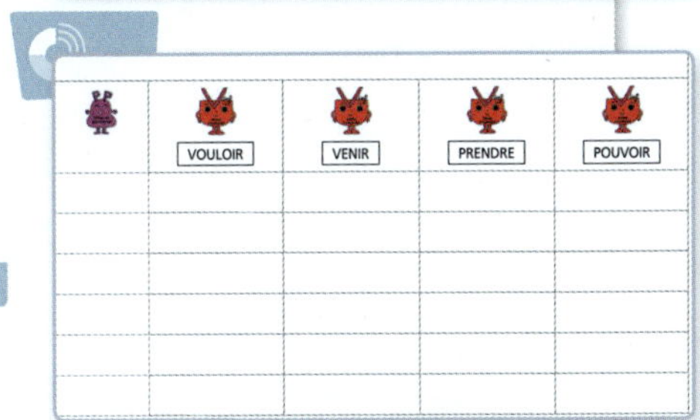

Collectif

- Figurines collectives Verbe à l'infinitif et Pronom personnel. Figurines

- Étiquettes de pronoms personnels pour affichage collectif : 19. Étiquettes pronoms personnels collectives

je | j' | tu | il | elle | on | nous | vous | ils | elles

- Étiquettes des formes infinitives des verbes pour affichage collectif : 19. Étiquettes verbes à l'infinitif collectives

ALLER | DIRE | FAIRE | VOIR

VOULOIR | VENIR | PRENDRE | POUVOIR

Déroulement

Recherche en binôme et collective

1re étape : Compléter le tableau avec les formes verbales du texte

• Partager la classe en deux et faire distribuer à une moitié des binômes les feuilles de recherche n° 1 et à l'autre moitié les feuilles n° 2.

• Faire sortir le texte « *Vivre en 2050* (suite) » et le faire relire silencieusement. Pendant ce temps, reproduire au tableau les tableaux n° 1 et n° 2.

• Afficher les figurines collectives, les pronoms personnels et les verbes [ALLER] [DIRE] [FAIRE] [VOIR] [VOULOIR] [VENIR] [PRENDRE] [POUVOIR].

• Faire lire à voix haute ces verbes, et faire rappeler qu'ils sont à l'infinitif.

• Faire relire à haute voix les formes verbales de ces verbes surlignées dans le texte, lors de la séance précédente. Faire rappeler que tous ces verbes sont conjugués au futur et écrire en haut du tableau « *Futur* ». Le faire écrire par les élèves dans leur tableau.

• Demander aux élèves d'écrire ces verbes au bon endroit dans leur tableau.

• Après un temps de recherche, organiser une synthèse collective :

– Relever les propositions et les écrire dans le tableau en demandant à des élèves d'épeler les verbes.

– Faire rappeler que « *Tout le monde* » peut être remplacé par le pronom personnel « *il* » et que le groupe « *Les médecins* » peut être remplacé par le pronom personnel « *ils* ».

• À la fin de la recherche, faire relire toutes les formes verbales écrites au tableau en les accompagnant du pronom de conjugaison.

On obtient :

Feuille de recherche n° 1

Futur				
	 ALLER	 DIRE	 FAIRE	 VOIR
je / j'	j'irai			
tu				tu verras
il / elle / on			il fera	
nous			nous ferons	
vous		vous direz		
ils / elles	ils iront			

Feuille de recherche n° 2

Futur				
	 VOULOIR	 VENIR	 PRENDRE	 POUVOIR
je				
tu			tu prendras	
il / elle / on	il voudra			elle pourra
nous				nous pourrons
vous		vous viendrez		
ils / elles				ils pourront

2e étape : Compléter le tableau avec les formes verbales manquantes

• Faire rechercher, en les incluant dans une petite phrase, les formes verbales conjuguées avec « je » et les écrire au tableau au fur et à mesure dans les colonnes.

– Exemples : « *Demain, j'irai à la piscine.* », « *Je dirai bonjour à mes copains.* », « *Je ferai mes devoirs ce soir.* », « *Je verrai bientôt mon copain.* », « *Je viendrai chez toi demain.* », « *Je prendrai le gouter avec toi.* », « *Je pourrai jouer avec toi.* ».

• Expliquer aux enfants que, comme pour tous les autres verbes, les terminaisons du futur sont les mêmes ; les faire rappeler et les écrire au fur et à mesure au tableau : « r + ai », « r + as », « r + a », « r + ons », « r + ez », « r + ont ».

Cependant, il ne suffit pas d'ajouter la terminaison à l'infinitif comme pour les verbes *couper*, *changer*, etc.

Par exemple : on ne dit pas « *j'allerai* » mais « *j'irai* », on ne dit pas « *je venirai* » mais « *je viendrai* », on ne dit pas « *je voirai* » mais « *je verrai* »...

• Demander aux enfants de compléter leur tableau en s'aidant des formes déjà écrites. Envoyer deux binômes au tableau pour faire le même travail sur les tableaux collectifs.

• Pendant ce temps, circuler dans les rangs pour observer, relever les difficultés et apporter une aide éventuelle.

• À la fin du temps de recherche, organiser une correction collective :

– faire échanger les feuilles de recherche entre les binômes (n° 1 contre n° 2) en demandant aux élèves de corriger le travail de leurs camarades.

– faire lire à haute voix la conjugaison de chaque verbe par les élèves qui ont travaillé au tableau.

– faire valider par la classe.

• Faire conclure en faisant réaffirmer qu'au futur tous les verbes conjugués avec un même pronom personnel ont les mêmes terminaisons ; les faire entourer en couleur.

• Faire remarquer la très grande similitude entre les verbes *aller* et *dire* conjugués au futur (*j'irai / je dirai – tu iras / tu diras – il ira / il dira* – etc.).

Séance 3 | Approfondissement et systématisation

Objectifs

- Rappeler les terminaisons du futur.
- Conjuguer des verbes irréguliers au futur.

Matériel

Individuel

- Ardoise et matériel associé.

Collectif

- Pochettes bleues et rouges.
- Étiquettes pour affichage dans les pochettes :

Pour le zoom : 19. Étiquettes collectives pour le zoom

- Étiquettes des formes verbales :

[pourrons] [pourront] [verrons] [verront] [viendrons] [viendront]

- Étiquettes des pronoms personnels pour affichage dans les pochettes :

19. Étiquettes pronoms personnels collectives

[il] [on] [elle] [ils] x 3 [elles] x 3 [nous] x 3

Pour la systématisation : 19. Étiquettes collectives pour la systématisation

- Étiquettes des formes verbales :

[iront] [viendrai] [voudra] [ferons] [verront] [diras] [pourrez]

- Étiquettes des pronoms personnels :

19. Étiquettes pronoms personnels collectives

[je] [tu] [il / elle] [nous] [vous] [ils / elles]

Déroulement

Travail individuel et collectif

1. Zoom sur les difficultés

• Faire sortir l'ardoise. Pendant ce temps, afficher les pochettes bleues et rouges, et à côté, en désordre, les étiquettes des pronoms de conjugaison.

• Glisser les étiquettes des formes verbales [pourrons] [pourront] [verrons] [verront] [viendrons] [viendront] dans les pochettes rouges et les faire lire à haute voix.

• Faire remarquer que l'on entend toujours [on] à la fin.

• Demander aux enfants d'écrire sur l'ardoise les formes « *pourront* » et « *pourrons* », et les pronoms personnels qui peuvent y être associés.

• Faire lever les ardoises pour recueillir les propositions, faire valider et envoyer un élève placer les étiquettes dans les pochettes bleues : « *ils / elles pourront* », « *nous pourrons* ».

• Faire remarquer les deux « R ».

• Puis de la même façon, faire trouver quels pronoms peuvent être associés aux autres formes :

➜ « *ils / elles verront* », « *nous verrons* », « *ils / elles viendront* », « *nous viendrons* ».

• Faire relire à haute voix les verbes affichés et faire rappeler :

– qu'avec les pronoms « ils » ou « elles », la terminaison est toujours « *ont* » (*ils seront – ils pourront – ils couperont – ils auront – ils voudront* – etc.) ;

– qu'avec le pronom « nous », la terminaison est toujours « *ons* » (*nous serons – nous pourrons – nous couperons – nous aurons – nous voudrons* – etc.).

2. Systématisation et synthèse

• Conserver l'ardoise et les pochettes bleues et rouges affichées l'une à côté de l'autre au tableau.

• Afficher dans les pochettes rouges les étiquettes des formes verbales [iront] [viendrai] [voudra] [ferons] [verront] [diras] [pourrez] et les faire lire à voix haute.

• Glisser les étiquettes des formes verbales dans les pochettes rouges de manière aléatoire et, au fur et à mesure, faire écrire, sur l'ardoise, le verbe conjugué avec le pronom de conjugaison qui convient.

• Faire lever les ardoises et valider en envoyant un élève ajouter l'étiquette du pronom dans la pochette bleue. Faire lire à haute voix la forme verbale conjuguée ainsi formée.

• Poursuivre de la même manière avec toutes les formes verbales.

Synthèse, mémo et tableau de conjugaison

Conjuguer les verbes au futur

Au futur, tous les verbes conjugués s'écrivent avec les mêmes terminaisons :

r + ai r + as r + a r + ons r + ez r + ont

Exemples : *je dirai, tu feras, elle ira, nous viendrons, vous verrez, ils pourront*

19. Mémo

Conjuguer au futur les verbes

	ALLER	DIRE	FAIRE	PRENDRE
je / j'	j'irai	je dirai	je ferai	je prendrai
tu	tu iras	tu diras	tu feras	tu prendras
il / elle / on	il ira	il dira	il fera	il prendra
nous	nous irons	nous dirons	nous ferons	nous prendrons
vous	vous irez	vous direz	vous ferez	vous prendrez
ils / elles	ils iront	ils diront	ils feront	ils prendront

19. Tableau de conjugaison : Le futur des verbes *aller, dire, faire, prendre*

	POUVOIR	VOULOIR	VOIR	VENIR
je	je pourrai	je voudrai	je verrai	je viendrai
tu	tu pourras	tu voudras	tu verras	tu viendras
il / elle / on	il pourra	il voudra	il verra	il viendra
nous	nous pourrons	nous voudrons	nous verrons	nous viendrons
vous	vous pourrez	vous voudrez	vous verrez	vous viendrez
ils / elles	ils pourront	ils voudront	ils verront	ils viendront

19. Tableau de conjugaison : Le futur des verbes *pouvoir, vouloir, voir, venir*

Séances 4 et 5 | Entrainement et réinvestissement

Objectifs	– Mémoriser les notions essentielles. – Réinvestir ses connaissances dans une courte production d'écrit.
Organisation	– Travail individuel, correction individuelle ou collective.
Matériel	– Fiche élève n° 19. Fiche 19 – Cahier d'essai et / ou du jour.

Objectifs visés :

Ex. 1, 2, 4 et 5 : Accorder le pronom personnel et la forme verbale.
Ex. 3, 6 et 7 : Conjuguer au futur un verbe.

19

Conjuguer les verbes *aller, dire, faire, voir, venir vouloir, prendre* et *pouvoir* au futur

Prénom : ....

Je m'entraine

❶ Entoure tous les verbes qui s'accordent avec le pronom personnel sujet.

elle	ira – verra – pourrez – feras – voudrons – viendra
nous	pourrons – iront – verra – voudrez – ferons – viendront
je	voudrez – verrai – fera – pourrai – iras – viendrai
ils	verront – ferons – pourra – voudront – iras – viendront
tu	feras – ira – viendrez – verras – pourra – voudras
vous	irai – pourront – ferez – verrez – voudrons – viendrai
on	pourras – fera – verront – ira – voudras – viendra

❷ Récris la phrase en changeant le pronom personnel sujet.

La semaine prochaine, vous irez au salon de la robotique.

La semaine prochaine, ils ....

Je viendrai avec vous.

Nous ....

Tu verras un robot qui aspire tout seul.

Elles ....

Elles voudront sûrement en acheter un.

Elle ....

Il fera le ménage à notre place.

Ils..

❸ Complète les phrases en conjuguant au futur les verbes entre parenthèses.

Vous .... (voir) des robots qui .... (ressembler) à des hommes.

Les robots .... (aller) remplacer les hommes dans les travaux dangereux.

Ils .... (faire) ce que les hommes leur .... (demander) de faire.

Les personnes handicapées .... (pouvoir) bientôt se déplacer grâce à une combinaison robotique.

19

❹ Écris un pronom personnel sujet qui peut s'accorder avec le verbe.

.... voudra un robot jardinier.

.... viendras travailler dans une voiture sans chauffeur.

.... ferons les courses avec nos robots.

.... prendrez l'habitude de vivre avec des robots.

.... y aura des robots maçons : .... pourront construire des maisons.

❺ Récris les formes conjuguées en changeant de personne.

tu iras	→ il	je ferai	→ vous ....
elle verra	→ elles	ils pourront	→ nous.................................
je viendrai	→ nous........................	vous direz	→ il ....
il prendra	→ ils	nous voudrons	→ je ....

❻ Complète les phrases en conjuguant au futur les verbes entre parenthèses.

Les nouvelles technologies .... (prendre) beaucoup d'importance dans nos vêtements.

On .... (pouvoir) porter des polos qui .... (changer) de couleur quand on les .... (toucher).

Nos chaussures nous .... (dire) à quelle vitesse nous courons.

Elles .... (pouvoir) aussi nous indiquer à quelle hauteur nous sautons.

Quand il .... (faire) chaud, les manches des vêtements .... (être) courtes et elles .... (pouvoir) se rallonger toutes seules s'il fait froid.

❼ Complète ces phrases en conjuguant au futur les verbes entre parenthèses.

Est-ce que les robots .... (dire) des gros mots ?

Est-ce qu'ils .... (faire) des bêtises ?

Est-ce qu'ils .... (être) punis ?

Est-ce que les parents .... (faire) garder leurs enfants par des robots nounous ?

J'écris

**Imagine et décris le robot de tes rêves. Explique ce qu'il pourra faire.
Utilise des verbes conjugués au futur.**

20

Conjuguer les verbes *être*, *avoir* et les verbes du 1er groupe au passé composé

Programmes 2016, ajustements 2018 – connaissances et compétences associées :

- Maitriser l'orthographe grammaticale de base.
- Identifier le radical et la terminaison du verbe.
- Trouver l'infinitif d'un verbe conjugué.
- Mémoriser le présent, l'imparfait, le futur, le passé composé pour :
  - *être* et *avoir* ;
  - les verbes du 1er groupe.
- Distinguer temps simples et temps composés.

En lien avec les compétences abordées en CE1 :

- Trouver l'infinitif d'un verbe conjugué.
- Identifier le radical et la terminaison du verbe.
- Mémoriser le présent et l'imparfait pour :
  - *être* et *avoir* ;
  - les verbes du 1er groupe.
- Différencier les principales classes de mots : le nom, l'article défini et l'article indéfini, l'adjectif, le verbe, le pronom personnel sujet.

Séance 1 | Lecture, compréhension du texte et approche de la notion

Objectifs
- Comprendre un texte.
- Lire à haute voix.
- Rappeler la notion de temps : présent, passé.

Matériel

Individuel
- Photocopie individuelle du texte *On a marché sur la Lune.* 20. Texte individuel

Collectif
- Facultatif : le même texte reproduit ou vidéoprojeté collectivement au tableau. 20. Texte collectif

Déroulement

On a marché sur la Lune

Le présentateur du journal télévisé annonce le décès de Neil Armstrong. Julie interroge son grand-père :

« Papi, est-ce que tu as connu Neil Armstrong ?

– Oui, bien sûr ! Pour la première fois dans l'histoire de l'humanité, le 20 juillet 1969, des hommes ont marché sur la Lune ! Trois Américains, Neil Armstrong, Michael Collins et Edwin Aldrin, sont arrivés sur la Lune à bord du vaisseau spatial *Apollo*. Une caméra a filmé ces instants inoubliables et j'ai eu la chance de voir ces images extraordinaires en direct ! Quand Neil Armstrong est sorti de la fusée, il a fait ses premiers pas sur le sol lunaire et il a déclaré : "C'est un petit pas pour un homme, mais un bond de géant pour l'humanité !"

– Ça alors, tu as été très impressionné car tu n'as pas oublié ce qu'il a dit ! s'exclame Julie.

– J'avais alors 20 ans, raconte papi Jack, je suis resté toute la nuit devant le téléviseur et mes parents sont restés avec moi !

– Vous avez regardé la télévision toute la nuit ! s'indigne Julie.

Papi sourit et corrige :

– Non, j'exagère ! J'ai regardé la télévision seulement une grande partie de la nuit ! Mais nous avons eu beaucoup de mal à nous endormir car nous étions très excités par ce moment historique ! »

- Faire lire silencieusement le texte.
- Questionner les élèves pour contrôler la compréhension :

Quel est le titre du texte ? (Le faire justifier.)
Qui est Neil Armstrong ? Quel exploit a-t-il accompli ?
Comment s'appellent ses coéquipiers ? Quelle est leur nationalité ?
En quelle année cela s'est-il passé ? Etc.

- Faire une lecture magistrale du texte.
- Faire relire une à une les phrases du texte et, pour chacune d'elle, faire préciser à quel temps (présent ou passé) est conjugué le verbe.

➜ Au présent (au début et à la fin du texte) : *annonce, interroge, s'exclame, s'indigne, sourit, corrige, exagère.*

➜ Au passé : tous les autres verbes du texte.

- Faire repérer les verbes « *j'avais* », « *nous étions* » qui sont composés d'un seul mot et faire rappeler qu'ils sont conjugués à l'imparfait.
- Faire observer que les autres verbes sont aussi conjugués au passé mais sont composés de deux mots : *as connu / ont marché / sont arrivés / a filmé / ai eu / est sorti / a fait / a déclaré / as été / n'as pas oublié / a dit / suis resté / sont restés / ai regardé / avez regardé / avons eu.*
- Introduire le terme « passé composé » et l'écrire au tableau.

Séance 2 | Construction de la notion

Objectifs

- Repérer un verbe conjugué au passé composé.
- Trouver le participe passé d'un verbe du 1er groupe.
- Savoir conjuguer un verbe en ER au passé composé.

Matériel

Individuel

- Photocopie individuelle du texte *On a marché sur la Lune.*
  20. Texte individuel
- Ardoise et matériel associé.
- Crayons de couleur.

Pour chaque binôme

- Photocopie de la feuille de recherche. 20. Feuille de recherche pour binôme

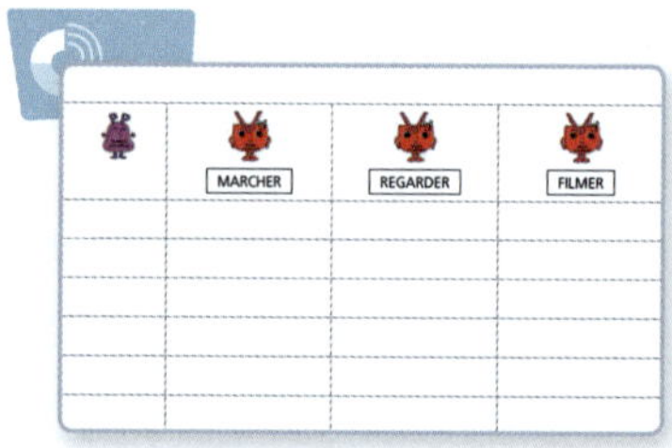

Collectif

- Pochettes bleues et rouges.
- Figurines collectives Verbe à l'infinitif et Pronom personnel. Figurines

- Étiquettes des formes infinitives des verbes pour affichage collectif :
  20. Étiquettes verbes à l'infinitif collectives

MARCHER | REGARDER | FILMER

Déroulement

Recherche en binôme et collective

1re étape : Compléter le tableau avec les formes verbales du texte

• Faire distribuer aux binômes la feuille de recherche et faire sortir le texte « *On a marché sur la Lune* ».

• Pendant ce temps, tracer quatre colonnes au tableau et afficher la figurine collective Pronom personnel en haut à gauche de la première colonne.

• Faire rappeler oralement les pronoms personnels sujets du verbe utilisés pour la conjugaison d'un verbe et demander aux élèves de les écrire sur leur feuille de recherche.

• Afficher en haut de chacune des trois autres colonnes les étiquettes verbes MARCHER REGARDER FILMER.

• Faire lire à haute voix et rappeler que ces mots sont des verbes à l'infinitif.

• Afficher au-dessus de chacun la figurine correspondante.

• Faire souligner dans le texte les formes conjuguées de ces verbes au passé composé, puis les faire écrire dans le tableau.

• Faire trouver oralement le pronom personnel qui remplace le sujet (*la caméra* → *elle a filmé*).

• Après un court temps de recherche, organiser une synthèse collective : relever oralement les propositions et les écrire dans le tableau en demandant aux élèves de les épeler (récrire le pronom personnel devant le verbe conjugué).

On obtient :

Le passé composé des verbes du 1er groupe			
	 MARCHER	 REGARDER	 FILMER
j'		j'ai regardé	
tu			
il / elle / on	il a marché		elle a filmé
nous			
vous		vous avez regardé	
ils / elles	ils ont marché		

• À la fin de la recherche, faire relire toutes les formes verbales écrites au tableau (accompagnées du pronom personnel).

• Faire analyser le mode de « construction » des formes conjuguées des verbes au passé composé.

• Faire rappeler oralement la conjugaison du verbe *avoir* et faire constater que ces verbes se conjuguent avec le verbe *avoir* (au présent) auquel on ajoute le participe passé du verbe.

Exemples : ils <u>ont marché</u>, vous <u>avez regardé</u>, elle <u>a filmé</u>.

• Expliquer comment trouver le participe passé d'un verbe régulier qui se termine par ER en insistant sur la terminaison :

➜ On remplace « er » par « é » pour les verbes dont l'infinitif est en ER (*marché, regardé, parlé, filmé, déclaré*...).

2e étape : Compléter le tableau avec les formes verbales manquantes

• Faire relire « *j'ai regardé* », faire trouver oralement, en les incluant éventuellement dans une phrase, le passé composé des verbes *marcher* et *filmer*.

• Demander ensuite aux élèves d'écrire les formes manquantes en complétant d'abord la première ligne de leur tableau.

• Relever les différentes propositions, les faire valider en justifiant et compléter la première ligne du tableau affiché : *j'ai marché / j'ai regardé / j'ai filmé*.

• Poursuivre de la même manière pour les lignes suivantes.

• Demander à un élève de relire chaque colonne et d'entourer en couleur le verbe auxiliaire utilisé *avoir*.

• Faire rappeler le mode de construction du passé composé : verbe *avoir* au présent + participe passé.

Séance 3 | Construction de la notion

Objectifs

- Connaitre le participe passé des verbes *être* et *avoir*.
- Savoir conjuguer les auxiliaires *être* et *avoir* au passé composé.

Matériel

Individuel

- Photocopie individuelle du texte *On a marché sur la Lune*.
  20. Texte individuel
- Ardoise et matériel associé.

Collectif

- Pochettes bleues et rouges.
- Figurines collectives Verbe à l'infinitif et Pronom personnel. Figurines

- Étiquettes des formes verbales pour affichage dans les pochettes :
  20. Étiquettes formes verbales collectives

AVOIR	ÊTRE	ai	as	a	avons	avez	ont

eu x 6 été x 6

- Étiquettes des pronoms personnels pour affichage dans les pochettes :
  20. Étiquettes pronoms personnels collectives

je	j'	tu	il	elle	on	nous	vous	ils	elles

Déroulement

Recherche individuelle et collective

- Faire sortir l'ardoise et, pendant ce temps, afficher les pochettes bleues et rouges.
- Faire rappeler oralement les pronoms personnels sujets de conjugaison, et les afficher dans les pochettes bleues.
- Écrire au tableau la phrase « *J'ai regardé la télévision.* »
- La faire lire à haute voix, faire écrire sur l'ardoise le verbe conjugué et rappeler le temps de conjugaison : passé composé.
- Faire rappeler comment se forme le passé composé d'un verbe en ER ➜ en conjuguant le verbe *avoir* au présent et en ajoutant le participe passé du verbe.

- Faire entourer le verbe *avoir* et faire souligner le participe passé.
- Écrire au tableau une nouvelle phrase « *J'ai eu du mal à m'endormir.* ».
- Faire écrire sur l'ardoise « *J'ai eu* ».
- Faire entourer le verbe *avoir* conjugué au présent « *j'ai* » et faire souligner le petit mot « *eu* ». Préciser qu'on le prononce « u ».
- Expliquer que « *eu* » est le participe passé du verbe *avoir*.
- Faire conjuguer oralement le verbe avoir en entier au passé composé et le faire écrire sur l'ardoise.
- Organiser une correction collective en affichant au fur et à mesure les formes verbales dans les pochettes rouges.
- Poursuivre en écrivant la phrase « *Tu as été impressionné.* » et adopter la même démarche pour faire découvrir les formes verbales du verbe *être* au passé composé : verbe *avoir* au présent + *été* (participe passé du verbe *être*).

On obtient :

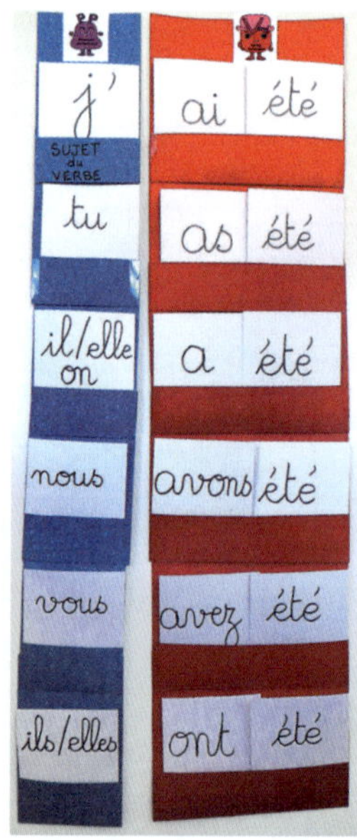

Séance 4 | Approfondissement et systématisation

Objectifs

- Connaitre la conjugaison des deux verbes auxiliaires *être* et *avoir* utilisés dans la conjugaison des verbes au passé composé.
- Savoir former le participe passé des verbes en ER.
- Aborder l'accord du participe passé avec le sujet si l'auxiliaire est *être*.

Matériel

Individuel

- Ardoise et matériel associé.

Collectif

- Pochettes bleues et rouges.
- Étiquettes des pronoms personnels :
  20. Étiquettes pronoms personnels collectives

je | tu | il | elle | on | nous | vous | ils | elles

- Étiquettes pour affichage dans les pochettes :

Pour le zoom : 20. Étiquettes collectives pour le zoom

- Étiquettes collectives des verbes conjugués :

a | avons | suis | sont | marché | ont | regardé | resté

arrivés | est | arrivé | restés

Pour la systématisation : 20. Étiquettes collectives pour la systématisation

- Étiquettes collectives des verbes à l'infinitif :

chanter | parler | manger | écouter | jouer | aller

- Étiquettes collectives des terminaisons :

é x 6 | ée | ées | és

- Étiquettes collectives des verbes conjugués :

ai | a | as | avons | avez | ont

suis | es | est | sommes | êtes | sont

Déroulement

Travail individuel et collectif

1. Zoom sur les difficultés

• Faire sortir l'ardoise et, pendant ce temps, afficher au tableau les pochettes bleues et rouges.

• Énoncer la phrase « *Il a marché sur la Lune.* » (en parlant de Neil Armstrong).

• Faire rappeler le temps de conjugaison et faire écrire sur l'ardoise « *il a marché* ».

• Faire lever les ardoises pour valider et afficher les étiquettes dans les pochettes bleues et rouges.

• Poursuivre de la même manière avec les phrases :

➜ « *Nous avons regardé...* »

➜ « *Je suis resté...* » (C'est Papi Jack qui parle.)

➜ « *Il sont arrivés...* »

• Faire relire à haute voix les quatre formes verbales. Demander aux élèves quel est l'auxiliaire utilisé avec les verbes *marcher* et *regarder* et faire remarquer que les verbes *rester* et *arriver* ne sont pas conjugués avec « avoir » mais avec « être ».

• Faire conclure que :

– certains verbes se conjuguent avec le verbe *avoir* (au présent) auquel on ajoute le participe passé du verbe. Exemples : *ils ont marché, nous avons regardé*

– d'autres verbes se conjuguent avec le verbe *être* (au présent) auquel on ajoute le participe passé du verbe. Exemples : *il est sorti, ils sont restés*

• Rappeler que l'on appelle les verbes *être* et *avoir* des verbes auxiliaires (car ils servent à conjuguer les autres verbes).

• Modifier l'affichage dans les pochettes pour avoir uniquement les formes « *Il a regardé* » et « *Ils ont regardé* ». Les faire lire à haute voix et les faire écrire sur l'ardoise. Demander aux enfants de chercher et d'entourer la différence ; faire justifier l'ajout du « s » au pronom « il ». Faire remarquer que le participe passé « regardé » ne change pas.

• Poursuivre en modifiant de nouveau l'affichage dans les pochettes pour avoir uniquement les formes « *Il est arrivé* » et « *Ils sont arrivés...* ». Les faire écrire sur l'ardoise et demander aux enfants d'entourer les différences (« s » au pronom « il » et « s » au participe passé).

• Expliquer aux élèves que, lorsque le verbe se conjugue avec l'auxiliaire *être*, le participe passé s'accorde avec le pronom sujet. Qu'il s'agit d'une difficulté que l'on étudiera en cours moyen.

2. Systématisation et synthèse

• Conserver l'ardoise et les pochettes bleues et rouges affichées les unes à côté des autres au tableau.

• Glisser dans les pochettes bleues les étiquettes des pronoms de conjugaison dans l'ordre habituel.

• Afficher au tableau les étiquettes des verbes à l'infinitif [chanter] [parler] [manger] [écouter] [jouer] [aller] et les faire lire à haute voix.

• Faire chercher avec quel auxiliaire se conjugue le verbe [chanter].

• Faire chercher le participe passé de ce verbe en faisant découper la terminaison [er] et en la remplaçant par [é].

• Faire trouver oralement le verbe conjugué avec « j' » au passé composé et le faire écrire sur l'ardoise.

• Faire lever les ardoises puis envoyer un élève au tableau pour valider en glissant les étiquettes dans les pochettes. ➜ [J'] [ai] [chant] [é]

• Poursuivre de la même manière avec tous les verbes.

• Pour le verbe [ALLER] conjugué avec l'auxiliaire *être*, faire remarquer qu'il y a deux écritures possibles selon le pronom employé :

➜ ils sont allés

➜ elles sont allées

Synthèse, mémo et tableau de conjugaison

Conjuguer au passé composé les verbes

Pour conjuguer un verbe au passé composé, il faut utiliser les verbes *avoir* ou *être* conjugués au présent (que l'on appelle des auxiliaires) et le participe passé du verbe.

Les verbes qui se terminent par ER ont leur participe passé qui se termine par é (chanter ➜ chanté).
Exemples : *tu as chanté, il est arrivé.*

Le participe passé du verbe être est été.
Exemples : ***j'ai été** impressionné, **elles ont été** courageuses.*

Le participe passé du verbe avoir est eu.
Exemples : ***tu as eu** de la chance, **nous avons eu** mal.*

20. Mémo

Conjuguer au passé composé

	 ÊTRE	 AVOIR
j'	j'ai été	j'ai eu
tu	tu as été	tu as eu
il / elle / on	il a été elle a été on a été	il a eu elle a eu on a eu
nous	nous avons été	nous avons eu
vous	vous avez été	vous avez eu
ils / elles	ils ont été	ils ont eu

20. Tableau de conjugaison : Le passé composé des verbes *être, avoir*

Conjuguer au passé composé

	 RESTER	 ARRIVER
je	je suis resté(e)	je suis arrivé(e)
tu	tu es resté(e)	tu es arrivé(e)
il / elle / on	il est resté elle est restée on est resté	il est arrivé elle est arrivée on est arrivé
nous	nous sommes resté(e)s	nous sommes arrivé(e)s
vous	vous êtes resté(e)s	vous êtes arrivé(e)s
ils / elles	ils sont restés elles sont restées	ils sont arrivés elles sont arrivées

20. Tableau de conjugaison : Le passé composé des verbes en ER

Synthèse animée : pour compléter la synthèse, il est possible de présenter à la classe le petit film d'animation « Les 1re et 2e personnes du pluriel (nous et vous) », réalisé par Canopé (Les Fondamentaux) et disponible dans les ressources numériques.

© Canopé

20. Animation : Les 1re et 2e personnes du pluriel (nous et vous)

Séances 5 et 6 | Entrainement et réinvestissement

Objectifs
- Mémoriser les notions essentielles.
- Réinvestir ses connaissances dans une courte production d'écrit.

Organisation
- Travail individuel, correction individuelle ou collective.

Matériel
- Fiche élève n° 20. Fiche 20
- Cahier d'essai et / ou du jour.

Objectifs visés :

Ex. 1 : Accorder sujet et verbe conjugué au passé composé.
Ex. 2 : Associer l'infinitif d'un verbe et son participe passé.
Ex. 3 : Distinguer l'imparfait du passé composé.
Ex. 4, 5, 6, 7, 8 : Conjuguer les verbes au passé composé.

20 Conjuguer les verbes *être*, *avoir* et les verbes du 1er groupe au passé composé

Prénom : ....

Je m'entraîne

1 Entoure tous les verbes qui s'accordent avec le pronom personnel sujet.

elle	a marché – est partie – a chanté – as regardé
nous	avons joué – ont chanté – sommes arrivées – sommes arrivés
j'	ai travaillé – as fait – ai vu – ai regardé
ils	a écouté – sont allés – as marché – ont mangé
tu	as chanté – as mangé – est arrivé – as gagné
vous	ont marché – avez téléphoné – êtes arrivés – avez dessiné
on	a marché – as marché – est arrivé – a joué

2 Relie l'infinitif de chaque verbe à son participe passé.

aller •	• chanté
arriver •	• arrivé
chanter •	• allé
regarder •	• regardé
avoir •	• été
être •	• eu

3 Souligne les verbes conjugués et recopie-les dans la colonne qui convient.

Ils voulaient d'abord savoir si des êtres vivants pouvaient résister à un voyage spatial.
On a essayé avec des animaux : des rats, un chien, un singe.
En 1961, pour la première fois, un homme a voyagé dans l'espace : Youri Gagarine.
Il a fait le tour complet de la Terre. C'était le début de la conquête de l'espace.

Verbes conjugués à l'imparfait	Verbes conjugués au passé composé
....	....
....	....
....	....

20

4 Recopie les phrases en conjuguant les verbes au passé composé.

Trois astronautes décollent vers la Lune.

....

Le voyage dure 4 jours.

....

Le module lunaire arrive sur la Lune.

....

Neil Armstrong marche sur la Lune.

....

Il plante le drapeau américain sur le sol lunaire.

....

Les astronautes ramassent des roches.

....

5 Récris la phrase en changeant le pronom personnel sujet.

Ils ont exploré le sol de la Lune.

Il ....

Vous avez récolté des échantillons de roches.

Tu ....

Nous avons photographié la surface de la Lune.

Ils ....

Ils sont revenus en bonne santé sur terre.

Je ....

6 Écris un pronom personnel sujet qui peut s'accorder avec le verbe.

.... as regardé un documentaire sur la Lune.

.... sommes allés visiter la Cité de l'espace, à Toulouse.

À la télévision, ... ai vu le lancement d'une navette spatiale.

.... ont marché sur la Lune, ... sont devenus des héros.

20

7 Complète les phrases en conjuguant au passé composé les verbes entre parenthèses.

La navette spatiale .... plusieurs voyages entre la Terre et l'espace. (effectuer)

Les astronautes .... une combinaison spéciale pour sortir dans l'espace. (enfiler)

Ils .... un satellite en panne. (réparer)

Seize pays .... à la construction de la station spatiale internationale. (participer)

À bord de l'ISS, on .... des expériences scientifiques (faire) et on .... l'univers. (admirer)

8 Récris les formes conjuguées en changeant de personne.

tu es parti → elles..

elle a regardé → elles ....

j'ai vu → nous ....

il a dit → ils ....

j'ai fait → vous ....

ils ont visité → nous..

vous avez voyagé → il ....

nous sommes arrivés → je ....

J'écris

Tu as été invité(e) à l'anniversaire de ton ami. Raconte ce que vous avez fait.

Synthèse : fonctions des groupes de mots et classes de mots

Programmes 2016, ajustements 2018 – connaissances et compétences associées :

– Identifier la phrase, en distinguer les principaux constituants et les hiérarchiser.

– Reconnaitre les principaux constituants de la phrase : le sujet, le verbe (connaissance des propriétés permettant de l'identifier), les compléments.

– Différencier les principales classes de mots : le nom, l'article défini et l'article indéfini, l'adjectif, le verbe, le pronom personnel sujet, les mots invariables.

– Reconnaitre le groupe nominal.

– Comprendre le fonctionnement du groupe nominal dans la phrase.

– Comprendre la notion de « chaines d'accords » pour déterminant / nom / adjectif (singulier / pluriel ; masculin / féminin).

En lien avec les compétences abordées en CE1

– Identifier la phrase, en distinguer les principaux constituants et les hiérarchiser.

– Reconnaitre les principaux constituants de la phrase : le sujet, le verbe (connaissance des propriétés permettant de l'identifier).

– Reconnaitre le groupe nominal.

– Comprendre la notion de « chaines d'accords » pour déterminant / nom / adjectif (singulier / pluriel ; masculin / féminin).

– Différencier les principales classes de mots : le nom, l'article défini et l'article indéfini, l'adjectif, le verbe, le pronom personnel sujet.

Séance 1 | Réactivation des connaissances

Objectifs

- Se rappeler les différents groupes fonctionnels dans une phrase, leur rôle et savoir les identifier.
  - groupe sujet du verbe (encadré en bleu).
  - groupe du verbe (encadré en rouge).
  - groupe supprimable et / ou déplaçable (encadré en vert).
- Se rappeler les différentes classes de mots étudiées : Verbes – Noms (propres et communs) – Adjectifs (qualificatifs) – Déterminants – Pronoms personnels (de conjugaison).

Matériel

Pour chaque binôme

- Photocopie agrandie de la phrase : 21. Étiquette phrase pour binôme

Manon invite ses amies pour son anniversaire.

- Toutes les figurines en format individuel. Figurines

- ½ feuille format A3 coupée dans le sens de la longueur.
- Bâton de colle.
- Gros feutres bleu, rouge, vert.

Collectif

- Phrase écrite sur une grande bande de papier :

Ma grande sœur visite Londres, pendant ses vacances.

- Les mêmes figurines collectives en plusieurs exemplaires Figurines
- Pochettes bleue, rouge et verte.

Déroulement

Recherche collective

- Rappel des notions précédemment étudiées.
- Afficher au tableau les pochettes bleue, rouge, verte et la phrase « *Ma grande sœur visite Londres, pendant ses vacances.* » écrite sur une bande de papier.

• La faire lire silencieusement puis à haute voix.

• Faire rechercher les groupes dans la phrase en guidant éventuellement les élèves :

– Quel groupe peut-on déplacer et / ou supprimer ? ➜ « *pendant ses vacances* »

• Faire relire la phrase en supprimant puis en déplaçant ce groupe.

– De qui parle-ton ? ➜ « *ma grande sœur* »

– Quel est le verbe ? ➜ « *visite* »

(Pour le trouver, mettre la phrase à la forme négative : « *Ma grande sœur ne visite pas Londres* ».)

– Quel est le groupe sujet du verbe ? Qui est-ce qui visite ? ➜ « *C'est ma grande sœur qui visite* ».

– Que fait ma sœur ? Quel est le groupe du verbe ? ➜ « *visite Londres* ».

• Envoyer un élève découper les groupes et les placer dans les pochettes :

« Ma grande sœur » ➜ groupe sujet du verbe ➜ pochette bleue.

« visite Londres » ➜ groupe du verbe ➜ pochette rouge.

« pendant ses vacances. » ➜ groupe que l'on peut supprimer ➜ pochette verte.

On obtient :

[Ma grande sœur] [visite Londres,] [pendant ses vacances.]

• Faire découper les mots de chaque groupe et afficher les figurines collectives au tableau.

• Désigner chacune des figurines, faire rappeler oralement à quelle classe de mots elles correspondent et l'écrire en dessous.

Nom commun   Nom propre   Déterminant   Pronom personnel   Adjectif   Verbe

• Faire identifier la nature (classe) de chaque mot de la phrase et désigner un élève pour coller la figurine au-dessus de chacun des mots. Pour le mot « pendant », expliquer qu'il s'agit d'un mot qui s'écrit toujours de la même façon (c'est un mot invariable). Nous apprendrons, au cours moyen, à quelle classe de mots il appartient.

On obtient :

Recherche par binôme

• Distribuer la phrase « *Manon invite ses amies pour son anniversaire.* » et la demi-feuille A3.

• Faire lire la phrase, silencieusement puis à voix haute.

• Faire chercher les trois groupes dans la phrase. Conseiller aux élèves de bien se concerter avant de découper les groupes.

• Circuler dans les rangs pour observer les difficultés et apporter des aides éventuelles.

• Faire coller sur la demi-feuille A3 les groupes en les séparant légèrement pour pouvoir les encadrer en couleur.

Faire encadrer :

– en bleu le groupe sujet du verbe,

– en rouge le groupe du verbe,

– en vert le groupe que l'on peut supprimer ou / et déplacer.

• Faire découper rapidement les figurines, faire identifier la classe de chaque mot et faire coller la figurine au-dessus.

• Après un temps de recherche suffisant, organiser une correction collective : afficher au tableau quelques productions d'élèves différentes et les faire analyser (d'abord les groupes fonctionnels puis les classes de mots). À chaque fois, faire valider en justifiant.

Séance 2 | Approfondissement de la notion

Objectifs

- Connaitre le rôle et les caractéristiques des classes de mots étudiées.
- Savoir différencier un nom d'un verbe et d'un adjectif.

Matériel

Individuel

- Cahier d'essai.

Pour chaque binôme

- Feuille de recherche avec liste de mots. 21. Feuille de recherche pour binôme

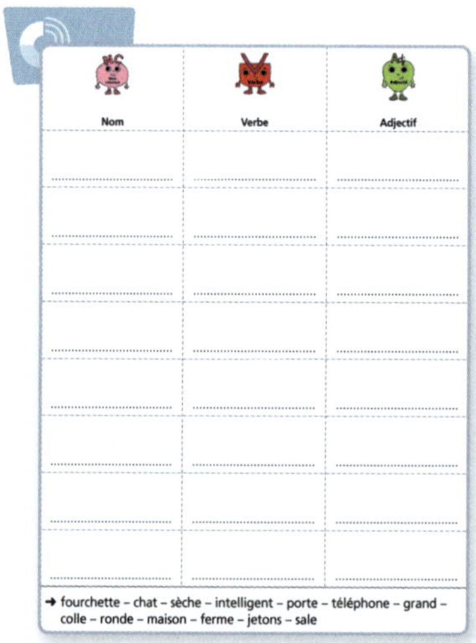

Nom	Verbe	Adjectif

→ fourchette – chat – sèche – intelligent – porte – téléphone – grand – colle – ronde – maison – ferme – jetons – sale

Collectif

- Figurines collectives Nom commun, Verbe, Adjectif : Figurines

- Étiquettes mots pour affichage collectif : 21. Étiquettes mots collectives

fourchette | chat | sèche | intelligent | porte | téléphone | grand
colle | ronde | maison | ferme | jetons | sale

Déroulement

Recherche en binôme

• Faire distribuer une feuille de recherche par binôme ; pendant ce temps, tracer au tableau trois colonnes et afficher en haut de chacune d'elle une figurine (Nom / Verbe / Adjectif)

• Faire lire les mots silencieusement et, pendant ce temps, afficher les étiquettes des mots au tableau.

• Demander aux enfants de classer les mots en les recopiant dans la colonne correspondante.

• Expliquer aux élèves qu'ils doivent pouvoir justifier leur choix.

• Circuler auprès des enfants pendant la recherche.

• Organiser une correction collective en envoyant des élèves afficher les étiquettes dans la bonne colonne. Faire constater le problème pour classer certains mots, et demander aux élèves quelles stratégies ils ont utilisées pour trouver leur nature.

• Faire justifier et faire valider.

• Faire conclure :

– certains mots de nature différente s'écrivent de la même manière (exemple : *porte*) ;

– pour différencier ces mots, il faut regarder comment ils sont employés dans la phrase ;

– le nom est accompagné d'un déterminant ;

– l'adjectif accompagne le nom ;

– le verbe peut se conjuguer.

On obtient :

 **Nom**	 **Verbe**	 **Adjectif**
porte *(la porte)*	**porte** *(elle porte un sac)*	**sale** *(un pantalon sale)*
ferme *(une ferme)*	**sale** *(je sale ma viande)*	**grand** *(un grand chien)*
jetons *(des jetons)*	**ferme** *(il ferme la porte)*	**intelligent** *(un garçon intelligent)*
fourchette *(ma fourchette)*	**jetons** *(nous jetons nos ordures)*	**sèche** *(la peinture sèche)*
colle *(de la colle)*	**téléphone** *(il téléphone souvent)*	**ronde** *(une table ronde)*
maison *(une maison)*	**colle** *(je colle un dessin)*	
téléphone *(mon téléphone)*	**sèche** *(le linge sèche)*	
chat *(un chat)*		

Appropriation individuelle

• Écrire au tableau les phrases : « *Nous savons bien lire.* » / « *Ma mère achète des savons parfumés.* »
• Les faire lire silencieusement puis à haute voix.
• Faire sortir le cahier d'essai et faire recopier les phrases.
• Faire souligner les mots identiques « *savons* » et faire écrire au-dessus de chacun leur nature (classe à laquelle il appartient).
• Faire une correction collective orale en faisant justifier.

Synthèse, mémo et carte mentale

Fonction des groupes de mots et classes de mots

En grammaire, on distingue différents groupes de mots dans la phrase. Ils ont des rôles différents (des fonctions différentes) :

• Des groupes indispensables :
Exemple : → le groupe sujet du verbe : *Ma sœur*
→ le groupe du verbe : *invite ses amies*

• Des groupes déplaçables et / ou supprimables qui complètent la phrase :
Exemple : → *pour son anniversaire*

On distingue différentes classes de mots :

les verbes , les noms propres  ou communs , les déterminants , les adjectifs qualificatifs , les pronoms personnels 

Attention ! Des mots qui n'appartiennent pas à la même classe (de nature différente) peuvent s'écrire de la même façon :
Exemple : *Ma sœur* ***porte*** *son cartable.* / *Elle ouvre la* ***porte***.

21. Mémo

Groupes fonctionnels et classes de mots

• **Dans une phrase, il y a différents groupes de mots :**

Ma sœur	invite ses amis	pour son anniversaire.
Groupe sujet du verbe	Groupe du verbe	
indispensables		supprimable et / ou déplaçable

• **Chaque mot appartient à une classe de mots :**

 les verbes
 les noms propres
 les déterminants
 les pronoms personnels
 les noms communs
 les adjectifs qualificatifs

21. Carte mentale

Séances 3 et 4 | Entrainement et réinvestissement

Objectifs
- Mémoriser les notions essentielles.
- Réinvestir ses connaissances dans une courte production d'écrit.

Organisation
- Travail individuel, correction individuelle ou collective.

Matériel
- Fiche élève n° 21. Fiche 21
- Cahier d'essai et / ou du jour.

Objectifs visés :

Ex. 1, 2, 5 : Identifier les groupes dans la phrase.
Ex. 3, 4 : Trouver la nature d'un mot (à quelle classe il appartient.)

21 Synthèse : fonctions des groupes de mots et classes de mots

Prénom : ....

Je m'entraine

❶ Souligne le verbe en rouge et souligne le groupe sujet en bleu.

La semaine prochaine, les enfants seront en vacances.

Ma famille partira en Italie.

Nous visiterons la ville de Rome.

Maman écrira à ma tante.

❷ Écris « vrai » ou « faux ».

Sur le quai, [les voyageurs] attendent le train.

Le groupe encadré est le sujet du verbe → ....

[Il] arrive en retard.

Le groupe encadré peut être supprimé → ....

Une passagère [transporte une énorme valise.]

Le groupe encadré est le groupe du verbe → ....

Le train démarre [bruyamment.]

Le groupe encadré peut être supprimé → ....

Il s'arrête [dans plusieurs gares.]

Le groupe encadré ne peut pas être supprimé → ....

[Pendant le voyage,] le contrôleur circule dans le train.

Le groupe encadré peut être déplacé. → ....

❸ Entoure la classe (la nature) du mot souligné.

Le départ en vacances s'annonce. → Adjectif qualificatif / Nom commun / Verbe

Maman a fermé les valises. → Verbe / Déterminant / Adjectif

Papa charge les bagages volumineux dans le coffre. → Nom commun / Adjectif / Déterminant

Bientôt, nous serons au bord de la mer. → Nom propre / Adjectif qualificatif / Pronom personnel

Nous oublierons l'école jusqu'à la rentrée ! → Déterminant / Pronom personnel / Verbe

21

❹ Entoure dans la phrase un mot appartenant à la classe désignée.

Déterminant → Mes parents partent en vacances en Italie.

Adjectif → Ils visiteront la superbe ville de Rome.

Nom propre → Le Colisée est un ancien théâtre romain.

Nom commun → Il attire de nombreux touristes.

Verbe → À leur retour, ils nous raconteront leur voyage !

Pronom personnel → Nous regarderons les photos.

❺ Encadre en rouge le groupe du verbe ; encadre en bleu le groupe sujet du verbe. Écris au-dessus de chaque mot l'initiale de sa nature.

Mes amis visitent la Corse.

Ils font des randonnées pédestres.

Les touristes photographient les paysages magnifiques.

J'écris

Une phrase en utilisant le mot « avions » comme un verbe.

Une phrase en utilisant le mot « avions » comme un nom.

Une phrase en utilisant le mot « solide » comme un nom.

Une phrase en utilisant le mot « solide » comme un adjectif.

Bibliographie

Ouvrages théoriques

• Bellanger Françoise, Raoul-Bellanger Aurélie, *Réussir son entrée en grammaire au CE1,* Retz, 2008, 2019.

• Brissaud Catherine, Cogis Danielle, *Comment enseigner l'orthographe aujourd'hui ?,* Hatier, coll. « Enseigner à l'école primaire », 2011.

• Castera Catherine, Gastellier Marielle, Verkindre-Ripard Isabelle, *Interlignes, étude de la langue,* SED, 2008.

• Garcia-Debanc Claudine, Trouillet Alain (coord.), *50 activités ritualisées pour l'étude de la langue française du cycle 2 au collège,* Canopé-CRDP de l'académie de Toulouse, 2008, 2013.

• Haas Ghislaine, Lorrot Danielle, Moreau Pierre *et al., Classes et fonctions grammaticales au quotidien cycle 3,* Canopé-CRDP de l'académie de Dijon, 2007.

• Pellat Jean-Christophe (sous la direction de), *Quelle grammaire enseigner ?,* Hatier, coll. « Enseigner à l'école primaire », 2009.

• Picot Françoise, Pignon Marie-Louise, *Faire de la grammaire au CE2,* CRDP de Champagne-Ardenne.

• Riegel Martin, Pellat Jean-Christophe, Rioul René, *Grammaire méthodique du Français,* PUF, coll. « Quadrige », 1998, 2014.

• Tisset Carole, *Enseigner la langue française à l'école,* Hachette, coll. « Profession enseignant », 2010.

• Tomassone Roberte, *Pour enseigner la grammaire,* Delagrave, 1996.

Publications officielles

• Ajustements aux programmes officiels parus dans le B.O. n° 30 du 26 juillet 2018.

• Programmes officiels parus dans le B.O. de juin 2015.

Remerciements

Nous tenons à remercier pour leur aide et leurs conseils nos collègues Marion Ciubucciu, David Aupiais et Sylvie Cassinet, sans oublier nos chers « cobayes » élèves de CE2, ainsi qu'Eliott et Agathe.

Présentation des ressources numériques

• Retrouvez les ressources en ligne sur mes-ressources-pedagogiques.editions-retz.com (voir page 2 de couverture)

Cliquer sur l'onglet souhaité pour accéder aux ressources associées.

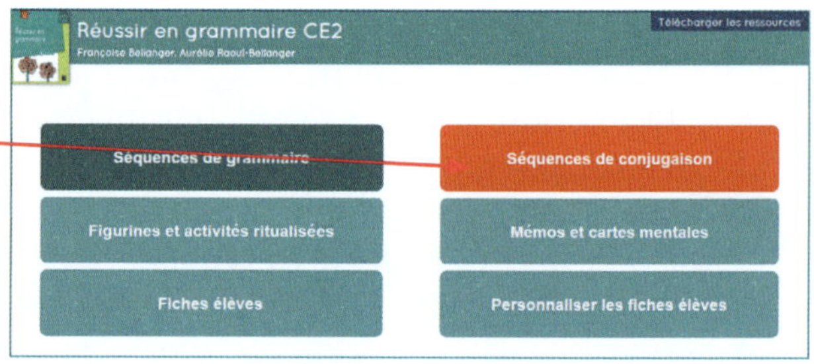

Le nom de l'onglet sélectionné s'affiche en couleur

Cliquer sur ces onglets pour accéder directement aux autres domaines, sans repasser par l'écran d'accueil.

L'ensemble des ressources associées à la séquence s'affiche dans la partie droite de l'écran, sous forme de liste ou de vignettes.

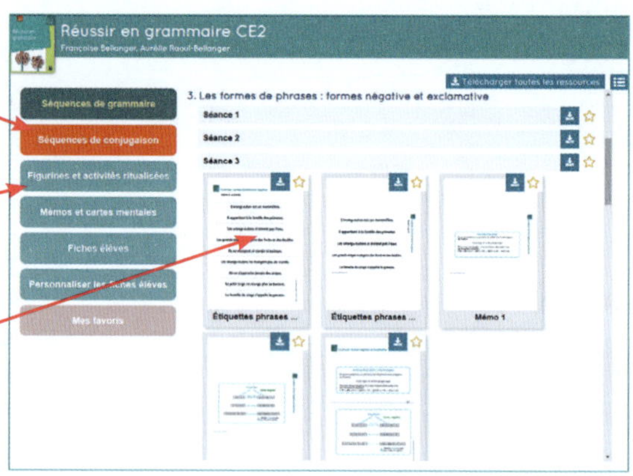

• Toutes les ressources nécessaires à la mise en œuvre des activités, organisées par séquence. Les fiches élèves et les mémos sont également regroupés.

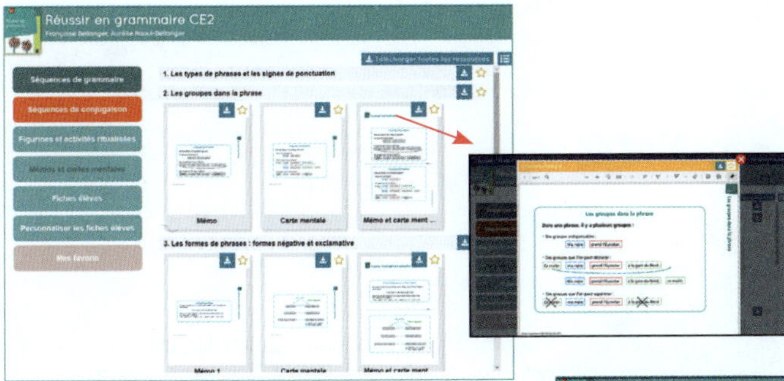

135 documents pour les séquences de grammaire

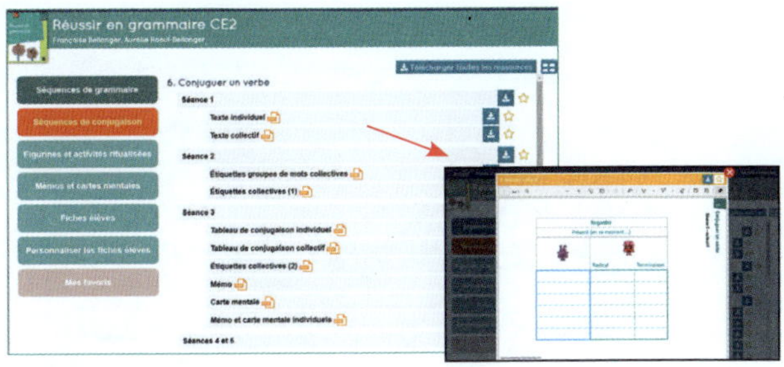

114 documents pour les séquences de conjugaison

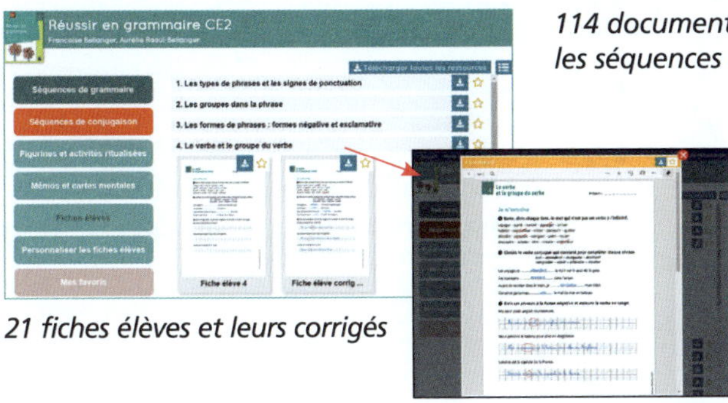

21 fiches élèves et leurs corrigés

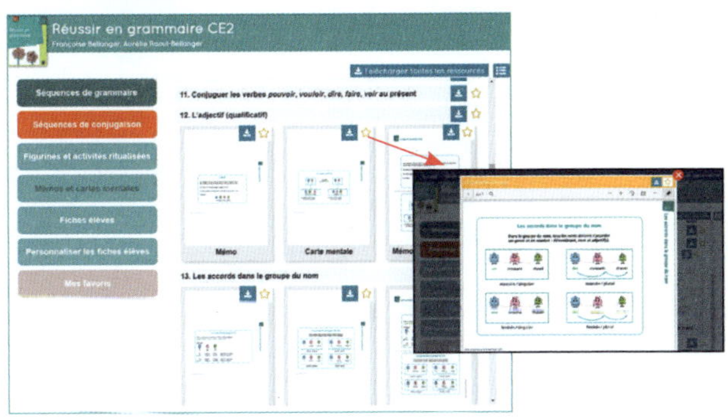

23 mémos et cartes mentales

• Personnaliser les fiches élèves

Réussir en grammaire au CE2 propose des fiches élèves personnalisables et enregistrables.

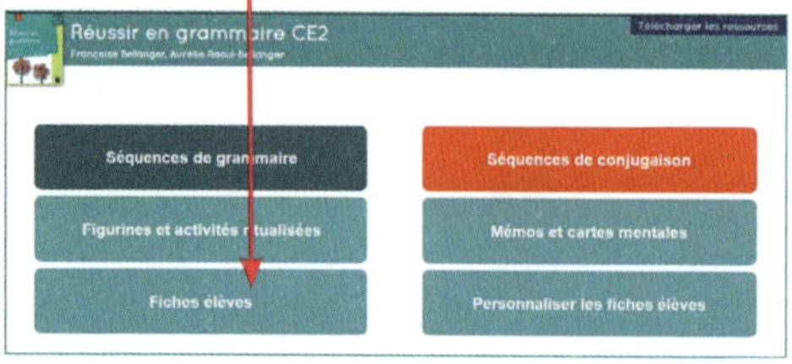

Cliquer sur la loupe pour afficher l'exercice.

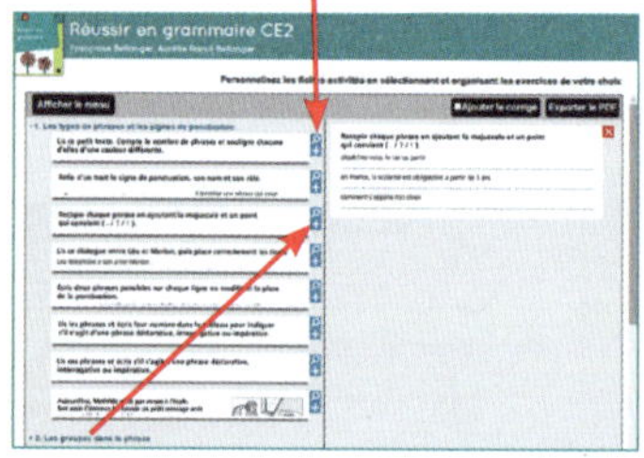

Cliquer sur le + ou faire glisser les exercices choisis pour les faire apparaitre à droite de l'écran.

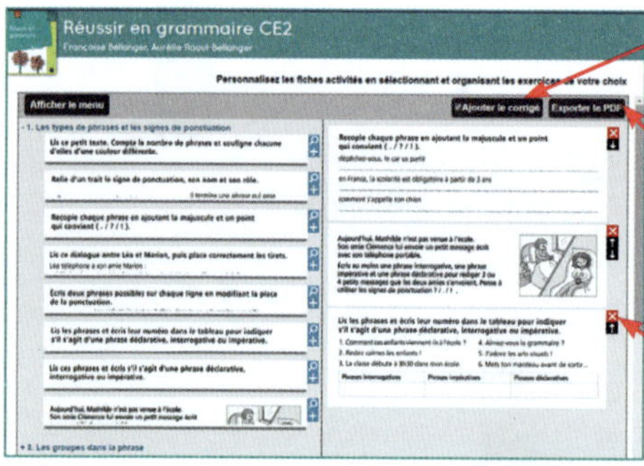

Sélectionner « Ajouter le corrigé » pour obtenir les corrections des exercices choisis.

Cliquer sur « Exporter le PDF » pour générer la fiche personnalisée et pour la télécharger.

Composer la fiche élève personnalisée.
Changer l'ordre des exercices à l'aide des flèches, ou les supprimer en cliquant sur la croix.

Le pdf exporté.

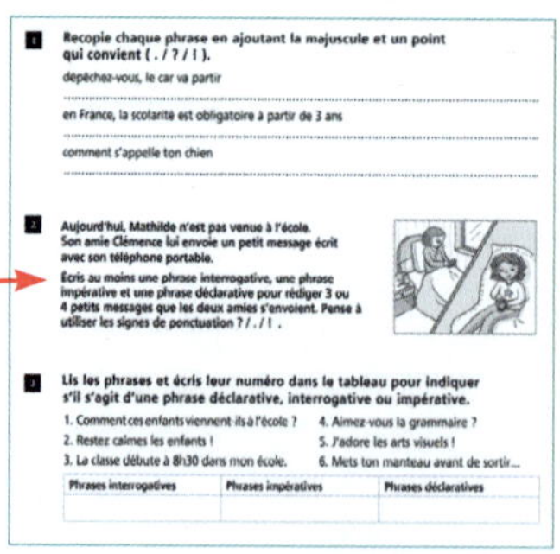

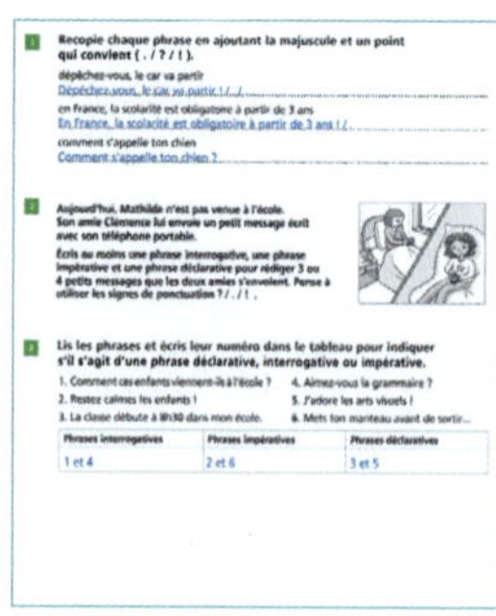

Les corrigés de la fiche élève personnalisée.